ものと人間の文化史 170

ごぼう

冨岡典子

法政大学出版局

目　次

＊本文中の写真は、提供者名の記載があるもののほかは、すべて著者の撮影である。

第一章　ごぼう食文化のはじまり

ごぼうは中央アジア原産のキク科の二年生草木である。ゴボウ属の植物は、ヨーロッパからアジアにかけて六種の存在が認められているが、葉柄や根部を食用にするのは *Arctium Lappa L.*（英名 edible burdock）一種に限られる（飛高 1989）。

日本では大陸から渡来した植物のひとつとしてごぼうがあげられるが、世界的に見て、ごぼうを蔬菜として独自に発達させ、種々に料理して食べてきたのは日本だけである。

日本の年中行事である正月の節日には、数の子、黒豆、田作りとともに欠かせない食物として「たたきごぼう」があげられ、宮中の正月節会には、細長い棒状のごぼうを求肥《ぎゅうひ》（白玉粉に砂糖と水飴を加えて練り上げたもの）でくるんだ「菱葩《ひしはなびら》」が供せられる。日本において、ごぼうは特有の香気と歯ざわりが好まれ、ハレ食である正月、盆、祭りなどの行事食や慶事、仏事などの儀礼食になるほか、日常食にも広く利用され、最近では機能性食品（生体調節機能を強調した食品）としても見直されている。

ごぼうには地域固有の形質をもつものもある。千葉の「大浦ごぼう」は成田山新勝寺で縁起物として珍重され、京都の「堀川ごぼう」は正月の贈答品やお節《せち》料理に欠かせない名産品である。また、福井の「越前白茎ごぼう」や大阪の「八尾若ごぼう」は早春の食材として知られ、主に関西圏で好んで食べられている。

しかし、何と言っても驚きなのは、外国人には木の根と間違えられたこともあるごぼうが、日本の近畿圏において展開される祭りには、神に献上する神饌となり、儀礼食物として大量に消費されるという事実である。

いったい、日本人にとってごぼうの魅力とは何なのであろうか。「たたきごぼう」や「きんぴらごぼう」は「おふくろの味」として、現代においてもなお好まれて食卓に上るが、これらの料理は二〇〇〜五〇〇年の歴史をもつ伝統食であり、日本の食文化遺産ともいえる料理なのである。

このように大陸からの渡来植物であるごぼうが、世界に類例のない日本固有のごぼうの食文化をいかにして創り上げてきたのか。本書では、ごぼうの歩んだ道を辿りながら、日本においてごぼうの食文化が発展した意義を解明していきたい。

一　ごぼうの日本への渡来時期

縄文遺跡から出土したごぼうの種子

ごぼうが日本に渡来したのは、縄文時代である。縄文時代は、草創期（一万五〇〇〇〜一万一〇〇〇年前）から晩期（三二〇〇〜二八〇〇年前）までの長い期間があり、その時代を通してごぼうは栽培植物であったことが考古学資料により明らかになっている。

その資料によると、縄文遺跡の中でもごぼうの種子が出土したのは、福井県の鳥浜貝塚遺跡（縄文時代草創期〜前期後半）（笠原 1983）を始め、青森県の三内丸山遺跡（縄文時代前期から中期）（南木 1995）、北海道の忍路土場《おしょろとば》遺跡（縄文時代後期）（矢野 1989）や江別太《えべつぶと》遺跡（縄文時代晩期）（高橋 1979）、佐賀県の菜畑《なばたけ》遺跡（縄文時代晩期後半）（笠原 1984）であり、これら遺跡から出土したごぼうの種子は栽培植物であったことが報告されている。

なかでも、縄文時代草創期から前期後半に至る鳥浜貝塚遺跡からの出土品には、丸木舟や櫂など海洋民族であることを思わせる多くの木製品をはじめ、繊維製品、漆塗りの櫛や容器類などがあり、縄文時代前期の人々の生活を彷彿とさせる遺物の数々が出土し、大陸と頻繁に交流があったことを推測させる。食用植物には、クルミ、ドングリ類、クリ、ヒシなどの堅果類やキハダ、ムクロジ、マタタビ、ブドウ属などの果実種子があり、そして、栽培植物とされる緑豆*、ヒョウタン、シソ、エゴマ、アサ、アブラナ類などとともに、ごぼうの種子が出土している（西田 1980、笠原 1986）。

笠原（1986）は、ごぼうの種子とともに出土した緑豆、ヒョウタン、シソ、エゴマは南方系の「照葉樹林文化」からのものであり、一方、ゴボウ、アサ、アブラナ類は北方系の「ナラ林文化」からのものであると指摘する。

このようにごぼうは、すでに縄文時代草創期には日本に渡来していたことが明らかであり、先に示した草創期、前期、中期、後期、晩期の各遺跡から種子が出土しているということは栽培植物としてごぼうが生育していたことを示す証しになっている。これら五か所の遺跡から出土した栽培植物をすべてあげると、ゴボウ、緑豆、ヒョウタン、ユウガオ、コメ、アワ、小豆、シソ、エゴマ、アサ、ホウズキ、アブラナ類になる。そのほかにも同時代の遺跡からは、オオムギ、キビ、ヒエ、エンバク、ソバも出土している（寺沢ほか 1981）が、これらの原生種が日本には存在しないことから、栽培種の形で大陸などから渡来したものと考えられている。

二　ごぼうの伝播経路

大陸から日本に伝播したごぼうには「野生種」と「栽培種」があったことはあまり知られていない。その事例がいくつか報告されていることから、それぞれの種類のごぼうが日本に伝播した経路について次に考えてみたいと思う。

野生種のごぼうとその伝播

ごぼうの野生種は、欧州の北部、シベリア、満州に分布し、北支（中国北部）に及んでいる（飛高 1989）といわれるが、旧大陸から伝播した野生のごぼうが、現代において北米および日本の北海道の一部地域に自生している。

中尾（2004）は、「私が満州でみた野生のゴボウは、人家近くのごみ捨て場などによく繁茂していた。これは人里植物のなかに入り、やはり雑草である」と満州に自生している野生のごぼうについて観察している。

山田（2000）は、「ロシア極東地域では現在（一九九〇～九五年）でも多くの野生のごぼうが群生（図1―1）している。ロシア極東に分布する野生のゴボウは丸葉の赤茎であり、赤紫色の花が咲く。よく成育したものでは茎の下三～四センチメートルほどが直径四～五センチメートルに肥大し、その下には鉛筆程度の太さで、長さ一〇センチメートルほどの細くて軟らかい根があった。だが、極東地方に分布するゴボウは根が人によって利用されることのない雑草である」とロシアに自生する野生のごぼうの生態を報告している。さらに、日本においても北海道の礼文島・網走・室蘭・札幌などの一部地域にのみ野生のごぼうの群落（図1―2）がみられ、そのごぼうはロシア極東地域に自生するものと同じという。

二〇一三年八月のお盆過ぎに、私は山田氏の案内で札幌市内にある北海道大学構内に群生する野生のごぼうを観察するために訪れた。例年では八月末ころに咲くごぼうの花もこの年は北海道も厳しい暑さが続き、大学構内には八月初旬から野生のごぼうの花が咲き始めたのである。花は赤紫色であるが、栽培種に比して、ひと回りほど小さく（図1―3）、可憐である。野生のごぼうは構内にある自然林にそのほかの雑草に交じって自生しているが、ことにクラーク会館の東側から構内に入り、中央ローンからさらに北上

図1-1　ロシア沿海地方シャイギンの野生のごぼう（1993年8月撮影　写真提供：山田悟郎氏）

図1-2　北海道各地に繁茂する野生のごぼう（上：網走市大曲地区　下：札幌市旭ヶ丘地区　写真提供：山田悟郎氏）

してコトニ川（琴似川）に注ぐサクシュコトニ川（この川名の語源は先住アイヌの人たちの言葉に由来する。サクシュは浜の方を通るで、浜は豊平川岸のこと。コトニはくぼ地。意訳すると「くぼ地を流れる川のうち豊平川に最も近い川」の意）の川沿いに成立したやや湿性の半自然林には辺り一面にごぼうが繁茂（図1―3）している。この河畔林には、ハルニレ（チキサニ）（代表的なアイヌ語の片仮名表記、地域により別称もある。以下の（　）内も同様）、ヤマグワ（トゥレㇷ゚ニ）などの自生樹種のほか、ネグンドカエデ、ポプラ類などの外来種が混生し、草本としてはエゾイラクサ（イピシシㇷ゚）、オオウバユリ（トゥレㇷ゚）などの自生種に加え、ゴボウ（セタコロコニ）、イワミツバ、ヒメフウロ、コンフリーなど多くの外来種・園芸逸出種が侵入している場所である。ごぼうはアイヌ語の呼称があることからアイヌ民族の間では利用される植物（アイヌでは利用しないものには名を付けない）のひとつである。

野生のごぼうの花

サクシュコトニ川河畔に繁茂する野生のごぼう群

総合博物館の周辺一帯に自生

図1－3　北海道大学構内の野生のごぼう
(2013年8月撮影)

このように、北海道大学構内に雑草として自生するごぼうは、その繁殖力の旺盛さと生命力の強さからみて野生種そのものであり、栽培種とは異なった草姿であった。

北海道内で自生する野生のごぼうについては、後述する江戸時代の史料にもその存在が記述されている。いったい、北海道の一部地域に自生する野生種のごぼうはいつ頃、どのようにして大陸から日本に伝播したのであろうか。北方アジア、シベリアが原産といわれ、北方系の植物であるごぼうの伝播の時期やその経路を考えると、大陸と日本列島が繋がっていた時代まで遡ることになろう。マンモスゾウやバイソンなどの化石が北海道に出土していることを考えれば、これら動物に付着して大陸から日本列島に移動してきたことが考えられる。こうしてみると、北海道に自生している野生種のごぼうの存在は、太古において大陸と日本列島が繋がっていた時代の証しにもなるのである。

現在、日本において野生種のごぼうが存在するのは北海道のみである。ごぼうの原産地を考えれば、北海道の気候風土や土壌は生育するのに適しているといえ、現代においても野生のごぼうが自然林のなかに存在していても不思議ではない。しかし、野生種のごぼうは全く利用されることのない雑草に過ぎないのである。

栽培種のごぼうとその伝播

先に述べたように、縄文遺跡から出土したごぼうの種子は栽培植物であったと報告されている。つまり、縄文人が何らかの方法でごぼうを大陸から日本に持ち込んで栽培していたことになる。遺跡の出土例からみれば、北陸（福井県）を始め、北海道・東北（青森県・北海道）、九州（佐賀県）の日本海沿岸の各地域に時代を変えて渡来し、それぞれの地で栽培していたといえよう。

私は専門ではないが、最近の人類学の研究では、日本人の祖先である縄文人には主に二つの起源説が有力視されている。一つは、尾本（1996）、宝来（1997）、池田（1998）などの北方起源説であり、遺伝子データーや免疫グロブリンの調査研究により、北方型の標識遺伝子は、バイカル湖北部に住むブリアートで最も高い頻度に出現するので日本人発祥の地はシベリアのバイカル湖畔に求められる（松本秀雄の仮説）という。もし、縄文人が北方アジア系の人々であったなら、シベリア地方が原産とされるごぼうを大陸からの渡来時に持ち込んだと考えればルート的には自然である。しかし、仮にそうであっても、あくまで野生種である。二つめは、埴原（1997）などの南方起源説であり、縄文遺跡から出土した頭骸骨、歯型などを統計学的に検証した結果、縄文人は東南アジア系の人々であったことが論考されている。この場合、縄文人は大陸から渡って来た訳ではなかった。とすれば、縄文時代に大陸となんらかの交流によりごぼうが日本にもたらされたと考えられる。

いずれにしても、野生種でない栽培種のごぼうの伝播は、その利用方法も含めて大陸との交流なくしては考えられず、縄文時代には大陸との頻繁な交流があったことは間違いないであろう。

その点について、中尾（1970）は、「わが国の野菜品種をみると、カブ、カラシナ、キュウリ、ゴボウなどの場合、シベリア、ヨーロッパ系の品種と同一遺伝子を持つと思われる品種が、東日本、とくに北陸・東北地方に分布している。（中略）縄文時代において、大陸を原産地とする栽培植物や各種技術の流入は、日本海を通じた大陸との交流があったことの証しである。縄文時代前期にごぼうが渡来した鳥浜貝塚遺跡には大陸から敦賀に、縄文時代晩期の江別太遺跡にはサハリンから北海道にと、それぞれの地にごぼうが持ち込まれた可能性が高いなど、ごぼうの日本への渡来は、その時代ごとにルートや上陸地を変えながら、日本海を渡って幾度にも渡来してきたといえよう」と指摘し、ごぼうは日本海を通じた大陸との交流により日本へ渡来したのであろうと論考している。

　このように、栽培種のごぼうは、縄文時代においては利用の目的があって人の手により持ち込まれた作物になるであろう。「作物の伝播は意識的にしろ無意識的にしろ、人の手を通じて行われる」（青葉 1996）という。

　現在、日本に伝播しているごぼうの品種は、関東地方に滝野川型、大浦型があり、北陸地方に越前白茎型がある。これら品種は、江戸時代から存在しているが、この三種類はそれぞれに渡来したものなのか、あるいは渡来後に分化したものかは不明といわざるを得ない。

＊小畑（2014）の報告によると、鳥浜貝塚遺跡から出土した「リョクトウ（緑豆）」は同定の間違いであり、現在ではそれはアズキの仲間であろうと指摘している。「リョクトウ」が日本に入ってくるのは古代か中世であるという見解もある。

第二章　ごぼう利用の歴史

一　中国におけるごぼうの利用

薬用としての「悪実」

中国におけるごぼうの利用について、初めて記されるのは『名医別録』（三〜四世紀の成立）である。その書物に、ごぼうは「悪実根、悪実、鼠粘草」と記され、ごぼうの中国名（漢名）は「悪実」であることがわかる。その根・茎は「傷寒寒熱汗出、中風、面腫、消渇（糖尿病）、熱中を治し、水腫を排除する」とあり、種は「目を明らかにし中を補う、風傷を除く」とある。ごぼうは「薬用」として根・茎・種のすべてが利用でき、それぞれの薬効が記載されている。

唐末〜宋の時代――「牛蒡」は作物

ごぼうが作物として「牛蒡」と表記されるのは、時代はかなり下り、唐末五代（九〜一〇世紀）の歳時記である『四時纂要』からである。その後の北宋時代（一〇〜一二世紀）になると、『農書』や『種藝必用』に栽培食用作物として「牛蒡」の名があげられている（篠田 1993）。

さらに、南宋の時代（一二～一三世紀）には、料理書である『山家清供』に「牛蒡脯」（ごぼうを乾したもの）の料理が、一例であるが記されている（田中・小川・西澤 1991）。このように「農書」などにごぼうが食用作物として記されたものの、蔬菜としては発展しなかった。

明の時代――種・根・葉は薬用

明の時代（一四～一七世紀）に入ると、薬物書である『本草綱目』（一五九六年、日本に伝来したのは一六〇七年）が刊行される。その書に、ごぼうは「悪實」のほか、「鼠粘　牛蒡　大力子　蒡翁菜　便牽牛　蝙蝠刺」などいくつもの名称をもつ植物として記されている。「悪實」の名の由来について、「（李）時珍曰く、その實の形状が悪くして、刺鉤《しこう》が多いものだから呼んだ名稱だ」とあり、子殻は栗のいがに似て刺が多い形状から名付けられたといわれ、その挿図がある（図2―1）。

また、野生のごぼうについて、「魯山の平澤に生ずる。恭曰く、魯山は鄧州《とうしゅう》の東北に在る」とあり、現在の河南省あたりに自生していると記す。その形態は、「葉が大きくて芋の葉」ほどもあり、「子殻は栗の形状に似た」もので、「実は葡萄の核に似て褐色」「根は極めて大なるものがあって、菜にして食へば健康を益する。秋後に子を採って薬に入れる」とあり、ごぼうの葉や根は食用になり、種子は薬になるとある。

さらに、「牛蒡は、古代には、肥えた土地に子を蒔いて栽培し、苗を剪取って、汋淘《しゃくたう》（水で洗浄）して蔬にし、根を取って煮て曝して脯《ほ》（乾したもの）にしたもので、甚だ健康に益あるものだといってある。今も世間ではやはり稀に食ふ」とあり、ごぼうの栽培法などや食用作物としての価値など博物学的な内容も記してあり、昔は中国でも根や葉を食料にしたものと思われる。

薬用としてのごぼうについて、その種子は「目を明らかにし、中を補し、風傷（風熱）を除く」「研末し、酒に浸して毎日二三盞（盃）を服すれば、諸風（病気）を除き、丹石の毒を去り、腰、脚を利す。又、熟し揉んで食前に三個を呑めば、諸種の結節、筋骨煩熱の毒を散ず」「一箇を呑めば癰疽《ようそ》（悪性のできもの）に頭が出る」「炒り研つて煎じて飲めば小便を通利する」「肺を閏《うる》ほし、気を散じ、咽膈を利し、皮膚の風を去り、十二経を通ず」「斑疹の毒を消す」「婦人の吹乳」などとあり、その根茎は「傷寒寒熱（急性熱性疾患など）で汗の出るもの、中風で顔の腫れるもの、消渇（糖尿病）で中が熱し、水を欲するもの」「小便不通」とあり、先の『名医別録』と同じ薬効が記されている。さらに、「久しく服すれば、身體を軽くし、衰老を防ぐ。（中略）菜にして常に食へば身体を軽くする」など、不老長寿の食物のように記してある。

『大和本草』（1709）には、ごぼうは「中華には根を煮即食すること、日本の如くには遍《あまねく》く賞せず」とあり、中国では根茎を煮て食べるが、日本のようにすべての人が好んで食べることはないとある。

図2-1　『本草綱目』（1596）の「悪實」

『蔬菜大全』（1935）にはごぼうの品種として日本の「大長・梅田・札幌・薊・砂川牛蒡」が記されているが、これは日本人の食用に限られていたのである。台湾でも、昭和二〇年ごろまでは、日本から種子を移入して野菜として栽培していたが、これも日本人向けの利用であった（飛高 1989）。また、呉耕民の『中国蔬菜栽培学』（1957）にごぼうは掲載されていないことから、一九五〇年代には、中国人は蔬菜としては重要視していないことがわかる。ただ漢薬店でその種子を大力子または牛蒡子と称して薬用にしているくらいのものであったようである（佐藤 1972）。

現代——種・根は薬用　日本人向けに野菜として栽培

このように中国では、古くから野生のごぼうを薬用として利用し、食用にする習慣もあったと思われるが、現代では栽培のごぼうの種子を薬用として利用することがほとんどである。現在、中国で野菜として栽培しているのは、山東省中央南部の一部地域であり、これは日本人向けの野菜として栽培している（財務省貿易統計 2013）。

二　朝鮮半島におけるごぼうの利用

朝鮮半島では、ごぼうは栽培植物として『朝鮮植物図鑑』（1976）に収録されていて、食用である。

全羅道地方に伝わる郷土料理

全羅道地方には、ごぼうの葉や根を使った郷土料理がある。葉を使った料理は、糯米を粉にして糊状の粥をつくり、適当に塩味をつけ、これをごぼうの葉につけて衣とする。しばらく乾かし、衣の水気がきれてべとつかなくなったら油で揚げる。カラッとした味わいだという。朝鮮のごぼうの品種は、日本のものと少しちがうのか、葉も根も小粒で、とくに葉はやわらかいので食べやすい。根はごぼうのキムチをつくる。よく洗って鉛筆を削るように、つまりささがきごぼうをつくる。これをかるく湯に通し、他のキムチをつくる時と同じように、とうがらし、にんにくなどの薬味と合わせるが、かたくちいわしなどの塩辛汁を味付けに使う。よくもみ込んで漬ける。ほかにも根を煮ものにしたり、スープの具に使ったりもする（鄭 1984）。

現代は日常食に蔬菜として利用

一九九六年、私が韓国釜山を訪れた折、飲食店にはキムチなどとともに小皿の一品として醬油と砂糖で甘辛く味付けしたごぼうの料理があった。

名古屋経済大学の李温九氏による二〇一三年三月における韓国ソウルのごぼうの利用状況をみると、ごぼうは市場に出回っていて、スーパーマーケットや市場の野菜売り場においては普通に販売されている。また、書店に並んでいる料理本には、「우엉（ごぼう）」が食材として取り上げられ、その料理がいくつか紹介されている。そのなかの一冊『겐찮은 반찬 다 들어있어요（使えるおかずすべて入っています）』（2012）には、まず、食材であるごぼうの効能——糖尿病、心臓病、利尿の効用や下痢の時には食せずなど——が記され、ごぼうを食用にするには焼き物、蒸し物がよく、焼き物にする場合は棒でたたき伸ばすと味がよくなるとある。料理例には、「우엉찜（ごぼうの蒸し物）」「우엉조림（ごぼうの炒め煮）」「우엉양념구이（ごぼうの焼き物）」「우엉무짱아찌（ごぼうと大根の漬物）」などがあるが、料理本に掲載されている料理の数からみればごぼうの料理は数例である。インターネットで検索した韓国でのごぼうの料理には「のり巻きの具（醬油で甘辛く味付けし、ごま油で炒めたもの）」「チヂミ」「揚げもの」などもある。

そのほかの外国におけるごぼうの利用について、ジャワでは一八〇〇年ごろから「日本の Scorzonera（キクゴボウ）」として栽培されていたといわれ、一九四八年ごろには日本から種子が輸出されていた。オランダには、日本から一八二四年ごろ、ライデン地方にドイツ人のフォン・シーボルトが伝えたといわれる。オランダでは、古くからフランスにあるサルシフィ（バラモンジン）やスコルゾネラ（キクゴボウ）などが食用にされたが、品質はキクゴボウに劣るとして現在では栽培されていない。ドイツ、フランスにはオランダから伝わって食用にされていたが、現在、これらの国々ではほとんど利用されていない（飛高1989）。

三　日本におけるごぼうの利用

縄文時代——葉は薬用、果実は動物よけか？

ごぼうは、縄文時代の遺跡から栽培植物として出土したことについてはすでに述べた通りであるが、それではごぼうという作物は縄文時代の人々にとってどのような利用価値があったのであろうか。縄文人の末裔といわれるアイヌ民族の暮らしのなかにある利用法を手掛かりにみていこう。

『分類アイヌ語辞典』（1953）によれば、葉は「シト」（sito しとぎ　粢）に搗きまぜて食べ、根も汁の実にした。また、葉をもんで傷口につけ、あるいは腫れ物の膿を出すのに用いるという。果実は多量に採集しておいて「プ」（pu 倉）の下の地面にまき散らし、また、「ぷケマ」（pu-kema 倉・脚）に結びつけておくと、鼠が恐れて近づかないという。この果実は体に着くと離れないので、熊もそれを見れば近づかない。それで、山の川端に建てて凍鮭を貯えておく「にプ」（ni-pu 木・倉）の下には必ずこれを大量にまいて野獣の襲撃を防ぐのに利用するという（知里 1953）。

このように、アイヌではごぼうの葉や根は食用や薬用に、果実は動物よけに利用する目的があったのである。これを縄文時代の人々の利用法と考えるには早計であるが、参考のひとつにはなるであろう。

以上、縄文時代におけるごぼうの用途は推論でしかいえない。この時代、大陸との交流により、ごぼうの果実が動物や人々の衣類に付着して偶然に持ち込まれた可能性もあるだろう。しかし、アイヌ民族はごぼうの葉・根・果実を目的があって利用したのである。ごぼうを利用したという証しについては、日本各地の北から南まで、数か所の縄文遺跡からごぼうの種子が出土しているという事実からもうかがうことができ、それぞれの時代にごぼうを利用することの必然性があって、人の手により持ち込まれたものであったことが考えられる。

古代——根が薬用になり、饗応の料理として初めて登場

奈良時代の史料にはごぼうを利用したという記録はない。この時代は、「薊《あざみ》・葉薊・薊羽（薊の葉）」——『新撰字鏡』に「薊挙欣反阿佐美」とあり、アサミと読む——など、今日のあざみ類（キク科アザミ属 *Cirsium*）と思われるものが園地で栽培され、その根も葉も食用になっていた。『和名抄』には、園菜類中、「薊」を「阿佐美《あさみ》」とよみ、野菜類中、「大薊」を「夜万阿佐美《やまあさみ》」と読んでいる。現在、植物学的に類別されるあざみはかなり多いが、そのほとんどは食用にできる（『日本植物図鑑』）ものであり、奈良時代のあざみもそのような種類であったと思われる（関根 1969）。

現代において、あざみ類で食用としてよく知られているのは、「もりあざみ」（ごぼうあざみ・やまごぼう）であり、これは日本原産の植物である。現代では栽培されたものが「山ごぼう」と称され、その香りと歯ごたえを味わう漬け物類が各地で普及している。こうしてみると、奈良時代にはごぼうの利用はなく、あざみ類が多く利用されたことになる。

ごぼうが、文書史料に記録されるのは平安時代になってからであり、『新撰字鏡』（898〜901）が初見である。その「木部」に、「悪實。支太支須乃弥」と記載され、漢名の「悪實」という植物は、和名の「支《キ》太《タ》支《キ》須《ス》乃《ノ》弥《ミ》」（傍点筆者）、すなわち「ゴボウノミ」（畔田 1886）であると説明している。最初は種実を薬用に利用したらしい。『本草和名』（918）には「草の部」に、「悪實　一名牛蒡。一名鼠粘草。和名岐多伊須。一名宇末布々岐」とあり、いくつもの呼名が記されている。その後に編纂された『倭名類聚抄』（931〜938）をみると、蔬菜部の項は、園菜類（圃場で栽培されるもの）と野菜類（山野で蒐集するもの）に分類され、「牛蒡」は後者の野菜類に入り、「牛蒡　本草ニ云フ、悪実一名牛蒡、和名岐多岐須、一ニ云フ宇末不々岐、今案ズルニ俗ニ房トナスハ非也」とある。つまり、ごぼうはすでに日本に存在している「キタキス」または「ウマフフキ」という名の植物のことであると記し、山野に繁る「大薊《やまあざみ》、薇蕨《わらび》、馬莧《すべりひゆ》」などと同じ分類になっている。

こうしてみると、ごぼうはすでに日本にも存在していた植物であったことになり、野菜（山菜）として分類されていたのである。

『倭名類聚抄』と同時期に編纂された『延喜式』（927）には、ごぼうは全く記載されていない。しかし、商陸（やまごぼう科 Phytolacca esculenta *Van Houtte*）が「典薬寮」の「御薬」のなかに散見され、多くの諸国から草薬・雑薬として貢進されている。また、「内膳司」の耕種園圃条には「薊」の栽培法があり、奈良時代に食用であったように「薊」は真冬以外は年中栽植して食べられていたことがうかがえる。

このように、先の史料から概観すると、ごぼうは園の耕作物として記載がないことから、このころは未だ栽培されていないらしい。この時代のごぼうは、蕨《わらび》や馬莧《すべりひゆ》などと同じ山野に自生する山菜であったといえよう。

平安時代も末期の『類聚雑要抄』（1150）には、貴人を饗応する料理に初めてごぼうが登場する。「一、宇治平等院御幸御膳　元永元年九月廿四日　大殿被レ下御日記定　盛物　平盛　三寸五分様器　干物五坏海松　青苔　牛房　川骨　蓮根」とあり、一一一八年に藤原忠實が御幸の折、饗応した御膳にごぼうが干物すなわち削物《けずりもの》として供されている。

ごぼうは奈良時代の人々にとって、利用することのない植物であったが、平安時代になると薬用としてごぼうの価値が大きく見直されたのである。しかし、ごぼうが料理の食材になるまでにはおよそ二五〇年の長い歳月を経ることになる。ひとたび食材として利用されるようになると、ごぼうの栽培も本格的に始まり、野菜から蔬菜へと発展することになっていく。

中世――「蔬菜」としての地位を確立

鎌倉時代になると、『執政所抄』（1246）には「（正月）十五日　粥御節供事」に「御菜」として「海松《みる》青苔　牛房　河骨《こうほね》」が折敷《おしき》に盛られ、正月の行事食に供されている。これと同時期になるが、日蓮聖人がその弟子たちに出した手紙（文永一一（一二七四）年十一月十一日）のなかに「牛房一束」が贈答品として扱われている（『新編日蓮大聖人御書全集』1975）。

このように平安時代末期から鎌倉時代にかけて、ごぼうが饗応料理や節供の行事食、さらには贈答品として重用されるようになったことを考えると、ごぼうはすでに栽培作物であったことを見落とすわけにはいかない。

これを裏付ける史料に『東寺百合文書』がある。一二六六（文永三）年の丹波国大山庄の本年貢・公事《くじ》のなかに米や麦とともに「牛房五十把　山牛房卅本」とあり、ごぼうと山ごぼうがそれぞれ貢納物となっていることから、ごぼうが蔬菜すなわち栽培作物であることが明らかになってくる。

さらに、京都を中心とする地域の荘園貢納物の例として、一二六一（弘長元）年の史料があり、「永富庄反別四斗代、瓜一荷、歳末雑菓子五合、大豆一升、牛房一把（後略）」が納入物として課されているなど、この時代、畑の年貢は畑の生産物で納められるようになり、水田では米を、畑では麦・瓜・大豆・ごぼうなどを納めるようになってきたのである（古島 1979）。

こうして鎌倉時代の史料を概観すると、それ以前は作物として重要視されなかったと思われるごぼうが、丹波国大山庄の年貢・公事《くじ》のなかに「牛房」があるように、ごぼうはこの時代の畑作物として特筆すべきものになり、わが国独自の蔬菜としての地位を定めたといえる。

近世——室町時代には「煮染牛房」「タ、キ牛房」の料理が成立、江戸時代にはごぼうの名産品が東西に出現、ごぼう料理も多種多彩に

蔬菜として重要視され、栽培されるようになったごぼうは、南北朝時代（一三三六～九二）になると、『嘉元記』（1305～64）には、「三種御菜　牛房四　フリワカメ四」（建武五年、一三三八年）、「三種御菜　ハス牛房イモ」（暦応二年、一三三九年）、「三肴　ウキ牛房、タヒノナマス、エフナノスシ」（貞和三年、一三四七年）などと酒肴として供応されるようになる。さらに、『祇園執行日記』（1352）には、正月の七種菜に「ナツナ、ク、タチ、牛房、ヒシキ、芹、大根、アラメ　各方五寸折敷」とあり、ごぼうは七種のひとつとして供される。その後の『庭訓往来』（南北朝時代）には「煮染《にしめ》牛房」が出現するが、これが、後に「煮〆ごぼう」として広く普及する料理の初出になる。

室町時代（一三九二～一五七三）には「たたきごぼう」が史料に散見されるようになる。その初出は

『多聞院日記』にある文明一〇（一四七八）年正月の「タ、キ牛房」（図2―2）である。その後の『山科家礼記』には、長享三（一四八九）年正月一五日に「タ、キコンハウ」が、また、同書の延徳三（一四九一）年の正月十五日にも「タ、キコハウ」があり、同じ年の『北野社家日記』の正月十日にも「叩牛房」が正月の食物となっている。その後の『松屋（久政）会記』（1561）には、九月の茶会に「アケテ（揚げて）、タ、キコホウ」が供されている。こうしてみると、「たたきごぼう」の料理はこの時代に発達したものであり、なかでも正月の食物になくてはならない逸品になったといえる。現代において、正月料理に祝肴（三ツ肴）として供される「たたきごぼう」の食習俗はどうやらこのころが始まりらしく、室町時代初期に確立した調理法であるといえる。

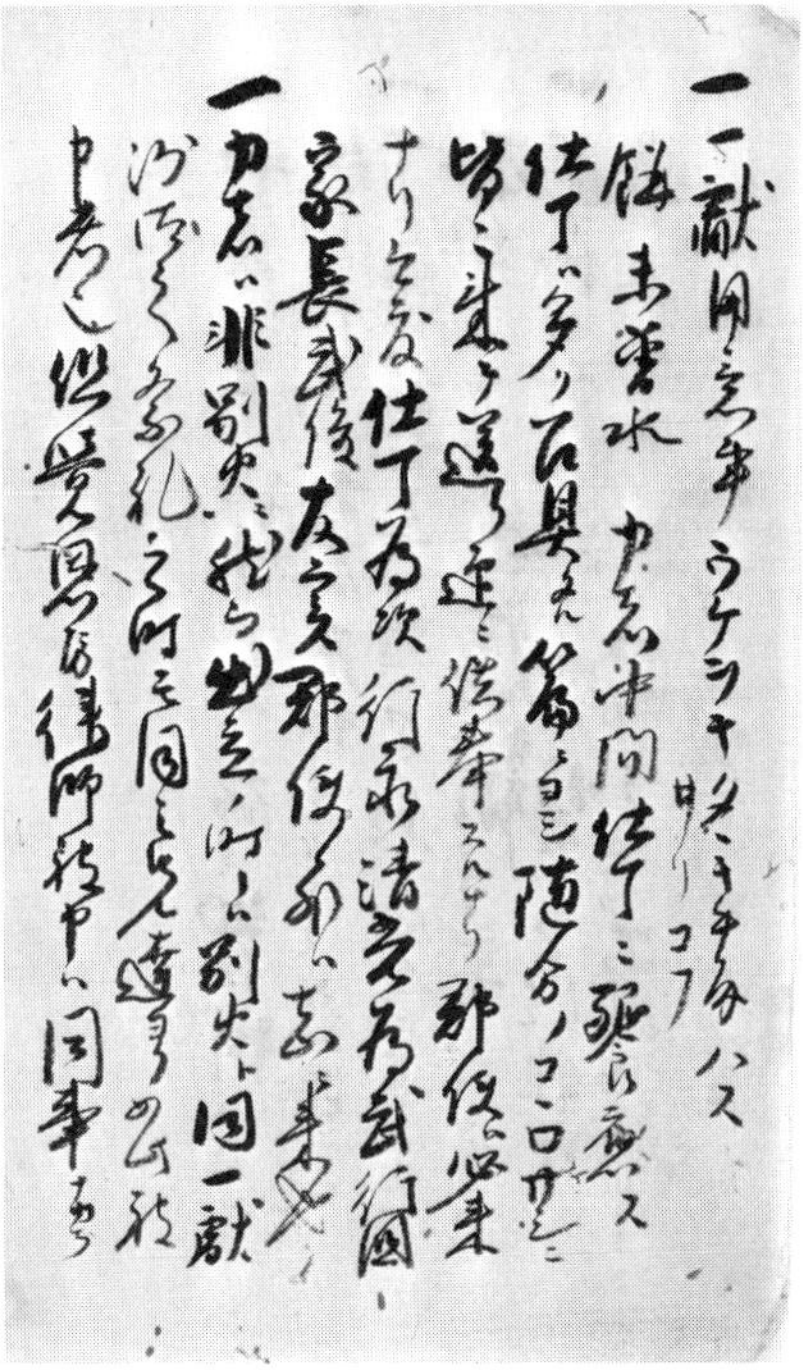

図2－2　『多聞院日記』（1478）に記載された「タ、キ牛房」の初見（奈良文化財研究所提供）

京都の冷泉家においては、年中行事であるおおみそかや元旦の膳には「たたき牛蒡、数の子、ゴマメ、黒豆、クワイ」の五種が「組重」として供されている（荒川・小寺 1987）ことをみると、この料理は室町時代初期よりさらに遡ることができると考えられ、相当古いものであると思われる。

正月料理のなかで、こうした歴史のある「たたきごぼう」はごぼう料理の中でも代表格のものであるが、地域によっては「酢ごぼう」が供せられるところもある。この「酢ごぼう」の歴史も古く、室町時代後期まで遡ることができる。

「すこんはう」（酢ごぼう）が記録されているのは、『高橋（宗国）家日記』の天文一四（一五四五）年の正月十日の日記である。この高橋家は奈良朝以前から子々孫々天皇陛下の料理係であった家で、平安時代からは宮中の内膳司に属し、「御厨子所預り」という令外《りょうげ》官《かん》であったといわれ、天文年代のこの日の記録によると天皇陛下は酢ごぼうを召し上がっていたことがうかがわれる（川上2006）。

このように、現代に伝わっている正月料理の「煮〆ごぼう」や「たたきごぼう」「酢ごぼう」の歴史は古く、およそ五〇〇〜六〇〇年もの長い間受け継がれてきた伝統のあるもので、日本の食遺産ともいえる料理である。

室町時代も末ころになると、『松屋会記』などの茶事献立の中に、ごぼうは「ホウサウ（雑煮）、汁、アケテ（揚げて）タ、キコホウ、重引（牛蒡　タ、キクルモ、丸モアリ）、クワシ（菓子）」などに用いられ、その歯応えと香りを賞味する調理法が種々あらわれる。ごぼうは料理の食材として、重用される蔬菜になっていくのである。

蔬菜として重用されるようになると、ごぼうを正月の贈答品とする習俗がうかがえる。『年中恒例記』(1544) には、「正月十日　青海苔一折。蒟蒻一折。扣牛房一折。若王子進上之」とあり、「扣牛房《たたきごぼう》」が献上物になっている。また、『梵舜記』(1596) には、「文禄五年正月朔日、當院之被官各来、（中略）大工平次郎瓶二ツ、并錫双牛房二把（中略）持参也」とあって、冬期すなわち正月の贈答品としてごぼうが用いられるようになる。

そして、中世末期の史料として知られ、日本最古の農書といわれる『清良記』（年代未詳）には、ごぼうの栽培方法が初めて記される。「牛房類の事」の項には「牛尾《ママ》（ごぼう）、山牛房、あさミ（あざみ）」の三種類があげられ、これらの採種、栽植、収穫時期および栽培に適した肥料などが記載されている。

江戸時代になると、ごぼうの名産品が東西に出現し、ごぼう料理も多種多彩になる。

江戸時代に刊行された『日葡辞書』（1603）には、「Gobo」が記されるようになり、「薊の根のようなある種の根で、食用になるもの」と訳されている。また、同書には「Acujit.」の記載もあり、「Gobo（牛蒡）という野菜の種子」と記してある。

ごぼうが土地の名産品となってくるのは、『毛吹草』（1638―45）にある「山城畿内　八幡　牛房」であり、諸国のなかでも唯一ごぼうが名産にあげられ、早くから八幡のごぼうが知られていたことがわかる。

このころ料理書としては初めて出版された『料理物語』（1643）に、「午房《ママ》。汁、あへもの、に物、もち、かうの物、茶くはし、其外色〳〵」と記され、ごぼうを用いた料理が種々あらわれるようになる。江戸時代は料理の文化が成熟し、完成期を迎える時期でもあり、それにともなってごぼうの料理も多種多彩に発展してくるが、江戸時代におけるごぼうの料理文化については、第八章で詳しく紹介したい。

図2－3　『農業全書』（1696）の「悪実《ごばう》」

この時代には、農業生産力の発展に大きく寄与した農書といわれる『農業全書』（1696）が刊行される。その書には「悪実《ごばう》」の図（図2―3）があり、ごぼうの草姿が描かれた初めての史料である。それにはごぼうの栽培に適した土性や肥料、播種や掘り採りの適期、種子の貯蔵法などが詳細に記されている。また、「一

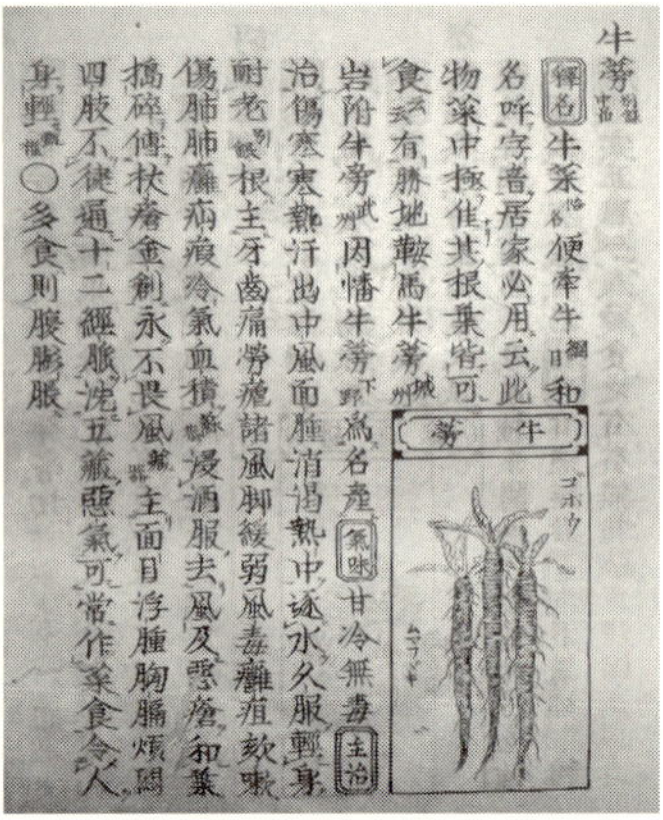

図2－4　『食物知新』（1726）の「滝野川ごぼう」

説にハ、八幡の牛蒡のたねハ、越前より取来り用ゆと云」とあり、八幡ごぼうのルーツが越前（福井県）であることを記している。

翌年には、わが国最初の食品学研究書である『本朝食鑑』（1697）が刊行され、ごぼうは次のように記載されている。

「牛房は全国どこにでもある。（中略）根の大きいものは臂《うで》か大蘿蔔《だいこん》ほどもあって、握ると掌いっぱいになる。根の長いものは、鞭か竹筒のようで、長さ二、三尺にもなる。根皮は灰黒色で厚い。（中略）京洛の鞍馬・八幡の村里に産するものは、肥大なものがあって、一番よいとされている」とあり、根の太い短根種や細く長い長根種のごぼうがすでにあったことが知れる。さらに、「近時、盛んにこれを賞味するようになった」とあることから、このころになると世間ではごぼうをよく食べるようになったらしい。ごぼうは薬用にも用いられ、「諸風・諸瘡の主薬」であるとの説明もある。同じころに刊行された『大和本草』（1709）に、ごぼうは「本邦には菜中の上品とす」とあり、野菜のなかでは上級の品として扱われている。

滝野川系の特長である長い根を描いたごぼうの挿図（図2―4）があるのは『食物知新』（1726）であり、「牛菜俗名（中略）此物菜中極佳其根葉皆可食」とあって、蔬菜として、その根や葉が食用になると記す。その名産品として、「鞍馬牛蒡城州　岩附牛蒡武州　因幡牛蒡下野」並びに「上州牛蒡上野」が挙げられている。

江戸並びに近在近国の名産を記し、江戸で刊行された地誌である『続江戸砂子一』（1735）には、歯切れがよく、味のよい「岩槻牛蒡」とだいこんよりも太いがやわらかい「大浦牛蒡」が紹介され、大浦ごぼうは名産品として初見である。大浦ごぼうは、輪に切って平皿に盛ると器からはみ出るほど大きいごぼうであり、無類の佳蔬であると記し、老人の中風にごぼうの根がよいなどと薬効も記されている。

ごぼうのなかでも「伊予牛房」を唯一の名物として挙げているのは『日本山海名物図会』（巻之四）（1754）であり、子どもの背丈の倍くらいはある長くて太いごぼうの挿図（図2―5）がある。その説明書きには「ふとくして其の味よし。長さは三、四尺もあり。牛房の名物なり。城州（山城国）八幡牛房名物にて其の名高しといえども其大きさ伊予牛房に及ばず」とある。

室町時代にごぼうを正月の贈答品とする習俗があったように、この時代においても、冬期に大名へ献上する品のなかにごぼうがあげられていることが、『官中秘策』（1775）からうかがえる。そこには「年中諸大名献上物之事　十月　寒中献上此月ニ入ル」とあり、蔬菜のなかでも「牛房」が重用の品として献上されているのが散見される。

この時代における全国のごぼうの名産地をあげているのは『本草綱目啓蒙』（1802）である。「悪実　ゴボウノミ（中略）根ヲ食用トス。処々ニ名産アリ。京師ニテハ八幡牛蒡、北山牛蒡、堀川牛蒡、相国寺牛蒡アリ。上野ノ行田、加州ノ井戸、下総ノ大浦、伯州ノ米子、江州ノ多賀、筑前、筑後久留米、武州ノ岩築、結城、忍、土州ノ大内、予洲菅沢、大洲、ソノ余諸州ニ名産アリ」とあり、京都を筆頭にして日本全国に名産品があったことが知れる。

『成形図説』（1804）にも滝野川系に似たごぼうの挿図（図2―6）がある。「伎多伎須《キタキス》即チ牛蒡也」とあり、「伎多伎須」の和名の解釈については「生根《キネ》の硬《コハキ》をいふ」とある。ごぼうの和名は根の硬さから付け

図2-5　名物「伊予牛房」(『日本山海名物図会』1754)

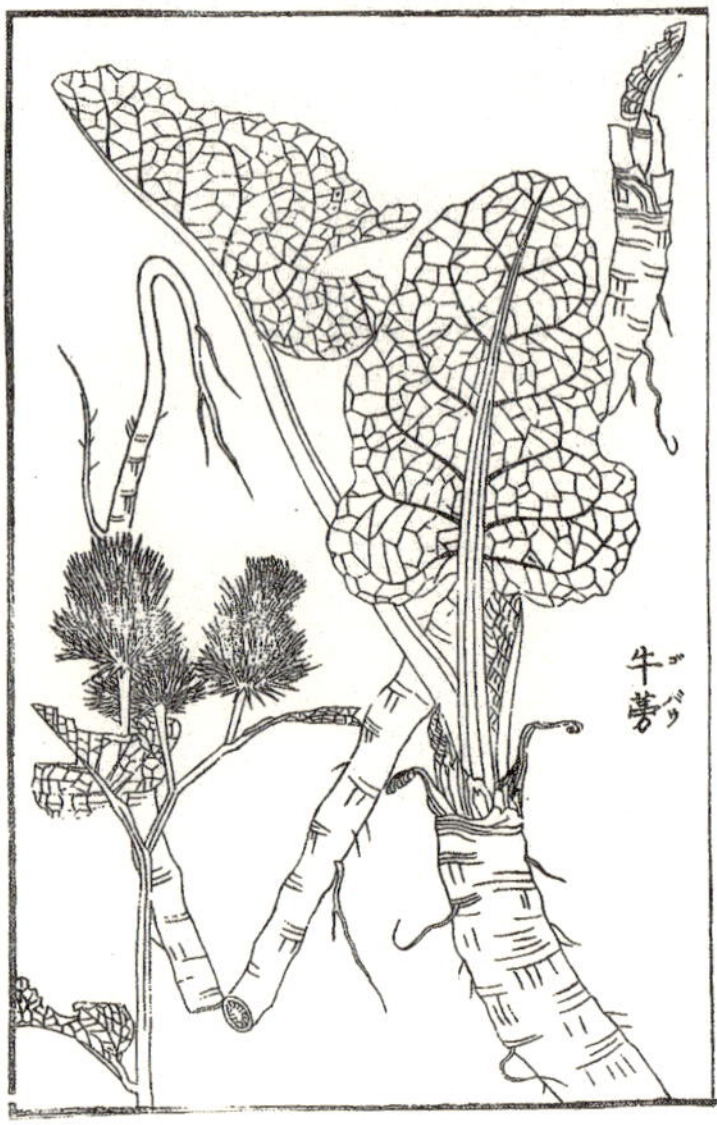

図2-6　「滝野川牛蒡」
(『成形図説』1804)

られたというが、なるほど黒褐色の根は外観もいかにも硬そうである。また、「旨蕗《ウマフヽキ》」とは「牛蒡の根を款冬《つわぶき》の茎にくらぶれば甘美《ウマキ》より賞めていへり」とあって、ごぼうの根は款冬の茎からみれば美味しいことから名付けたものであるという。本書においても『本草綱目啓蒙』と同様にごぼうの産地が詳細に挙がっているが、これに加えて、「金銀の出る地に営《ツク》れる牛蒡は味最勝れり故に大隅佐渡陸奥等の金山に産《イデタ》るは皆佳味なり」とあり、鹿児島や佐渡の金山に産するごぼうはとくに美味であるという。しかし、これらの地のごぼうは名産品としてはほとんど知られていない。

一八二六（文政九）年に出版された宮負定雄の『農業要集』には各種作物の収益の目安が記されているが、そのなかに「野菜のうちで利益の多いものは、ながいも、つくねいも、こんにゃく、ごぼうの類である」とあり、「ごぼうは、下総では大浦ごぼうが最上の品であり、一本が銀五匁くらいの値段で売買される。一坪に二本くらいの割合で植える。したがって一畝では金五両、一反歩にすると金五十両になる計算である」とごぼうは利益の大きい作物であることを記している。

また、『経済要録四』(1827)にも、先の『農書要集』と同じく、利益の多い野菜としてごぼうが記述されている。「其利厚き蔬菜は、高燥の土地に於ては蒟蒻《こんにゃく》・薯蕷《ながいも》・佛掌薯《つくねいも》・牛蒡等より利の厚きは無く」とあり、「牛蒡を作るにも、法に因て其根極て太る者にて、下総の国土浦ノ牛蒡ハ、周囲一尺八九寸ニ至ル者アリ」と記して、上記四種の野菜は、「能く作りさへすれば、皆頗る利潤の厚き者なり」と利益の大なる野菜であることが記されている。

江戸時代の文政年間に来日したオランダ商館付きの医師であるフィリップ・フランツ・フォン・シーボルトが記録した「一八二六年江戸の価格付き主要食品リスト」（一八二六年に商館長のシュトューラーに随伴してシーボルトが江戸参府したときの記録）には、江戸の庶民が日常に利用した食材の価格が示されている。

図2－7　『本草図譜』（1830）の「おろしやごぼう」

「アオモノルイ　ダイコン　十本　七十二文、ゴボー（ごぼう）百文、ニンジン　百文、カブラ　三十二文、ミヅナ　一八　五十六文（後略）」とあり、大根は一〇本で七二文であるが、ごぼう、ニンジンは一〇〇文、カブラは三二文の価格であり、大根やカブに比べるとごぼうやニンジンは少々値のはる蔬菜であったことがわかる。

一八三〇（天保元）年には、二〇〇〇余種の植物を分類し、図説した書である『本草図譜』が刊行されている。その湿草類の項に「悪実　むまふゞき一種　魯西亜《をろしや》種」とあり、葉菜類に分類されている。「葉ハ唐大黄に似て長大根ハ薊《あざみ》の根の如にして肥大なり花紅色薊の花に似たり実ハ楓毬《ふうきゆう》に似て中子胡麻《ごま》に似て両頭尖れり薬用にし根ハ食料とす諸国に名産多し東国にては上野の行田下総の大浦武州岩築結城忍又浦賀牛房ハ甚タ長く味ヒ美なり又武州碑文谷俵牛房ハ肥大にて長く柔くして熟し易しと云」とあり、葉は長大で根は肥大であざみのようであり、花は赤色とある。その果実は薬用になり、根を食用とし、名産地として東国のみがあがっている。さらに、「一種おろしやごぼう　此種近年魯西亜より来るといふ葉ハ牛房に似て花叉《キレコミ》甚タ多く薊葉に似て刺なく根も牛房と異なることなし淡黒色味と淡甘香気なり花実ハ牛房に同じ」とあり、花は赤色で、葉には鋸歯のような細かな切れ込みのある「むまふゞき　魯西亜《をろしや》種」（図2―7）の草姿の挿図が大きく描かれていて、『農業全書』や『食物知新』『成形図説』にあるごぼうの挿図とは異なる品種のものである。

江戸時代後期の大坂の風俗を記した久須美祐雋の『浪花の風』（安政三年＝一八五六年起筆）には「牛房

も太きものはあれども、江戸の如く長きものは絶えてなし。都で土中へ生えるもの、江戸の如く長きものはなし。土性堅牢なる故なり」とあり、江戸と大坂で産するそれぞれのごぼうの形状の違いについて、東西における土地の性により生じるものであると端的に示してある。

江戸時代は、蝦夷《えぞ》地においてもごぼうの利用があった。その史料として『松前蝦夷記』(1717)があり、松前の地でごぼうが豆類や大根などとともに畑作物として栽培されていた。また、『町年寄日記抜書』(1860)には、松前でごぼうが香典(「午房廿わ」、「牛房廿抱」)として用いられていたことが記されていて興味深い(山田 2000)。

その一方で、野生のごぼうの分布について記すのは『協和使役』(1856)や『加賀家文書』(1860)であり、このころ、サハリンをはじめ、宗谷からオホーツク海岸を南下して根室までの海岸線に沿って、さらに松前にも生育していて、この地が痩せて畑作物の収穫物は質・量ともに少ないことから、自生しているごぼうを採集して食べていたことなどが記されている(山田 2000)。

天保年間に、水戸藩八代藩主徳川斉昭《なりあきら》が著した『北方未来考』にも、蝦夷地におけるごぼうについて、「一、草木の生える所にて作物出来ざる事なし。手入れと肥し次第なり。北地にても麦、粟、稗、大根、牛蒡、にら、にんにく、らつきょ、こんにゃく、菜、蕪、三度麦等の物は必ず出来候はん。(中略)牛蒡には尺廻りのもの、山にあるよしなれば、是は土地合つて大きく成のみにはあらず、寒国故実を結ぶ事相成らず、年々にもちこし候故、自ら根は太く相成る事と思はるゝ也」とあり、太さが一尺ほどのごぼうが山にあるが、この地がごぼうに適していて大きくなったものではなく、寒い土地柄であることで実を結ぶことなく、越年を繰り返した結果、根が太くなったとある。

明治〜大正〜昭和初期——ごぼうの代表品種は「滝の川」「大浦」「梅田」「大和」「堀川」の五種

明治時代に入り、『蔬菜栽培法・全』(1893)には「滝の川」、「大浦」、「梅田」、「大和一名堀川」の四種がごぼうの主な品種としてあげられている。江戸時代初期から著名品種であった八幡ごぼうは明治時代になると忽然と姿を消してしまうのである。

『蔬菜栽培法・全』には、「滝の川」は東京近在滝の川の産にして最も良質のごぼうとあり、「大浦」は下総匝瑳《そうさ》郡字大浦というところで初めて栽培されたもので、「その根身の偉大なること、おそらく右に出ずるものなからん」とある。「梅田」は大浦に似ているがやや小さく、「大和　一名堀川」は京都近在にて栽培する良種であり、大浦に似て根身巨大なものができるとある。

しかし、大正時代の『下川蔬菜園芸』(1926)には、ごぼうの品種は細長種と短根種に分類されており、前者には東京府滝の川町の「滝の川」、東京府砂川村の「砂川」、北海道札幌村の「札幌」、福岡県弓削村「千代島」、奈良県伊那佐村の「大和」、長野県西変田村・神科村、上田市の「薊」が挙げられ、後者には京都市堀川沿岸の「堀川」、埼玉県内牧村字梅田の「梅田」、千葉県匝瑳《そうさ》郡字大浦の「大浦」が有名種として挙げられている。これをみると、明治時代に福羽がごぼうの品種としてあげた京都産の「大和　一名堀川」について、何故に「大和」と「堀川」を同一のものにしたのかは不明であるが、大正時代の『下川蔬菜園芸』によれば「大和」と「堀川」は別々の品種に分類されており、且つ、「大和」は奈良産で、「堀川」は京都産のごぼうとして、それぞれ産地の異なるごぼうになっている。つまり、別々のごぼうとして考える方が理にかなっている。奈良の大和ごぼうについては、『桜井町史・続』によると、「土地の特産と云えば、江戸時代から引き続き、忍阪の地黄、牛蒡が知られている。牛蒡は「イカダタバセ」(イカダのように束ねたもの)にして大阪、堺、兵庫、岸和田方面に送られた。歳暮の贈り物に用いられた」とあるように、この地方一帯は、江戸時代からごぼうの名産地であった。

したがって、明治から大正時代のごぼうの代表品種は「滝の川」、「大浦」、「梅田」、「大和」、「堀川」の五種になろう。

こうして大正時代になると、産地の嗜好や土壌に適したものが多数分系され、産地の名称をつけて栽培されるようになったのである。

このほか岐阜・静岡の「二才」(後に「島」と改名)、鳥取の「行徳」、新潟の「小池」、愛知の「古知野」、岐阜の「斉田」、山形の「百日尺」、山口の「萩」などもそれぞれ育成地でつくられる。「大浦」、「堀川」は旧来の需要のためや特殊な料理用に栽培されたが、「梅田」は嗜好の変化で衰退していく(飛高 1989)。

明治時代末期のごぼうの栽培状況を農林統計の作付面積でみると、明治四二(一九〇九)年は、ダイコン、サトイモ、ツケナ、ナス、カボチャに次いでごぼうがあがり、野菜中第六位で一万二四〇〇ヘクタールとなり、昭和元(一九二五)年には一万五八〇〇ヘクタールと上位を占める重要な野菜であった。その後、野菜の作付面積は人口の増加に伴って増加したが、ごぼうの作付面積は伸び悩んだままであった。

ごぼうの代表種である「滝の川」(東京大長)は昭和二〇(一九四五)年ころまで全国各地でつくられ、滝野川から分系して、さらに改良されたごぼうは関西まで出荷されるようになった。九州では水田裏作としてごぼうが栽培された(飛高 1989)。

昭和二一年以降——食生活の欧米化によりごぼうの消費量は減少

昭和二一(一九四六)年以降は、若ごぼうへの欲求がとくに高くなり、一方、滝野川の分系から早生で抽台性(とう立ちのこと)が低く、若掘り多収の品種が続出し、これらの新品種の普及につれて滝野川の栽培はやや減少する。

昭和四〇年代、ごぼうの作付面積は一時、二万ヘクタール弱になったがその後は減少し、昭和五五（一九八〇）年には一万三九〇〇ヘクタールで野菜中第一七位に転落している。収穫高は昭和四〇年代の数年間三〇万トンを越したが、昭和五五年から平成九（一九九七）年までは約二五万トンを前後し、平成一〇年になると二〇万トンを切るようになった。

このように、昭和初期まで作付面積の上位を占める重要な野菜であったごぼうが、第二次世界大戦以降は作付面積が減少した。昭和一六～二五（一九四一～五〇）年の作付け減は、戦中・戦後の食糧不足によるさつまいもやじゃがいもなどの澱粉食糧の増産のためや、労力不足の事情によるものと思われる。江戸時代はごぼうの名産地であった奈良県桜井市域から宇陀山間地にかけては、第二次世界大戦中の食糧不足の状況下には、ごぼうは「腹の足しにならない」ものとして扱われ、主食料の替わりになるさつまいもなどの芋類を植えることが奨励された。しかし、ひとたびさつまいも畑になった土性はごぼうに適さないものになり、ごぼう畑は消失してしまった。これと同じ理由により、ごぼうの産地がなくなったところもあるであろう。

そして、敗戦から復興に至る昭和三〇年代の高度経済成長は日本人の食卓を和食から洋食へと志向を大きく変えた。ごぼうは煮物やたたきごぼう、きんぴらごぼうなど和風料理の食材であり、洋風料理には適さず、また、あく抜きなどに手間がかかるなど、消費量は期待できない野菜になったのである。

しかし、ごぼうの消費量が減少し、欧米化が急激に進んだ時代の食生活においても、古くから伝わる年中行事や特別の儀礼・儀式の食物としてごぼうは用いられてきた。

その代表的な事例が、正月の節日にはたたきごぼうが数の子・黒豆・田作りとともに祝い肴《さかな》の膳にのぼり、一方、宮中においても正月節会《せちえ》には淡桃色に染めた味噌入りのあんに棒状のごぼうを求肥《ぎゅうひ》で包んだ「菱葩《ひしはなびら》」が供せられている。全国各地の正月および祭り・行事、盆の食べ物として、さらには、慶事、仏事、厄除けの儀礼に、ごぼうは餅、汁物、煮物、和《あ》え物、炒りものに調理されてハレの膳部の料理として受け継がれてきたのである（冨岡 2001）。

現代——機能性食品としてごぼうの価値がクローズアップ

二〇一二年の現在、ごぼうの作付面積はさらに減少して八八一〇ヘクタールになり、収穫量は約一六万七五〇〇トンで野菜中では第一七位である（図2—8）。上位を占める主産地は青森県と北海道で全体のおよそ四九パーセントを生産し、茨城、千葉、群馬の関東三県では二五パーセントであることから、ごぼうの生産地は東北・北海道から関東圏が主流といえるが、近年、南九州においてもごぼう栽培が盛んになっている（図2—9）。これは水稲の後作として水田の高度利用が図られたことによるが、ごぼうの収穫期の違いによる生産量の平準化に役立ち、年間を通した市場への安定供給にもつながっている。

また、ごぼうは日本人向けに中国（山東省中央南部）と台湾においても栽培されている。二〇一三年における中国からの輸入量は約三万九〇八五トン、台湾からは一五九七トンであり、中国は青森県に次ぐごぼうの生産地になっている（財務省貿易統計 2013）。

このように、戦後から現代までごぼうの消費量が減ってきた要因のひとつにあげられるのは、家庭における食生活の洋風化であり、簡便化が進んだことによる。和食の食材の代表でもあるごぼうは食卓から消えざるを得なくなるとともに、消費者にとってごぼうの調理には泥を除き、アクを抜くといった下処理が面倒という理由もあり、好まれない野菜になったといえる。消費者の利用を考えて手早く調理できるようにと、洗いごぼうやささがきごぼうの姿で店頭に並びもするが、これら調理済みのものにはごぼう独特の香りや歯ごたえは期待できず、消費量もわずかである。ごぼうは香りとシャキシャキ感が身上の野菜である。

その一方で、外食産業におけるごぼうの利用は洋食分野にも進出し、ハンバーガー店ではごぼうのキンピラバーガーやかき揚げバーガーがメニューになり、ごぼうのサラダは老若男女を問わず人気の惣菜として店頭に並んでいる。フレンチのレストランでも肉や魚の添え野菜として、さらには、ごぼう入りのアイスクリームも登場するなどスイーツにもなっている。

和風の食材であったごぼうは、今や洋風の食材としても十分通用する時代なのである。インターネットで検索すると、西洋ごぼうともいわれる「サルシファイ」(Tragopogon porrifolius L. 地中海沿岸原産 キク科)の種子が売り切れなどの情報も入ってくる。「サルシファイ」は煮込み料理やスープ、グラタン、グラッセ、サラダに適し、肉や魚などの付け合せなどにも使われることから、洋風料理の食材として需要も多いのであろう。

近年のごぼう栽培には、長根種である柳川理想が周年栽培できる品種として、最も多く栽培されているが、山田早生や渡辺早生など、作りやすい品種も出回っている。最近は、短根種であるサラダむすめ、てがるごぼう、ダイエットなどと称するごぼうの種子も販売され、文字通り手軽に栽培できる品種として開発されている(図2—10)。これらは主にサラダ用(とはいってもさっと加熱して利用)に適したものとして、短根で色が白く、香りよく、肉質のやわらかいのが特長であり、調理に時間をかけたくない若い世代の消費者が注目する品種である。

ごぼうは、現代人の食生活には手間のかかる食材として今後も消費量の伸びは期待できそうにない野菜

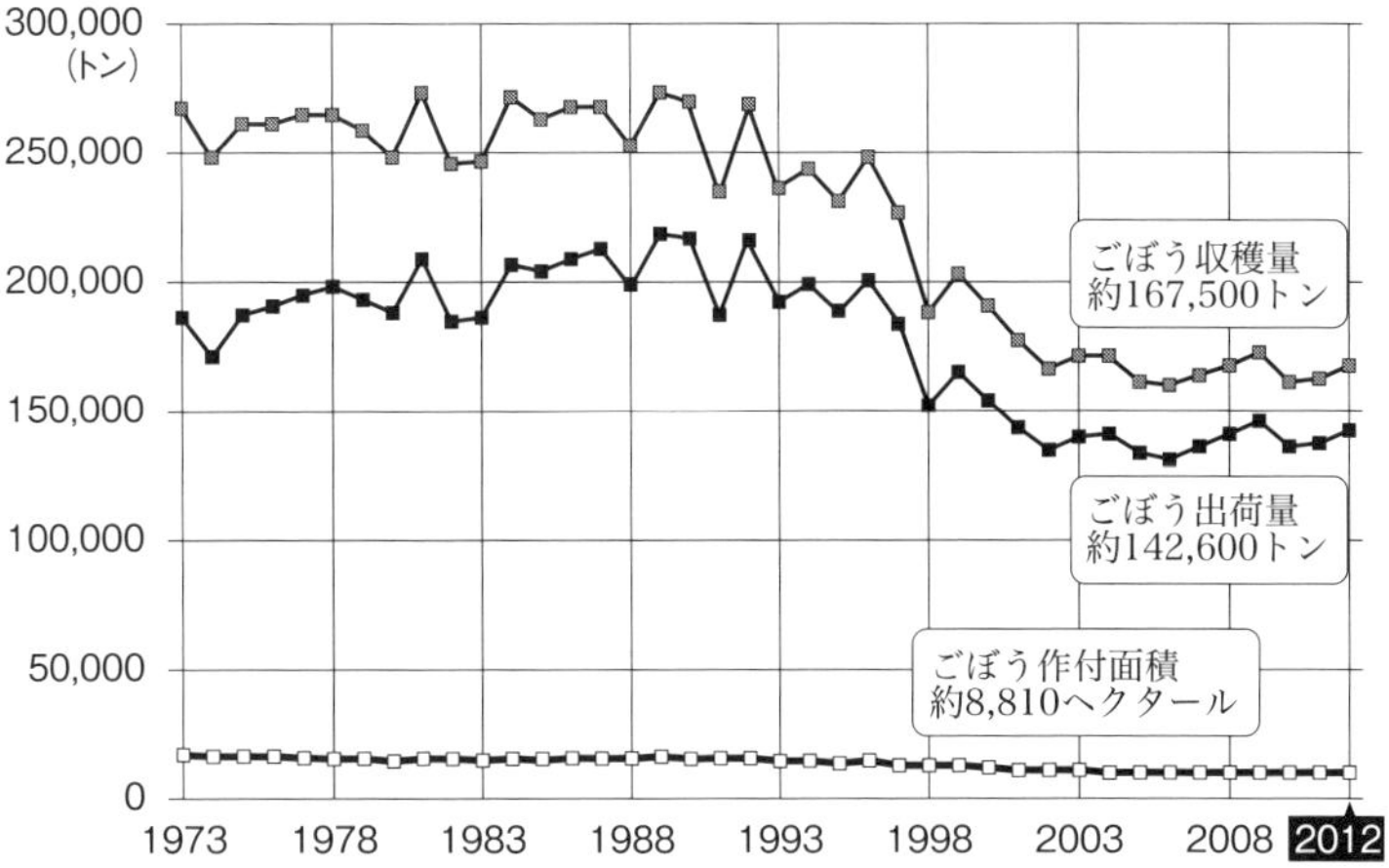

図2-8　ごぼうの作付面積・収穫量・出荷量の年次推移
(出典：農林水産省統計データー　2012)

順位		出荷量	割合(シェア)
1位	青森県	5万2,700トン	36.96%
2位	茨城県	1万9,800トン	13.88%
3位	北海道	1万7,100トン	11.99%
4位	宮崎県	9,550トン	6.7%
5位	千葉県	8,440トン	5.92%
6位	群馬県	6,770トン	4.75%
7位	鹿児島県	5,360トン	3.76%
8位	熊本県	2,990トン	2.1%
9位	岩手県	701トン	0.49%

図2-9　2012年におけるごぼうの主産地
(出典：農林水産省統計データー　2012)

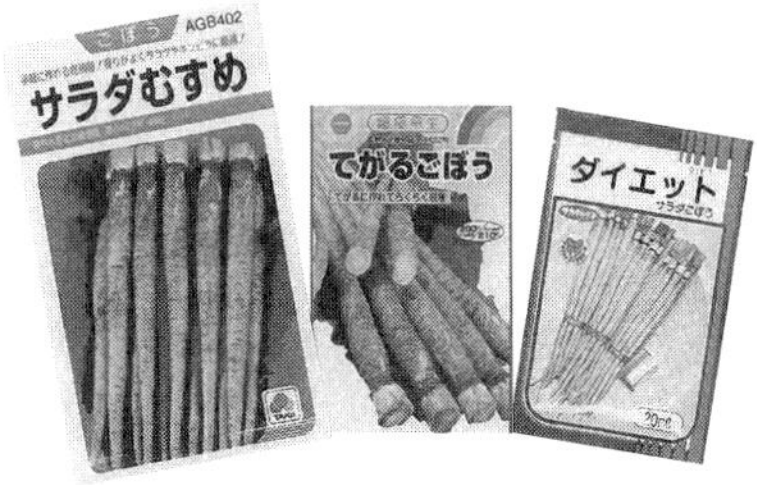

図2-10　「サラダむすめ」「てがるごぼう」「ダイエット」の種子

になっているが、健康志向の高まりとともにごぼうの機能性食品としての研究が進んでいる。ごぼうの皮に多く含まれるアクの成分でもあるポリフェノールは、抗酸化作用があることが解明され、この物質は肉や魚の臭みを消す効果もあるという。ごぼうを調理する上で、アクはできるだけ抜かない方がよいといえる。

また、著者のヒト実験の研究からは、ごぼうと炭水化物食を同時に摂取すると血糖値が緩やかに上昇し、そして下降するという結果を得た。ごぼうの摂取は糖尿病の予防や治療食としても期待できそうであり、今後の消費量拡大に期待したい。

このように、ごぼうは整腸作用、抗酸化作用、抗菌作用、降血糖作用、坑腫瘍物質を含むなどの生理作用をもつものとして、その食品価値が再評価されつつある。昭和初期の伝統的な食生活が営まれていた時代まで薬効をもつ食べ物として伝承されてきたごぼうが、現代では機能性食品としての有効利用も期待されて、科学的にも効果があると実証されてきているのである。これら研究の成果については第十章を参照されたい。

第三章　ごぼうの名産品・特産品をたずねて

外国の植物であったものを日本で栽培して改良し、蔬菜として日本で独自の進化をしたのはごぼうだけであるといわれる。ごぼうは主に根茎を食べる根菜であるが、関西地方を中心にごぼうの若い葉茎を好んで食べる地域もある。

ごぼうは、日本の気候風土にも適していたらしく、中世においては時代の需要によって蔬菜として栽培されるようになった。近世になるといくつかの品種も生まれ、京都では八幡ごぼうや堀川ごぼうなどが、江戸近在では滝野川ごぼうや大浦ごぼう、梅田ごぼうなどが名産品として産出された。

その後、栽培が消滅したものもあるが、現代におけるごぼうの品種の主流は滝野川群といえ、その代表が柳川理想であり、京都の堀川ごぼうもこの品種である。そのほか、大浦群には千葉の大浦ごぼう、萩群には広島の萩ごぼう、越前白茎群には福井の越前白茎ごぼうがあり、この四群に大別できるが、おろしや（第二章図2—7参照）に類似する鋸歯葉である福島の立川ごぼうを加えると表3—1のように五群になる。

これに加えて、地方品種も多く産出されるようになった。図3—1は、それぞれの土地で名産品・特産品として栽培されているごぼうであり、これらは地域の伝統野菜としても見直されている。

また、ごぼう属の変種やヤマボクチ属、さらには、アザミ属を山ごぼうや浜ごぼうなどと称して食べる地域もあり、これらは日本特有の食用野菜として日常よく利用されている。

表 3-1　ごぼうの品種分類

品種群	代表品種	類似品種
滝野川	滝野川	柳川理想、常豊、常盤、新倉、阿見、魁白肌大長、堀川、あづま早太り白肌
	渡辺早生	山田早生、渡辺理想
	中の宮	新田、島、斎田
	砂川	滝野川白茎、南部白、札幌大長白
	大浦	大浦太、新会
	萩	百日尺
	越前白茎	早生白茎
	おろしや	立川

（熊沢三郎改著『総合蔬菜園芸各論』養賢堂（1965）、西貞夫監修『野菜種類・品種名考』農業技術協会（1986）を参考に、2014 年において栽培されている主な品種より作成）

図３－１　現代におけるごぼうの地方品種
（資料：タキイ種苗（株）出版部『地方野菜大全』農山漁村文化協会 2002、『地方野菜一覧』農林水産省 HP、著者の現地調査により作成）

表 3-2　日本で「ごぼう」と称して食材に利用する植物

一般名称	分類	学名	性状	生育地 利用法
ごぼう	キク科	*Arctium Lappa* L.	二年草	ヨーロッパからアジア温帯原産
				根は種々の料理に利用し、若葉は餅にまぜる。種子は滋養・薬用として利用
葉ごぼう	キク科	*Arctium Lappa* L.	二年草	福井県に分布する越前白茎系
				主として生育前期の若い茎を利用する葉ごぼう。 早春に収穫し香気を賞味する
立川ごぼう	キク科	*Arctium Lappa* L. var. argutidens Makino, nov. var.	二年草	福島県会津坂下町立川集落を中心に栽培
				会津の伝統野菜として利用
山ごぼう（オヤマボクチ）	キク科	*Synurus pungens* Kitam.	多年草	北海道西南部・本州近畿以東・四国・中国の中南部の日のあたる山や丘陵
				若葉を餅にまぜる。根は煮ものや味噌漬
山ごぼう（モリアザミ）	キク科	*Cirsium dipsacolepis* Matsum.	多年草	日本本州原産。本州・四国・九州に分布。乾いた草原にはえる
				根は太く垂直に伸び、径 2 cm に達し、食用とする。栽培し、粕漬や味噌漬にする。岐阜県の菊ごぼう、島根県の三瓶ごぼう、長野県の山ごぼう、石川県の白山ごぼうの漬物など各地の山菜の郷土名産
浜ごぼう（浜あざみ）	キク科	*Cirsium maritimum* Makino	多年草	本州（伊豆七島・伊豆半島以西）・四国・九州（鹿児島県志布志湾枇榔島・宮崎県油津から北）に分布。海岸の砂地にはえる
				若芽（葉）はあえもの、てんぷら、根は煮もの、きんぴら、味噌汁

高嶋四郎・傍島善次・村上道夫『標準原色図鑑全集 13』保育社（1982)、牧野富太郎『原色牧野植物大図鑑』北隆館（1982)、牧野富太郎『牧野植物混混録』13 北隆館（1952)、女子栄養大学出版部編『食用植物図説』女子栄養大学出版部（1982)、佐竹義輔・大井次三郎・北村四郎・亘理俊次・冨成忠夫『日本の野生植物草本Ⅲ』平凡社（1982)、伊沢凡人『原色版日本薬用植物事典』誠文堂新光社（1982)、著者の現地調査により作成

このように、日本では「ごぼう」と称して食材に利用する植物は表3―2にあげたように数種類もある。

本章では、現代に受け継がれているごぼうの名産品や山ごぼうなどの特産品について、ごぼうの栽培を生業としてきた生産農家をはじめ、地域興しの一環として伝統野菜を復活させた栽培、さらには山菜類として日々の糧に利用してきた人々など、いくつかの産地をたずねて、これらごぼうの来歴、特性、栽培と消費、料理法などをみていくことにしよう。

一　越前白茎ごぼう――福井県坂井市春江町

「越前白茎ごぼう」という名称は、一九八五（昭和六〇）年に福井県の伝統野菜に選定されたときにつけられたものである。それ以前は「白茎ごぼう」といわれていた。越前白茎ごぼう（図3―2）は、福井県の九頭竜川下流にある坂井平野の春江町で古くから採種用として栽培され、白茎という名の通り、白く細長い茎が特徴である。葉は丸葉であり、根は大きくならず短い。香りがよいことから茎を主に食べる葉ごぼうの品種として知られる。しかし、春江町では長年、種採り用としての栽培のみが行われてきた。蔬菜としての栽培は昭和六〇年になってからである。

越前白茎ごぼうの来歴と特性

越前白茎ごぼうについて、青葉（1996）は「アザミバゴボウとして全国的に有名な品種は福井県の越前白茎であろう。鋸歯のある葉は葉柄が長くて軟らかく、根は太くならないで分岐しやすく、香りがよいことから葉牛蒡として広く用いられた。福井県の敦賀港は古代からシベリア方面との交流の多かった地であるし、『農業全書』の時代から越前はアザミ葉のごぼうの有名な産地であった。これらのことからすると、わが国の白茎アザミ葉の葉ごぼうは大陸から北陸地方に渡来し、その後長野県などに伝わったとみてよいと思う」と指摘している。

この見解を参考にすると、越前白茎ごぼうの来歴は、古代においてシベリア方面との交流により北陸地方に渡来したものであるということになろうか。

そして、越前白茎ごぼうの特性について、現在は丸葉であるものが、江戸時代にはあざみ葉であったというのである。その論拠についてはこうである。『農業全書』(1696)にあるごぼうの挿図(第二章図2—3参照)は「八幡牛蒡の切葉の図」であり、さらに、「一説にハ、八幡の牛蒡のたねハ、越前より取来り用ゆと云」とある記述から、八幡ごぼう＝あざみ葉＝種子の来歴は越前＝越前白茎ごぼうという一連の繋がりにより、江戸時代において越前はあざみ葉の白茎ごぼうの有名な産地であり、八幡ごぼうのルーツであるというのである。

図3－2 「越前白茎ごぼう」は丸葉で白茎・白花(6月撮影)
(福井県坂井市春江町)

しかし、長年、春江町で種採り用として栽培している白茎ごぼうは、丸葉の白茎であり、栽培農家では明治生まれの親世代からずっとこの丸葉の白茎を栽培してきたのである。

この点について、先の青葉は「白茎とアザミ葉の形質は赤茎と丸葉に対して遺伝的に劣性の形質であるので、他の品種と交雑するととく赤茎で丸葉の品種に変わりやすい。レニングラード付近に自生するごぼうは白茎*のようであるし(芦沢正和氏)、わが国にはシベリア方面から白茎でアザミ葉の野生種が渡来し、これから越前白茎が生まれ、その後中国から渡来した赤茎で丸葉の在来種と交雑し、日本で赤茎のアザミの品種や、白茎で丸葉の品種が成立したものであろう」と論考している。日本において白茎で丸葉の越前白茎ごぼうが成立したのであれば、八幡ごぼうの挿図がある『農業全書』が刊行された江戸初期から明治中期のおよそ二〇〇年の間にあざみ葉が丸葉に変わったということになる。

越前白茎ごぼうがあざみ葉であったという資料に『野菜の地方品種』(1980)がある。それには「越前《えちぜん》白茎《しろくき》　福井県　福井農試　白花、葉はあざみ葉で大型、葉柄長大で軟らかく、葉柄を食用に供す、根は短く分枝多い、採種栽培わずかあり。備考：栽培ほとんどなし」とあり、昭和期の終わり頃までわずかではあるがあざみ葉の採種のみの栽培があったようである。しかし、二〇一二年の現在、福井県農業試験場にはあざみ葉の採種栽培は消滅し、その種子も保存されていない。

越前白茎ごぼうの特性をみると、その原種はあざみ葉であったものが、すでに明治時代における採種栽培においては丸葉の品種が成立しており、これが葉ごぼうの著名品種としてとくに関西圏で好まれ、普及していったのである。

越前白茎ごぼうの栽培と消費

福井県下における越前白茎ごぼうの栽培は、近年まで採種農家による種採りを専門にした栽培が行われてきた。先に述べたように、「越前白茎ごぼう」という名称は、一九八五(昭和六〇)年に県が推進した一村一品運動を契機に付けられた名称であり、地域の野菜として特徴を出すために「越前」を冠したのである。それ以前は「白茎ごぼう」の名で知られ、地元では「白ごんぼ」と呼ばれていた。この年に福井県の伝統野菜に選定され、春江町の農村女性活性化グループにより、わずかではあるが葉もの野菜としての栽培も始まった。

以下は、これまでの採種農家の種採り用栽培と新たに始まった葉もの野菜としての栽培法をあげてみる。

①　種採り用の栽培

現在、福井県坂井市春江町木部西方寺で栽培している種採り用の越前白茎ごぼう（図3—3）は、白花、白茎の丸葉で、葉ごぼうである。この集落の人たちは、根茎を食べるごぼうのことを「赤ごんぼ」と呼び、採種用の白茎ごぼうを「白ごんぼ」と呼んでいる。平成一〇（一九九八）年ころまで生産農家は四戸あったものが、現在（二〇一二年）は一戸になってしまった。生産者の竹内真之栄氏（一九二一（大正一〇）年生まれ）によると、明治二五年生まれの父親の時代から丸葉の白茎ごぼうを採種し、真之栄氏がこの仕事を受け継いだのは、戦地から帰還した昭和二一（一九四六）年であった。

図3－3　種採り用の「越前白茎ごぼう」（6月撮影）

この地域で採種栽培が始まったのはいつごろであるかは明らかではないが、明治時代には、木部西方寺のほか、正善・定広（坂井市春江町）、二日市・山室（福井市）、木部新保（坂井市坂井町）の九頭竜川流域の集落で大規模に栽培が行われ、一戸あたりの採種量が二～三石（三六〇～五四〇リットル）あったといわれる。タキイ種苗（株）の『種苗七十年』（1964）には、瀧井治三郎氏が明治時代中期ころ、春江村（春江町）に種子の仕入れに来たとあり、この時代、白茎ごぼうの需要はかなり多かったといえよう（『ふくいの伝統野菜』1998）。

白茎ごぼうの採種開始時期について、何か手掛りが得られないかと明治時代に刊行された『福井県農会報』（現存するのは大正八（一九一九）〜昭和一七（一九四二）年までの資料。欠号あり）を参考にしてみたが、白茎ごぼうに関する記事はもちろん文字さえも一切見あたらず、情報は皆無であった。白茎ごぼうと見間違いそうになったのは、通信欄にある「白莖體菜（体菜）」や「雪白體菜」などの漬菜の名である。その種子購入の申し込みの文字が散見するものの、ごぼうに関する記事はすべて「滝野川牛蒡」であった。福井県における白茎ごぼうは特定地域のみの種採り栽培であり、種苗業者との直接売買によるもので、市場に流通させる必要がなかったのであろう。

戦後の昭和二〇年代になると、白茎ごぼうの種子を斡旋する仲買人があらわれた。「ごんぼ商人」ともいわれた仲買人は、木部新保の多田氏、定広の原氏、布施田新の南嶋氏、二日市の西氏の四名であり、栽培農家から種子を買い取り、京都（タキイ種苗）や大阪（イシハラ種子）の種苗業者に売っていたという。

このように明治から大正時代において、福井県の白茎ごぼうは、種子を採るための栽培が主体であり、昭和時代に入っても六〇年ころまでは採種のみの栽培であった。

さてここで、長年、白茎ごぼうの採種栽培をしている竹内真之栄氏の二〇一一〜一二（平成二三〜二四）年における採種のみの栽培法についてみていこう。

白茎ごぼうの畑は、九頭竜川を遠くに望む坂井平野の一角にある。その畑の広さは、およそ七〇〇平方メートルと三五〇平方メートルの二か所である。昭和四七〜四八年の土地改良において、木部西方寺の集落は田んぼを平地にして畑にした。この畑の土性は宅地用の土と変わらない。堆肥は主に牛糞であり、追肥として化学肥料（主にミネラル）も用いている。

八月に採取した種は、七〇〇平方メートルの畑でおよそ八斗であり、採種したものは地元の種屋（福種（株））に売買する。次年度の種採り用の栽培の種は採取したその月にまく。畝幅は九〇センチメートルで、株間は四〇センチメートル、種は五粒づつ点まきにする。秋口に発芽した芽は、雪が降る前に間引きして二本立てにする。このとき間引きしたごぼうは、油炒めなどにして食べる。その後、冬を越して春になると、さらに間引き、ここで一本立てにする。

五月中旬ころには、良質の種子を採るための株の選抜を行う。その方法は葉が黄色味を帯びたものや茎が細い株を抜き取り、茎のしっかりした株を残していくのだが、その見分け方は長年の経験によるものである。選抜した株は、脇芽に力を与え、たくさんの花を咲かせるために芯止めをする。

六月になるとあざみに似た白い花が咲き始め、七月ころまでが開花期となる。八月上旬には花も終わり、種の入った莢《さや》（これを「ガマ」という）が実ると刈り取りが始まる。株ごと刈り取り、乾燥させた小枝を道路に並べてトラクターで踏みつけて種を落とす。この方法は竹内氏が考案したもので、トラクターを使う前は、莢にある硬いトゲを小枝ごと棒で叩いて種を落としていたが、乾燥した硬いトゲは衣服にくっついてチクチク刺さり痛くて痒い（方言では「はしかい」という）作業であったという。トラクターを使う前は、トゲを身体から落とすために、一日の作業が終わると九頭竜川まで行って川に入りトゲを落としたそうである。竹内氏がこのつらい作業をトラクターを使って軽減したことが話題になり、いまではこの種採りの方法を見学に来る生産農家も多い。

この種採り用のごぼうの栽培の特徴をあげるならば「連作」していることであろう。現代におけるごぼうの栽培技術をみると、連作は避けるのが習わしである。しかし、竹内氏は一九四六（昭和二一）年に栽培を始めて以来、毎年同じ畑で栽培、採種し、親世代もそうであった。種採り用として栽培される越前白茎ごぼうは、長年、「連作栽培」なのである。

江戸時代の代表的な農書である『百姓伝記』（年代未詳）には「ごぼうは連作すること」とあり、『農業全書』（1697）にも「ごぼう、だいこん、ごまなどは、連作を嫌うことなく、かえって旧地がよいとされている。だから毎年同じ所に植えてもかまわない」とある。『農業要集』（1826）にも「（牛蒡は）連作してもさしつかえない」と記してあり、これら江戸時代の史料にある「ごぼうは連作可」の栽培技術は、現代におけるごぼうの栽培では考えられない方法であるが、越前白茎ごぼうの種採り用の栽培には、連作があり得ることを実証している。

さらに、竹内氏の越前白茎ごぼうの栽培は、これまでに品種改良は一切していない。これを守り続けてきたのは、食用としての栽培ではなく、採種用であったからであり、食べるための野菜を栽培するのであれば改良もあったかもしれないという。

種採り専門業を長年続けている竹内氏は、この種子を「薬用」に利用したという話は聞いたことがないが、五〇年ほど前に、富山大学が「薬用」としての研究のために種子を買い付けにきたことがあったことを覚えているという。

また、福井県下における利用のひとつに、仏壇の金箔を貼る下地にごぼうの種から抽出した液を防腐剤として使用した時代もあったようである。

福井県の伝統野菜に選定された越前白茎ごぼうであるが、種子を生産する農家もすでに一戸になり、生産者の高齢化が進むとともに、これを継承する人もいないという。

長年、種採りを生業としている竹内氏であるが、種子の収穫作業は、トゲに刺され、実の中の細かい繊維で目や体中が痛かゆくなるなど、その作業は「やったもんでないと分からん」と語る一方で、「若い人にこの種採りを受け継いでもらえたら……」と後継者不足を憂いている。この現状を知り、坂井農業高校の生徒たちが声を上げ、二〇一一年九月からビニールハウスの水耕と露地の栽培を始めた。出荷できる量はわずかではあったが、店頭販売と学校の給食食材に提供する（「福井新聞」二〇一二年一一月一日付）など、伝統野菜を継承する一歩を踏み出したといえよう。今後は県の支援とさらなる後継者の育成が望まれる。

② 葉もの野菜としての栽培と消費

福井県下における白茎ごぼうの栽培は、長年、種採りが専門であった。

一九八五（昭和六〇）年、一村一品運動が興り、春江町でもここにしかない野菜をとの掛け声のもと、「白茎ごぼうは種採りだけではもったいない。伝統ある食用野菜として育てよう」と農家の女性たちが立ち上がった。三上香代子氏（春江町大牧）を中心に、農村女性活性化委員の数名により、竹内氏から購入した種子で葉もの野菜としての白茎ごぼうの栽培と加工（図3―4）が始まった。

栽培する畑は、春江町の大牧と隋応寺の二か所であるが、栽培面積は合計約六〇〇平方メートルに過ぎず、わずかの収量である。葉もの野菜としての栽培は連作をしないで、畑は一年半から二年ほど休ませている。畑に有機肥料（くず豆、骨粉、魚粉、油粕、米ぬか、ゼオライトなど）を堆肥にしてまず土作りから始めた。有機肥料で土作りをしっかりすれば、畑を休ませるのは一～二年でよいという。種子は竹内氏が栽培・採種したものを用い、九～一〇月までに筋まきをする。密植して生えた芽は、一一月下旬から一二月上旬には四〇センチメートルの長さになるので一回目の刈り取りをする。その後、冬を越して二～三月になると再び芽が伸び、ここで二回目の刈り取りをする。刈り取った茎はそれぞれ塩漬けにしておき、味付煮（きんぴら風味）に加工して販売している。

四月になると、新たに葉ごぼうが生えてくるが、これを早春の野菜として直売所などで販売する。この若い葉柄と根は香りが高く、やわらかいので、お浸し、炊き込みご飯、巻きずしの具、味噌汁、サラダなどに、また、油との相性がよいので天ぷら、かき揚げ、きんぴらなどに料理して賞味される。

近年、葉ごぼうの産地としては、関西方面では大阪府八尾市があり、四国では香川県や高知県が知られているが、春江町の「越前白茎ごぼう」の種子を買い求めて栽培しているのは香川県や高知県などであり、大阪府八尾市は現在、自家採種による栽培[**]である。

この大阪府八尾市の葉ごぼうの来歴を明らかにする史料はないが、江戸時代中期の『五畿内志』（1735）

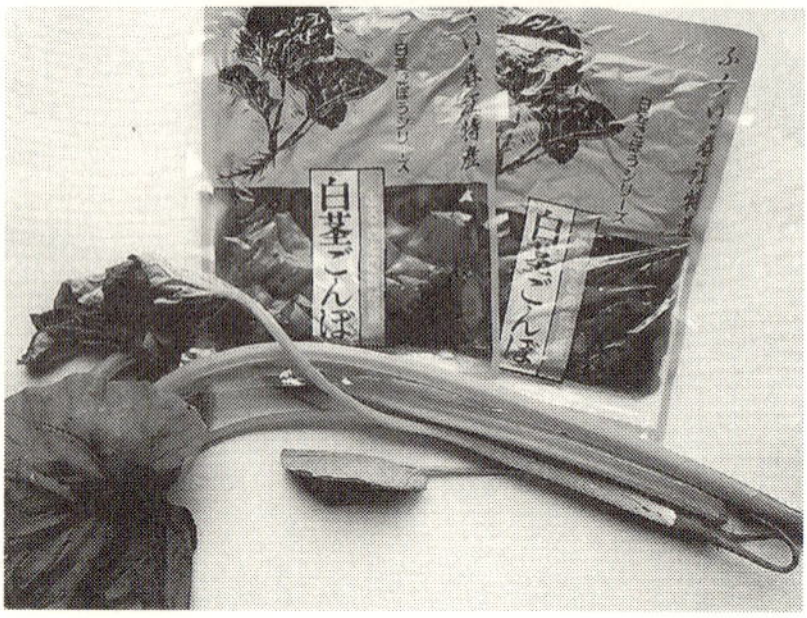

図3-4　葉もの野菜として利用する「越前白茎ごぼう」の栽培（5月撮影）と加工した「白茎ごんぼ」

図3－5 「八尾若ごぼう」は「やーごんぼ」とも呼ばれる（4月撮影）（大阪府八尾市）

によると「渋川郡竹渕《たこち》村（八尾市）」の名産品として「牛蒡」があがっていることから、八尾市域においては江戸時代からごぼうの栽培が盛んであったことがわかる。明治時代に入り、『日本帝国統計年鑑』（1881）にある「河内国」（大阪府東部、現在の八尾市も含む）の「牛蒡」は「三月中旬播種、八月中旬収穫」のごぼうであり、早い時期に収穫する作型のごぼうが栽培されていたようである。一九五六（昭和三一）年になって、大阪で開催された「第三回全日本種苗研究会」には中河内特産の「白軸矢牛蒡」が紹介されている。この「白軸矢牛蒡」の種子の来歴についても不明であるが、このごぼうの特性として「越前白軸牛蒡に比し、極早生葉牛蒡で茎の伸びよく地下部の利用もできる」（『大阪特産蔬菜品種解説』）とあり、「白軸矢牛蒡」は「越前白軸牛蒡」と比べて茎・根ともに利用できる葉ごぼうの品種であったといえる（森下2014）。

八尾市の葉ごぼうは若い葉柄と根の形状から「若ごぼう」、「やー（矢）ごんぼ」（図3―5）と呼ばれ、早春の旬の野菜として消費量も多い。平成二五（二〇一三）年八月には「地域団体商標登録」の許可を受け、「八尾若ごぼう」と称して出荷している。この葉ごぼうは連作栽培が可能であり、約一〇〇軒の農家が栽培し、収穫量は年間三〇〇〇トンを超えている。

＊山田（2000）は、「ロシア極東地域では現在（一九九〇～一九九五年）でも多くの野生のごぼうが群生している。ロシア極東に分布する野生のゴボウは丸葉の赤茎であり、赤紫色の花が咲く」と報告している。

＊＊大阪府八尾市においては「越前白茎ごぼう」の種子を用いた葉ごぼう栽培（栽培面積は「八尾若ごぼう」の約五分の一）も行われている。これは「八尾若ごぼう」の出荷時期（三月中旬～下旬が最盛期）が過ぎた三月下旬～四月上旬の店頭販売用であり、「葉ごぼう」として栽培している。

二　八幡ごぼう――京都府八幡市

八幡ごぼうの来歴

江戸時代初期の『毛吹草』（1638―45）には、山城畿内の名物として「八幡　牛房」が記されている。これは八幡の地でごぼうが栽培されていたという初見の史料であり、諸国の名産のなかでもごぼうがあげられているのは、唯一この地のみである。

八幡ごぼうの来歴については先に述べたように、『農業全書』（1696）には「一説にハ、八幡の牛蒡のたねハ、越前より取来り用ゆと云」とあり、八幡ごぼうの種子は越前（福井県）から来たものであると記してあった。

京都の地誌である『雍州府志』（1686）には、「牛蒡　八幡山東園村之産為二名産一専称二八幡牛蒡一園村去二八幡一半里許元社家大臣氏之所住也」とあり、八幡山の東の園村に産するごぼうは「八幡牛蒡」と称して名産であり、この園村の地はもと社家大臣が住むところであるという。つまり、この八幡の地は石清水八幡宮が祀られている聖域の地であり、「八幡牛蒡」はその地の名産であるという。

八幡ごぼうの特性

江戸時代中期の『五畿内志』(1736) には山城国綴喜郡の名産品に八幡の「牛蒡」があり、『五畿内産物図会』(1811) には、山城の産物のなかに「やはたごぼう」の色刷りの挿図(図3―6)がある。細長く整った根が一〇本ほど束ねて描かれ、まさしく名産品に相応しい草姿である。

『京都民俗志』(1973) には八幡ごぼうが作られるようになった由緒について、「八幡の放生川は、魚鱗むらがって、その油が泥になり沈殿していると伝えられ、維新ごろまでは毎年日を定めて一〇町ごと(約一〇ヘクタール)に限って川浚《さら》えを行った。そのときにあげた泥を畑に移して牛蒡を作ると、周囲(胴回り)二三センチもあるみごとなのができた。世に呼んでこれを八幡牛蒡といった。江戸時代には、毎年将軍家へ献上したと伝えられる」(傍点筆者)とある。八幡の放生川は八幡宮の聖域であり、本来、魚を捕ることも禁止されていたが、一年に一回の川浚えにより肥沃な泥土が手に入った。それを土壌にしてごぼうを栽培すると胴回りが二三センチメートルもある太いごぼうができたという。

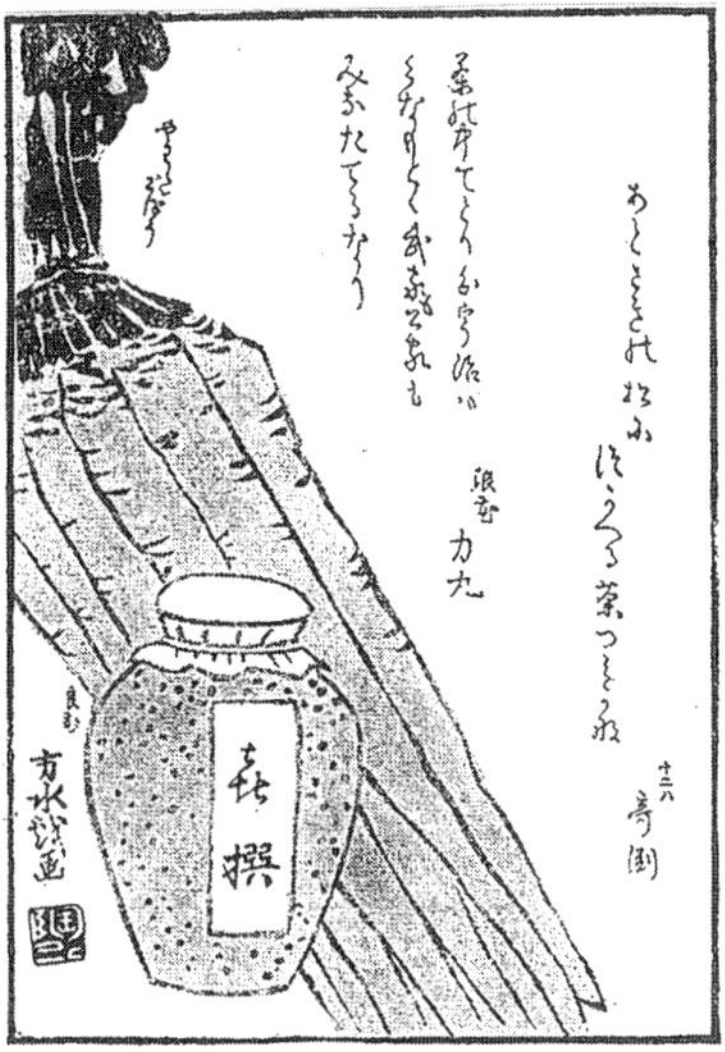

図3-6 「やはたごぼう」(八幡ごぼう)
(『五畿内産物図会』1811)

『山城綴喜郡誌』には「古来八幡町は、八幡宮神領にして、殺生厳禁の制度なりしを以て、同町住民は、暇令《たとえ》一時他へ奇寓し、又旅行せし時と雖も、鳥獣の肉、及卵は一切禁食せり、若し之を犯す者あるときは、重罪を以て、處刑せられたり」とあり、さらに「明治維新前八幡宮神職、及町家、百姓に至る迄、大小の式日、及び平素参拝の場合等、一切魚類をも禁ぜり」とあって、明治維新前における八幡地域は食物について厳しい禁食が定められていた神域であったといえる。

このような地域において、年に一回の川浚えは川魚類を捕獲できる楽しみな日であったに違いない。川浚えによりあげられた泥土は魚鱗による肥沃な土壌になり、この土壌がごぼうの栽培に適したのであろう。

『農業全書』(1696)には、ごぼうを栽培する土壌について「土性がずっしりと重くしまっているのがよい。京都の八幡などの土性がこの種のものである」とあり、八幡の土性がごぼうに適したものであると記してある。

この時代になると、日本の各地でごぼうが栽培され、盛んに食べられるようになったと記すのは、『本朝食鑑』(1697)である。「牛房は全国どこにでもある。(中略)根の大きいものは臂《うで》か大蘿蔔《だいこん》ほどもあって、握ると掌いっぱいになる。根の長いものは、鞭か竹筒のようで、長さ二、三尺にもなる。根皮は灰黒色で厚い。皮を削ると碧白、香脆である。(中略)近時、盛んにこれを賞味するようになった。京洛の鞍馬・八幡の村里に産するものは、肥大なものがあって、一番よいとされている」とあり、京都の鞍馬や八幡のごぼうは太くて優れたものであるという。

『成形図説』(1804)にも山城の八幡、鞍馬をはじめとする各地のごぼうの産地が記されているが、なかでも八幡ごぼうについては「八幡辺に産するは短く太く尾に鬚根あり」とその特徴を説明している。

以上、文書史料からみると、八幡ごぼうはごぼうの名産品としては最も古いもので、根を太らせて賞味する品種のようであり、江戸時代初期にはすでに京都の名産品となって日本各地に広く知られた優れたごぼうであったといえる。

ここで八幡ごぼうの来歴を今一度確認してみよう。『農業全書』(1696)には八幡ごぼうの来歴は越前であると記してある。越前であれば、八幡ごぼうの原種は越前白茎系の葉ごぼうの品種であり、現在の越前白茎ごぼうの栽培法からみて根を太らせる品種とは考えにくい。しかし、八幡ごぼうは太い根のごぼうの名産品として江戸時代初期からその名が知れ亘っていた。

はたして、八幡ごぼうの来歴は越前なのであろうか。越前白茎系の品種であれば根が細く短い葉ごぼうであり、根を太らせる八幡ごぼうとは結びつかないのである。来歴は越前であっても滝野川系の品種であることも考えられる。

しかし、根が細く短い越前白茎ごぼうであっても、生育期間が長く、土壌条件がよい場合には根が長く太くなることが、飛高義雄氏により一九五〇年に実証されていた（飛高 1989）。葉ごぼうの品種であっても環境条件により、滝野川系（常盤大長）のような長い根の品種とほぼ同じ根のごぼうを作ることができるのである。

幸い、八幡の地にはごぼうの栽培に適した肥沃な土壌があり、ずっしりと重くしまっている土性が名産品としての八幡ごぼうを生育させたのであろう。

これにより、八幡ごぼうの来歴は越前白茎系であるという可能性も否定できない。

しかし、名産品であった八幡ごぼうの名が史料に現れるのは江戸時代までであり、明治時代になるとその名は農書などから忽然と消えてしまう。その理由についてはは明らかになってないが、「明治元年、仏式祭典の廃せられたると、同時に鳥獣肉、及卵の禁食禊斎等の事無きに至れり」（『山城綴喜郡誌』）とあるように、殺生厳禁の制度が廃止されて禁食がなくなると、年に一回の放生川の川浚えなどの風習もなくなり、八幡ごぼうを栽培する泥土が入手できなくなったこと、また、京都には堀川ごぼうという太いごぼうの名産品も産出したことが、八幡ごぼうの衰退していく一要因になったのではなかろうか。

図3-7 「八幡巻」
(京都の錦市場 2011年12月撮影)

「八幡」はごぼうの代名詞

明治時代になると、八幡といえばごぼうの意であると『明治東京逸聞史1』には次のように記されている。「京阪とそれからその附近の地とに多くあって、東京とその附近とではその名も知らぬのは、やはた巻であろう。これは午蒡《ママ》を細長く切ってゆでたのを、五筋六筋一つに集めて、これを細い鰻で巻いて、味噌醤油をかけて焼くので、一種の味わいがある。屋台店で売っているのは、一つ二銭から一銭まである。京阪では午蒡の異名をやはたという。即ちやはた巻は午蒡巻なのである」とある。

また、先の『京都民俗志』には、「年の始めは、八幡では、来客に八幡牛蒡に鮒を添え、それを芯にした昆布巻を饗応する風習がある。いま牛蒡に鰻を巻いたのを八幡巻という」とあり、八幡巻はもとは昆布巻であったものが姿を変えたものだという。

さらに、八幡地域に伝わる古老の話によると、八幡巻とは「うなぎやどじょうを芯にして、ごぼうで巻いたものであった」という。古来、八幡町は八幡宮の聖域であり、放生川は魚を捕ることは禁止であったが、禁食になれば食べたいと願うのが世の常である。殺生厳禁の重罪を恐れて川魚をごぼうで巻くことにより、外見は精進の料理に仕立てたのである。「八幡ごぼうは太さがあったことからおそらく桂剥きにして巻いたのであろう」といい、まさしく、ごぼうで川魚を巻いた「ごぼう巻」であったという話である。禁食であるものをいかにして食べるかという話は各地域に伝わっているが、八幡巻も同じ様な由来が伝わっていたのである。

このように、八幡ごぼうは江戸時代初期から八幡の名産品として、また、ごぼうの著名品種として、全国的に知られたが、明治時代になるとその栽培は途絶えてしまい、その後は「八幡」といえば「ごぼう」の代名詞になっている。

現代において「八幡巻」といえば、滝野川系のごぼうを細長く切り揃えて煮たものを数本束ねて芯にし、うなぎやあなごで巻いて蒲焼風味のタレを浸けて焼いた料理（図3―7）である。京都では八幡巻も昆布巻も伝承されていて、日常的にもよく食べられている惣菜のひとつになっているが、これら料理は京都だけでなく日本の各地域にも広く普及した。

八幡ごぼうはすでに消失し、まぼろしのごぼうになってしまったが、「八幡巻」という料理にその名残りをとどめて、名産であった「八幡ごぼう」の存在はこれからも語り継がれるであろう。

三　堀川ごぼう――京都府京都市左京区一乗寺

堀川ごぼうの来歴

堀川ごぼうは、またの名を聚楽《じゅらく》ごぼうとも称される。伝説によると、一六世紀末、豊臣秀吉は京都に聚楽第を建てたが、豊臣氏が滅亡後、聚楽第の堀は住民の運び出す塵芥《じんあい》に埋められ、そこに捨てられたごぼうが翌年に芽を出して生育し、巨大なごぼうになったことから、これを見た付近の農家が栽培を始め、これが越年栽培のごぼうが生産される起源になったと伝えられる（高嶋 2003）。

江戸時代初期の『雍州府志』（1686）には、先の「八幡牛蒡」のほか、「京師北野ならびに小山・堀河、所々に産するもの、また、宜しとす」と堀河（堀川）の地でよいごぼうが採れると記してある。「堀川牛蒡」の名で史料に記載されるようになるのは、江戸時代も後期に刊行された『本草綱目啓蒙』（1802）からであり、「八幡牛蒡、北山牛蒡、堀川牛蒡、相国寺牛蒡」が名産品としてあげられている。

堀川ごぼうは、滝野川系のごぼうである。したがって堀川ごぼうという一品種の名称ではなく、「越年栽培」という伝統的な栽培技術によって作られたものが堀川ごぼうという名称でよばれるようになったものである。

堀川ごぼうの特性

堀川ごぼうは京都市左京区一乗寺付近で採種された品種が優良であり、品種として赤茎種と青茎種とがある。赤茎種は葉が小さく、葉数多く、青茎種は葉が長大にして、茎が長い（高嶋 2003）。

越年栽培した根の太い堀川ごぼうの姿形は、直径六～九センチメートル、長さ五〇～八〇センチメートルで、重さがおよそ一キログラムもある。表皮は暗褐色で、根部は全体にひび割れた亀裂が入り、根の先端は親指ほどの細い根が数本枝分かれしている（図3―8）。肉質の中心部は、すが入り、空洞になっている。このような特徴のあるごぼうであるが、香りが高く、軟らかいので珍重され、二〇一一年一二月の錦市場においては一本二五〇〇～四〇〇〇円の高値で販売されている。

堀川ごぼうと普通ごぼうの栄養価を比較した場合、堀川ごぼうはたんぱく質、食物繊維はやや多く含まれ、ビタミンB_1は約五倍、Cは約四倍、Eは約三倍含まれ、ミネラルではカリウムは約二倍、リンは約四倍、そのほか多価不飽和脂肪酸では聖護院だいこん、かぶ、山科なすなどと比べてやや多く含まれている。外皮にはイヌリンを多く含み、特有の香りがあるのが特徴といえる（畑 2006）。

堀川ごぼうの栽培と消費

堀川ごぼうは、明治二〇（一八八七）年ころには、堀川および葛野郡大内村中堂寺を中心とした約八〇反歩（八ヘクタール）が栽培地として有名で、京都の市場を初めとして大阪の天満市場へも盛んに出荷された。明治末期には、一乗寺堂ノ前町の西川三四郎氏が熱心に栽培し、栽培者が増加したこともあったが、一般的には堀川ごぼうの需要は少なくなり、販路もきわめて狭小であったといわれる。昭和一二（一九三七）年ころは約二ヘクタール程度、その栽培農家数は二五戸内外であり、一時期、この堀川ごぼうを植えれば栽培者または家族に不幸を生ずるという噂がながれ、栽培中断の状態となった時期もあった（高嶋 2003）。

その後、都市化の進展につれて栽培地はさらに洛北方面の左京区一乗寺から修学院付近に移り、きわめてわずかな栽培しか行われなくなったのである。

昭和六三（一九八八）年に堀川ごぼうは京都の伝統野菜に選定されたが、現在は一部の生産農家が需要者との契約により栽培している現状である。

主な産地は、京都市左京区一乗寺および修学院付近（図3—9）であるが、新興産地として福知山市大江町（由良川沿い）や舞鶴市加佐地区がある。

ごぼうは毎年同じ場所に栽培をつづけると忌地といって、出来が不良になる。堀川ごぼうも四～五年間は同じ場所には栽培しない。

堀川ごぼうの栽培の特徴は、普通のごぼうより手間をかけて作られることにある。その方法は、秋に種子をまいて苗を育て、普通のごぼうと同じ物を作るが、これを翌年の春（六月ころ）には掘り起して再び植え直し、定植させるという栽培法である。すなわち、ある程度育ったごぼうを一度掘り起して、移植す

図３－８　越年栽培で長大になる「堀川ごぼう」(12 月撮影)(京都市左京区一乗寺)

図３－９　京都市一乗寺～修学院一帯にある「堀川ごぼう」の畑（12 月撮影)

るという栽培法で、一年以上も手間のかかる伝統的な方法によって作られるのである。

京都市左京区一乗寺で堀川ごぼうを三代（幕末～明治～平成）に亘って栽培している生産農家の荒木稔氏（昭和八（一九三三）年生まれ）の栽培方法は次のようである。

荒木氏が、堀川ごぼうの栽培を始めたのは二〇歳ころである。現在、堀川ごぼうの栽培地は一乗寺から修学院あたりになっているが、昔は京大病院のあった元田中周辺が栽培地であった。このあたりが京野菜の発祥の地であるという。元田中に宅地が増えたことにより、栽培地は洛北に移っていったのである。「このごぼうを堀川ごぼうと称するが、堀川の地でごぼうを作っていたという話は聞いたことがなく、堀川はごぼうの産地ではない」という。「但し、堀川の地で太ったごぼうが作られたという話はあるかもしれない」と、栽培の起こりについて語る。

一乗寺にある荒木氏の畑は四枚（一枚は約一三二〇平方メートル）あり、連作を避けるごぼうはこれらの畑で四年の周期で栽培される。ごぼう畑はとくに土作りが重要であるが、堆肥は主として牛糞などの有機質肥料を施し、表土は通気、保水性に富むことが必要である。

種から栽培する方法は、九月に蒔いた種が、翌年の六月ころになると、普通の細いごぼうに育つ。これをいったん引き抜き、そのうちから長さ六〇センチメートル以上、形がまっすぐで、ひげ根が少ないものを選んで（ひげ根をよくむしりとって）植え込む。植え方は東南に向けて一五度くらいの角度に寝かせて浅く植える。一五度の傾斜に植える理由は、適度な長さに太らすためである。この地の土性は花崗岩で土が重いため、斜めにして植えないと太らない。東西に向けて植え込むと南側の生育がよくて扁平になることが多いなどといわれ、嫌うが、畑での仕事がしやすいように東西に向けて植える年もある。移植後は除草のみで苗を植えてから追肥を一回行う。収穫期は一一月以降となるが、その年の気候によっても変わり、

図3-10　堀川ごぼうのお節「射込みごぼう」

需要の多くなる一二月が旬の時期といえる。

近年の栽培方法はごぼうの苗を買ってきて定植するのが一般的である。荒木氏の知る限りでは、種苗業者が桂川の河川敷で苗を栽培していた時期があり、その苗を購入したこともあったが、最近は、京都市近郊では苗は作っていないという。

現在は九州地方（宮崎県・大分県など）で栽培されたごぼうの苗（滝野川や柳川理想）を購入し、梅雨が明ける前に移植する。植え方は先述の通りであり、このごぼうの苗を越年させて肥大な堀川ごぼうに育てあげるのである。荒木氏は「堀川ごぼうはどこでも、だれでもつくれる」という。

堀川ごぼうは数十年前までは年末の市場でも販売され、京都では正月の縁起物として、太くたくましくと一家の繁栄を願って食べられ、お歳暮などの贈り物にもなった。現在、京都市内の一乗寺から修学院で栽培される堀川ごぼうは契約による栽培に限られ、京都、大阪の料理屋の正月料理になくてはならない野菜である。「射込みごぼう」（図3—10）ともいわれる正月料理は、堀川ごぼうの中心部にある空洞に鶏肉や白身の魚、カニの身などを詰めてゆっくりと煮込むと味が浸み、ごぼう特有の香りがでて美味しくなるのである。この堀川ごぼうの根の先端の細い部分は、たたきごぼうや味噌漬けにするなど、すべて余すところなく料理に用いるのである。

四　大浦ごぼう――千葉県匝瑳市大浦地区

大浦ごぼうの来歴と特性

大浦ごぼうとは、千葉県匝瑳《そうさ》市大浦集落で栽培される太いごぼうのことである（図3―11）。

一説によると、九三九年に平将門が兵を挙げ、翌年、下野《しもつけ》の武将であった藤原秀郷《ひでさと》を討とうと成田山新勝寺に祈願した折、大浦ごぼうで酒宴を張ったと伝えられているが、実際に大浦ごぼうが用いられたかどうか、その真偽は不明である。

このごぼうが誕生した由緒について、『千葉県匝瑳郡誌』（1987）には「午《ママ》蒡は今を距ること二百餘年前匝瑳村大浦の人鈴木四郎兵衛なる者其の塵芥捨場より甚大なる午蒡の発生を見初めて其の地質の適良なることを認め之を栽培して大浦午蒡の名を博するに至れり大正八年度本郡作付反別二十四町六反歩価格一萬四千七百六十九圓なり」とあり、江戸時代に匝瑳村（匝瑳市）大浦の鈴木四郎兵衛が塵芥《じんあい》の堆積した場所で大きなごぼうが生えているのを発見したことから、これを栽培して大浦ごぼうを広めたと記してある。

成田山新勝寺と大浦ごぼうのかかわりについて、『新修成田山史』を参考にすると、文書史料における初見は、成田山にある元禄年間に佐倉城主に奉納した記録である。その文中には「例年の通り」とあることをみると、それ以前から大浦ごぼうを献上品として奉納していたようである。正徳元（一七一一）年一二月一六日の記録である「書翰等下書」にもこの年の歳暮として、「例年の通り大浦牛房《ママ》五本献上仕候」と記され、大浦ごぼうの献上は佐倉城主のほか、元城主の淀の稲葉家松平越後守その他の諸大名にも毎年献上していたことがうかがえる。

さらに、天保五（一八三四）年正月の「本山用諸扣」の記録には「一、大浦牛房《ママ》百六拾本」とあり、初春の祝儀としてこんにゃくとともに江戸深川旅宿（現深川別院）から江戸中の信者講元などへ配ったものがある。このなかには、「一、木場　牛蒡こんにゃく　市川海老蔵」とあり、七代目市川団十郎に配った記録もある（神崎 1968）。

一方、このころ江戸で刊行された地誌『続江戸砂子』（1735）には、江戸並びに近在近国の名産として大浦ごぼうが載っている。「大浦牛蒡　下総、江戸より二十里。日蓮宗の談林あり。越後弘智法印出生の地。住侶の庵于今存ス。長三尺を過ず、周り一尺或は尺一二寸にして大根よりも肥たり、切口八方へひびれ環入のごとし。すぐれてやわらかに甚好味也。輪に切て平皿に盛るに器を過たり。無類の佳蔬なり」とあり、さらに、『本草綱目啓蒙』（1802）にも大浦ごぼうが名産品として記載され、ごぼうのなかでも逸品のものであったと思われる。

一八二六年に出版された宮負定雄の『農業要集』には、下総の大浦ごぼうが特産物として次のように記されている。

「下総国では大浦ごぼうが最上の品である。多くは江戸に送られている。大きくなると周囲一尺八、九寸の品もあり、一本が銀五匁ぐらいの値段で売買される。一坪に二本ぐらいの割合で植える。したがって一畝では金五両、一反歩にすると金五十両になる計算である。どの地方でもよい土地を選んで充分に肥料を施し、手入れをよくすれば、太くならないはずはない。私も試しに作ってみたが、市に売って大きな利益を得ることができた。しかし、ごぼうやながいもを植えるのに適した畑は少ないものである。肥沃で乾きがちな水はけのよい畑を選んで植えなければいけない。湿りがちな畑に作ると、両種とも長く伸びず、太りも悪い」とあり、大浦ごぼうを作れば高値で売買され、大きな利益を得る野菜であると記してある。

同じころの『経済要録四』(1827)にも、「下総の国土浦のごぼうは、周囲一尺八、九寸のものがある。(中略)よいものを作れば、はなはだ利潤多いものである」と、ごぼうも最上のものは利益の大なる野菜であることが記されている。

大浦ごぼうの栽培と消費

大浦ごぼうは、明治維新以後は栽培の先駆者となった鈴木四郎兵衛を始め、越川三右ヱ門、江波戸、椎名などの家々が栽培を続けた。また、採種して東京の興農園、早稲田農園、青山学校園および伊勢山田町(伊勢市)の神農園などに種子が販売されて、一時は全国的にかなり広まったと思われる(『千葉県野菜園芸発達史』1985)。

大浦ごぼうの栽培の先駆者であり、現在も生産農家である椎名家には、明治時代の資料として「第二篇各論根菜類牛蒡」(書名の記載なし)と記すものが存在する。

「大浦牛蒡　下総匝瑳郡匝瑳字大浦ニ於イテ従来栽培スルトコロニシテ其ノ根身ノ偉大ナル　恐ラク之ガ右ニ出ヅルモノナカラン　而シテ方今大浦ニテ産スル量ハ毎年平均二千本余ニシテ一本ノ売価ハ凡ソ金二十銭位ナリト云ウ　第三回内国勧業博覧会ニ椎名倉之助ノ出品シタルモノハ形状整正ナラズ且ツ中心空隙ヲ生ジ居タレドモ其最大ナル部ハ周囲一尺八寸長サ二尺八寸に余ルモノナリキ」とあり、このころ大浦地区では毎年平均二〇〇〇本余を生産し、一本の売価はおよそ二〇銭であったという。一八九〇(明治二三)年には第三回内国勧業博覧会が開かれ、それに入賞した椎名倉之助氏の大浦ごぼうとは『蔬菜栽培法全』(1893)の挿図(図3―12)にあるようなりっぱな品であったにちがいない。ちなみに明治二六年の白米一〇キログラムの小売価格(東京・平均)は六六銭五厘(森永 2011)であったことを考えると、大浦地

図 3-11　ねじれが特徴の「大浦ごぼう」（11 月撮影）（千葉県匝瑳市大浦地区）

図 3-12　『蔬菜栽培法全』（1893）にある巨大な「大浦ごぼう」の挿図

区で栽培されたごぼうは、先の『農業要集』にも「大きな利益を得る」とあるように、高価な品であったといえる。

明治時代における大浦ごぼうの栽培方法について、一九〇三（明治三六）年三月の「農友四号」には、匝瑳郡農友会調査として次のような記事がある。「適地は表土粘質壌土、心土埴土にして東傾斜地を良とす。大葉、小葉の二種あり、採種及び栽培法については、年蒔（毎年同じ場所に作付する事を方言で年蒔という）を忌み五ヶ年以上経過せざれば再び適せず。採種法は秋彼岸前耕鋤を行い彼岸に至り播種す。翌一ヶ年は施肥せず三年目に至り施肥し、一坪一六本、六月下旬開花頃には蚜虫、象鼻虫、スカシムシ、螟虫等被害を駆除すべし。蚜虫は雪水とり置き、石灰乳を溶解して被害部に散布すれば特効あり。八月に至り、熟せるものより漸次摘採す。乾燥の上渋紙袋に入れ、貯蔵す。栽培法は春の彼岸一五日前、水で浸種し、同時に畑地を丁寧に耕鋤し三尺四方内に一穴をうがち人糞一升を注入して置き、彼岸に晴天温暖にして土地乾湿適宜を見計ひ前穴の土を攪拌揉細平坦とし、希薄水肥を一株一合施し一五～一六粒宛を下種し、うすく覆土す。その上にモミガラ或は木灰を散布す。開葉三枚にて間引き六～七本とし六～七葉に及び三本とし夏の土用前一〇日頃一本とす。肥料は間引きごとに希薄水肥を施し、一本立の時、埋肥と称し円形にうがち、干鰮或は油粕の（腐汁）を一株に付き〇・五～一升を施す。土用より漸々に濃厚の水肥を施し一〇月下旬を適期とす。一反三〇〇貫～二五〇貫（中位のもの周囲一尺内外、重さ三五〇～三六〇匁）これを湿気の少なき穴に埋蔵す。また春期発芽まで畑に置くも差し支えなし」とあり、連作を避けることや追肥、灌水をすることなど合理的な栽培方法について詳細に記してある。しかし、一九一三（大正二）年になると、大浦ごぼうは四〇アールの作付に激減する。成田山新勝寺に納入する逸品のごぼうとして称揚されるほかは、ごくわずかの需要となり、それ以降、現在に至るまで生産や需要の実態にはほとんど変化が見られない（『千葉県野菜園芸発達史』1985）。

二〇一一（平成二三）年には大浦地区における大浦ごぼうの栽培農家は七戸で、その栽培面積は約五〇アールである。大浦ごぼうは契約栽培のため一般には出回らず、毎年一二月初めには大浦地区から成田山新勝寺へ納められている。品種の分化はなく、一品種一系統ですべて自家採種される。大浦ごぼうは連作により、シミなどの病気の発生や生育が不良になることから、五年の輪作期間を必要とする。栽培される土壌は水田と台地の中間地で、耕土が深くやや粘質がかった重い土が好まれ、壁土である真土《まさど》（花崗岩が風化してできた土）がよいとされる。軽い火山灰の台地でもよく生育するが、輪切りにすると空洞が普通のごぼうのように正円形となってしまい、本種特有の偏円形にならず、価値が半減する。このように、畑と輪作の関係から栽培面積がおのずから限定されるのが現状である。

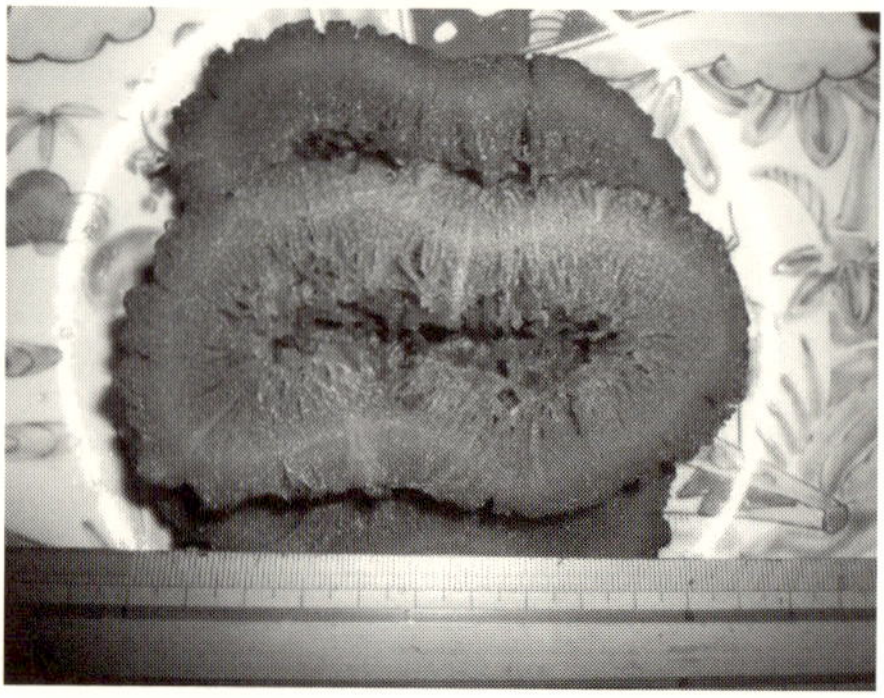

図3-13　大浦ごぼう（胴回り30センチ）のお節、切り口は「偏円形」が特長
（料理提供：大浦ごぼう生産者椎名晴子氏）

現在、大浦ごぼうの生産農家である椎名家では、明治時代から椎名倉之助―忠四郎―忠司から引き継いで椎名晴子氏、大輔氏が大浦ごぼうを栽培している。そのごぼうの大きさは、太い部分で胴回り三〇～四〇センチメートル、長さは一・〇～一・二メートル、重さ六～七キログラムもある巨大なものである。さらに、根の太い部分にはひとひねり半のねじれがあり、中は空洞で、輪切りにした切り口が偏円形（図3―13）になるのが特長である。このようなごぼうが育つには、種と土と技の三つがそろうことが条件で

あるという。このねじれを出す技術は、忠四郎氏の代に成田山からの要望として取り入れ、大浦ごぼうの特長とした。

一九六六年には、大浦ごぼうは八日市場市（匝瑳市）の文化財に指定され、現在、千葉県匝瑳市大浦地区のみで栽培されるごぼうのほとんどは一二月初旬に成田山新勝寺に納められる品である。契約栽培のため市場へ出荷されることはほとんどなく、種子は門外不出の自家採種である。

その栽培法をみると、普通の春まきごぼうと同じく、三月の彼岸過ぎに種をまく。種まきに先立って基肥として一〇アールあたり堆肥五～六トン、石灰窒素八〇キログラムを全面に散布し、ロータリー耕をする。夏場に間引きをするが、大きなごぼうに育てるには畳半畳の広さに一本残すという、畑作物としては法外な面積を必要とする栽培法である。太いごぼうにねじれを出す技術は企業秘密といわざるを得ない。こうして、大浦ごぼうは契約栽培によってのみつくられるのである。

現在、全国に出回り、栽培されている大浦太ごぼうは、もとは大浦ごぼうと同じ品種であり、このごぼうの根茎は短形で、やや太いのが特徴である。

五　宇陀ごぼう――奈良県宇陀市

奈良県宇陀市に産する宇陀ごぼう（図3―14）は、滝野川系の長根種のごぼうである。大正時代にはすでに、「大和」の名で著名品種に数えられていた。大正～昭和時代初期にかけてかなり栽培されていたが、掘り採りに手間がかかることや連作障害の発生、また、後継者の不足などから、その後は栽培面積が減少した。

減少傾向にあった宇陀ごぼうが再び栽培されるようになったのは、一九八七年の集落づくりモデル事業などの導入によるものである。「宇陀ゴボウ——特産物の復活をめざして」にはごぼうの産地化を進めたことが記録され、平成元（一九八九）年から実施された農地開発事業において農作業の機械化により、深耕、収穫作業などの重労働が軽減されたとある。

現在、宇陀ごぼうの栽培品種には、秋ごぼうは滝野川、春ごぼうは山田早生を用い、越前白茎系の葉ごぼうも春もの野菜として栽培している。

この宇陀地域一帯である大和高原南部地区の畑地土壌は、雲母に富んだ砂質土壌（母材は花崗岩質片麻岩類）で、保水性もよく、ごぼうの栽培には良質の土壌である。雲母に富んだ土がごぼうの根に付着してキラキラ光ることから、近年は「宇陀金ごぼう」と呼ばれるようになった。

生産農家の一人である上西進氏のごぼう畑は、山を切り開いた六〇〇坪の広さである。一一月になると正月用ごぼうの収穫作業が始まるが、その掘り起しには春季の種播きにも使用したパワーショベルを用いる。ごぼうとごぼうの畝の間にパワーショベルを置いて七〇〜八〇センチメートル近くまで土を掘りおこすと、掘った左右の土壁からごぼうが姿を現わす。根茎を傷つけないように手で土を払い落とすようにしてごぼうを掘り出していく（図3―15）。機械を導入することにより、掘起こし作業は軽減したとはいえ、家族二人で終日作業をしても一二畝が限度である。先代までの鍬とスコップを使った作業は途方もない労力が必要であったにちがいない。とくに、ごぼうの細長い形状からみて、途中で折れようものなら商品にならない。掘り出したごぼうには付着した雲母が光り、見事な姿形である。江戸時代に諸大名の献上物となったごぼうはこのような品であったのだろう。宇陀ごぼうはその形質に加えて肉質の軟らかさと香りのよさも秀でていることから、とくに正月の縁起物として珍重されるようになった。

ごぼう畑は、①水はけがよい、②障害物がない、③土の粒子が細かい、などが条件であるというが、宇陀山間地の土壌は保水性に優れ、粒子が細かいことが特長であるから、まさに風土が生み出した産物であるといえよう。

平成二四（二〇一二）年の宇陀ごぼうの作付面積はおよそ三ヘクタールである。

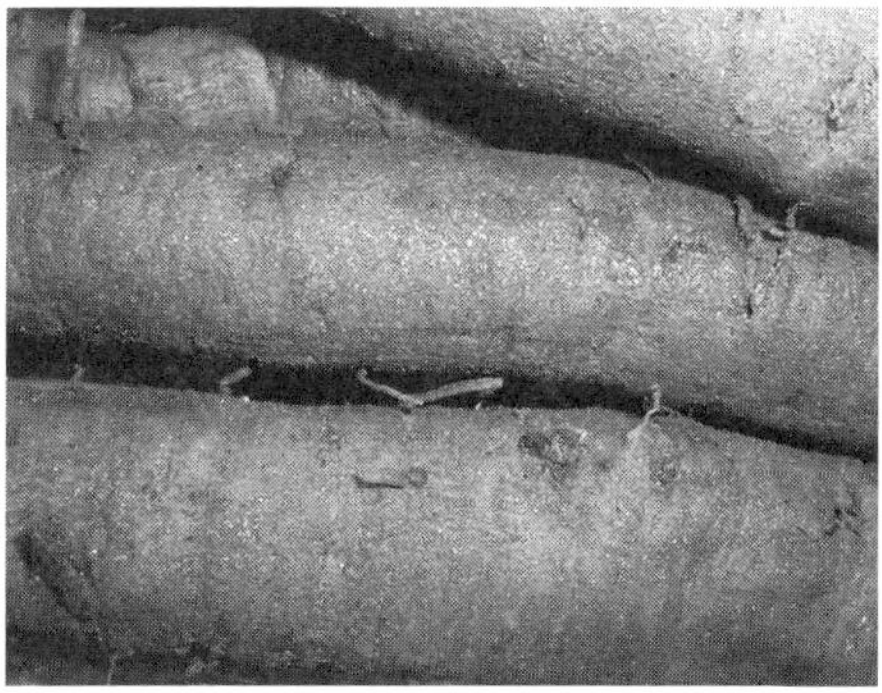

図3-14　雲母質の土が皮表面にキラキラ光る「宇陀金ごぼう」（12月撮影）（奈良県宇陀市）

図3-15　パワーショベルで掘り起こしたごぼう（11月撮影）（奈良県宇陀市）

六　立川ごぼう――福島県会津坂下町

「立川《たちかわ》ごぼう」とは、福島県会津坂下《ばんげ》町でわずかに栽培される根が長い赤茎の品種のごぼうであり、鋸歯の葉が特徴（図3―16）である。立川地区で栽培されたことから現在は「立川ごぼう」と称する。

このごぼうの来歴は不明であるが、明治末期から大正初期には栽培面積も広く、香りが高く、す入りは少なく、肉質は軟らかくて食味がよいことから、昭和初期には東京や大阪にも出荷されたが、収穫量が他の品種より少ないので戦後は栽培が減少した。昭和末期ころまで会津坂下町立川のほか、塩川町付近でも栽培され、鋸歯の葉のごぼうはこの地域だけであった。昭和末期ころまで会津坂下町立川のほか、塩川町付近でも栽培され、鋸歯の葉のごぼうはこの地域だけであった。この「立川ごぼう」によく似たごぼうが、江戸時代の『本草図譜』（1830）に描かれていて、「おろしやごぼう」（第二章　図2―7参照）という（青葉1996）。『本草図譜』には「一種をろしやごぼう、此種近年魯西亜より来るという。葉は牛房に似て花叉（きれこみ）甚だ多く、薊葉に似て刺なく、根も牛房と異なることなし。淡黒色味と淡甘香気なり。花実は牛房に同じ」とあり、この種は近年ロシアより来たものと記され、根は太くて長い。葉には明らかに鋸歯の切れ込みがあり、花実は赤色であることから赤茎の系統であることがわかる。

この「おろしやごぼう」について、牧野富太郎は、昭和二五（一九五〇）年に信州埴科郡埴生村の農家の畑から石井勇義が持参した実物に接した喜びを『牧野植物混混録』（1952）に記し、学名を「*Arctium Lappa* L. var. argutidens Makino, nov. var.」と命名している。そして、その葉を標品にし、根を自宅の畑に植えたようであるが、根は惜しくも枯れてしまったと残念がっている。これらの記録をみると、立川ごぼうの特徴をもつ種類が昭和二〇年代において長野県で栽培されていたことは間違いない。

因みに、白茎で鋸歯の葉のごぼうは現存しないが、大正一五（一九二六）年に刊行された『下川　蔬菜園芸』に、細長種の品種として「薊《あざみ》牛蒡」が記されている。その特徴は「葉は幅狭くして丈長く、縁には薊の如く訣刻多し、葉幅五寸五分、丈一尺一寸五分、葉柄は此外に一尺三寸程あり。葉柄は細くして殆んど丸く、基部は扁くして薄し、葉面は緑色を呈し、葉柄は上部は青く基部は灰白色なり。根身は細長にして丈一尺九寸、直径九分五厘内外あり」とあり、鋸歯の切れ込みが入った葉で白茎の品種である（図３－17）。この「薊牛蒡」を栽培していた地域は「長野県小県郡西塩田村および神科村、上田市などであり、他府県にも往々見るを得るなり」とある。このごぼうは抽苔が遅く、三年目に開花することから一名を「三年牛蒡」といわれたという。

図３-16　「立川ごぼう」　鋸歯の葉（上）
赤花（中央）　根部（下）
（出典：福島県農業振興課研究技術室 HP）

岐阜県高山市付近では、鋸歯の葉で白茎のごぼうが江戸時代後期には名産品であった（青葉 1996）。このごぼうは酒場歌になっていて、「この頃流行の飛騨名物酒場歌飛騨の名物あつめてみれば、わさびに、そばきり、一位ばし、批目の細工に檜笠、上野のすいくわ（すいか）に、ひろせ牛蒡（『角竹文庫記録』1810）」（『高山市史』）などと記されている。しかし、今では岐阜県に「ひろせ牛蒡」の名があったことを知る人もなく、まして、そのごぼうが白茎で鋸歯の切れ込みが入った葉であったことを知るすべとてない。

図3−17 『下川蔬菜園芸』（1926）の挿図にある白茎で鋸歯葉の「薊牛蒡」

このように、鋸歯の切れ込みが入った葉の品種のごぼうは江戸時代の史料にあり、明治期から大正、昭和時代初期にかけて長野県や岐阜県においても栽培されていたといえるが、現在は福島県会津坂下町立川地区だけになった。

二〇〇五年には立川の地域興しの一環として「立川ゴンボフェステバル」が開催され、「立川ごぼう」は会津の伝統野菜として復活した。現在、日本で鋸歯の葉のごぼうを栽培しているのは、唯一、会津坂下町の立川だけであり、希少なごぼうといえる。

七　島ごぼう――沖縄県八重瀬町

島ごぼうは、奄美大島と沖縄に分布し、春から夏の終り頃に出回り、形は細くて丈も短めであるが、香りがよい。ささがきにして豚肉や牛肉の汁ものに入れたり、いりちー（炒り煮）にしたりする。島ごぼうの品種は滝野川系に属するが、長い間に原種から変化し、成分、におい、食感、色ともに本土のものと異なる。三〇〇年前には島ごぼうの味噌漬が王朝の献上物であったと伝えられている（一九九九年、金城清郎氏より聞き取り）。

『聞き書沖縄の食事』（2002）によると、毎年、彼岸、清明祭《ウシーミー》（三月の「清明の節」）、盆、法事には「しみむん」をつくる。これは先祖供養のためにつくるごちそうであり、「豚三枚肉・こんぶ《クーブ》・豆腐・ごぼう《グンボー》・ふくみん（魚のてんぷら）・田芋（沖縄独特の水いも）・カステラかまぼこ（卵入りかまぼこ）・かまぼこ・大根」の九品と決まっている。ごぼうはこんぶの煮汁と豚のゆで汁で煮込んだもので「しみむん」には欠かせない野菜の一つになっている。

この料理は現在も伝承されていて、盆のほか、正月、祝いごと、結婚式などのハレの日には豚三枚肉とともに必ずごぼうの煮〆が供されている（図3―18）。

沖縄のような亜熱帯地域で北方系の作物であるごぼうが伝統的な行事食に欠かせない食材になっているという事実をどのように理解したらよいであろうか。日本の食文化の成り立ち、ひいては日本人のルーツ（第一章参照）まで考えさせられるごぼうの利用法である。

このように沖縄の食文化として歴史のある島ごぼうであるが、二〇〇〇年ころには栽培する農家も南風《はえ》

図3-18　沖縄の行事食・儀礼食になるごぼう　写真は正月料理：豚三枚肉・昆布の煮〆・ごぼう・かまぼこなど（写真提供：城間由美氏）

図3-19　さとうきび畑（後方）と隣接する「ごぼう畑」（7月撮影）
（写真提供：沖縄県八重瀬町役場農林水産課）

原町《ばる》の二〜三戸のみになってしまった。

二〇一四年の現在、島ごぼうを経済栽培する農家はなくなってしまったといえるが、八重瀬町では二〇〇八年ころから二戸の家が兼業による栽培を行っている。その一戸である津波古正光氏の栽培は、南条市からごぼうの種子（滝野川ごぼう）を購入し、およそ二〇〇坪の畑で作っている（図3―19）。連作を避けるため畑は毎年移動する。ごぼうの根は長さが七〇〜八〇センチメートルと短いが、土壌が粘土質なので抜き取りの労力は機械に頼らざるを得ない。収穫期は六月初め〜八月末までであり、この地域では道の駅や無人店舗で販売され、日常的によく食べられる（二〇一四年沖縄県八重瀬町役場、沖縄県農林水産部園芸振興課より聞き取り）。

八　菊ごぼう――岐阜県中津川市

菊ごぼうの来歴と特性

「菊ごぼう」（図3―20）とは中津川市の特産物であり、ごぼうを切った断面が菊の模様であることから命名されたといわれる。

菊ごぼうは、日本の山野に自生するモリアザミを栽培したもので、日本原産の植物である。またの名をごぼうあざみ、山ごぼうともいう。その植物の分布は本州中部、中国、九州と広い地域にわたっている。ごぼうと同じキク科の植物であるが、あざみの仲間である。

青葉（1993）は、鎌倉中期の史料である『東寺百合文書』に、文永三（一二六六）年の丹波国大山庄の本年貢・公事《くじ》のなかの貢納物として「牛房五十把」と「山牛蒡卅本」があることから、この「山牛蒡」はすなわちモリアザミであると指摘している。

菊ごぼうの栽培地である岐阜県恵那地方における利用についてみると、江戸時代後期の『中津川尾沢家文書』に記録された「ききんの年の食べ物」（天保七、八（一八三六、三七）年の太田代官所よりの触留《ふれどめ》の記録）として記してある。「草の食べ方」の項に記された植物は、くず、わらび、とちのみ、ところ、おにゆりの根などとともに「山ごぼう（根も葉も）　きざみあくにて煮　両三日水にひたしてのち食う」とあり（『中津川市史』）、救荒食物になっている。

この山野に自生する山ごぼうを蒐集し、野菜として栽培するようになるのは明治時代になってからである。岐阜県恵那郡本郷の旧家吉村家所蔵の古文書に、美濃岩村藩の「検分日記」があり、その記録によると、吉村喜代吉が文久二（一八六二）年に、近くの三ッ森山で山ごぼうの根の太っているのを見つけて採種したのが始まりといわれる（芹沢 1985）。その当時は自生のものを採って食用にしていたが、明治時代になって吉村喜代吉、常五郎父子によって栽培化された（『中津川市史』）ことが、この地における菊ごぼうの栽培のはじまりになる。

菊ごぼうの栽培と消費

菊ごぼうは、その根茎を野菜として利用する。現在では、種子繁殖する一年生の直根野菜である。恵那地方で栽培が始まったものであるが、今では隣接する長野県下伊那地方や愛知県北部山間地の地域特産物にもなっている。

栽培種の地上部の草姿は野あざみと見間違うほどそっくりである。葉には深い切れ込みがあり（図3―21）、垂直に伸びた根の長さは二〇～四〇センチメートル、太さは直径一・〇～二・〇センチメートルで、鉛筆くらいの太さのものが多い。栽培のものは、太くならないように密植し、肥料を少なくして育てる。カリカリとした特有の歯ごたえと強い香気は野生種がもつ独特の味である。肉質はややわらかいが歯切れがよく、ごぼう特有の強い香気がある。全株無毛で、根生葉は叢生して有柄、平開する。葉は概ね長楕円であるが、個体変異が多い。栽培種の中にも、野あざみの葉形のように切れ込みが多くトゲのあるものと、切れ込みが少ない丸葉のもの、その中間のものなどがあるが、野生のものほど切れ込みが多い。切れ込みがあるものは根が長く、丸葉のものはやや短い。とう立ちの多いのは切れ込みがあるものである。

栽培地は鉄分の多い火山灰がよい。適地には、やせて繊維の細くやわらかい良質の品が出来るが、三〜五年で土の鉄分を吸収してしまい、鉄分が不足してくると黒い斑点が出来、品質が劣る。

図3-20 「菊ごぼう」は鉛筆ほどの太さ（12月撮影）（岐阜県中津川市）

図3-21 深い切れ込みが入った「菊ごぼう」の葉（10月撮影）（岐阜県中津川市）

中津川市の菊ごぼうの生産者である丸山靖志氏は、岐阜県中山間地農業試験場長当時、モリアザミの系統選抜を行い、切葉型で不抽苔の長根系を育成し、産地に普及を図った人である。二〇一一年一一月、その生産現場を訪問した。

丸山靖志氏（昭和一九年生まれ）は、大正～昭和時代初期に栽培を始めた父親の跡を継ぎ、昭和五三（一九七八）年より栽培を始めたという。農業試験場に勤務していたことから、仕事で始めた菊ごぼうの栽培、普及促進が、その後、生産者としての栽培に繋がったといえる。

栽培で重要なことは、とう立ちをさせないことである。とう立ちしたものは、根部が木質化し、食用にならないのである。さらに、とう立ちをさせないためには幼苗期に低温にあわせないようにすることである。栽培土壌は、赤土の粘土質であり、連作は出来ないから五年間は土壌を休ませる。種播きは六月半ばの最低気温が15℃になった時がよい。発芽してから乾燥すると芽が消失するので、梅雨の時期が適していて、梅雨明けまでに本葉が二～三枚に生育すると状態がよいといえる。もともと野生の植物であるから、窒素、リン、カリウムなどの肥料は少な目にするが、そのなかでもリンは多い目にする。

収穫時期は以下の条件になった時である。

①　朝（10℃）昼（22～23℃）の気温の差が激しい

②　霜が二、三回降りると葉が赤くなる

このような時期になると、芯が抜けて歯切れがよくなり、収穫に適する。

平成二二（二〇一〇）年における丸山靖志氏の生産量は、二アールでおよそ二〇〇kgであり、中津川市全体の菊ごぼうの生産量は一ヘクタールでおよそ五トンになる。

採種用の菊ごぼうの花はあざみに似ていて、草丈はおよそ二・〇メートル位まで伸びる（図3―22）。

採種用には葉に切れ込みの多いもので、とう立ちしにくい苗を経験的に判断して選別し、三月に植えて、一〇〜一一月に種を採るという。

菊ごぼうは、味噌漬けにして中津川の特産物「菊ごぼう漬」になり、店頭に並ぶ。その加工方法は、中津川市にある老舗の漬物業者・ヤマツ食品の前田専務によると、まず土を洗い落とし、ごぼうの頭を切り、細い根をとる。菊ごぼうはアクが強く、すぐ黒くなるので、一週間毎日水を替えてアク取りし、天日で一時間乾燥する。乾燥ごぼう一キログラム、味噌一・二キログラムを交互に漬け込み、一キログラムの重石をのせ、一週間後には食べられるということである。中津川の「菊ごぼう漬」は、栽培発祥の地であることから名産品としての需要も安定している(『都道府県別地方野菜大全』2002)。

図3-22　種採り用の「菊ごぼう」の花(10月撮影)(岐阜県中津川市)

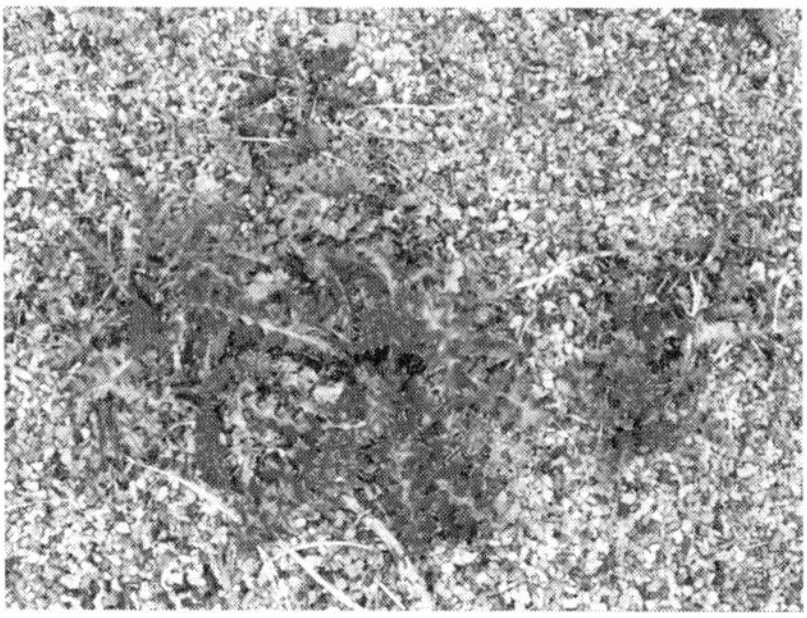

図3-23　土佐湾の海岸沿いに自生する「浜ごぼう」(3月撮影)(高知県室戸岬町椎名地区)

現在、モリアザミを栽培している地域は岐阜、長野、愛知、石川、島根の各県を中心に東北地方や九州であり、各地の特産物としていろいろな商品名がつけられている。

長野県の「山ごぼう」はとう立ちが少なく、丸葉系で、根は先端まで肉付きがよい品種を栽培している。

連作障害の土壌伝染性病害のくろあざ病にかかりやすいため、一回作ると五～六年は作付けができないことから、栽培地は各地に移動し、下伊那から松本平、さらに佐久平へ、東北、北海道、北関東、さらには中国まで移動している（大谷 1979）。

そのほか、愛知県奥三河では「山ごぼう」、石川県加賀地方では「白山ごぼう」、島根県大田地方では「三瓶ごぼう」などがあり、味噌漬けや醤油漬けの漬物が名産品になっているが、市場に出回る「山ごぼう」の漬物の六〇～八〇パーセントは中国からの輸入品である。その特有のカリカリとした歯ごたえと強い香気は日本人の嗜好に合い、消費されているが、その利用は限定されている。

九　浜ごぼう（浜あざみ）――高知県室戸岬町椎名地区

浜ごぼう（浜あざみ）の来歴と特性

浜ごぼう（図3―23）はアザミ属の植物であるが、またの名を浜あざみとも呼ぶ。本州・四国・九州の海岸の砂地一帯に自生している。

高知県室戸岬町椎名地区では土佐湾沿岸部一帯の砂地に自生する浜ごぼうの若い葉茎を「あざみ」（一二～三月に採集）、根茎を「ごぼう」（九～一一月に採集）（図3―24）と称して年間を通して日常よく利用している。秋にはあざみのような紫色の花が咲くが、この花が枯れて種子を飛ばし、また新しい芽を出すのである。

この地は高知県の東南端にあり、沿岸部に位置する所で、岬の端から半島部の東海岸にかけて亜熱帯植物が群生し、春は浜あざみ、夏ははまゆうなどの海岸植物が自生している。岬の東側は定置網漁が行われ、

図3-24　浜ごぼうの若葉は「あざみ」(上)、根茎（下）は「ごぼう」と呼ぶ
(採集場所：高知県室戸岬町椎名)

明治時代には捕鯨やサンゴの採取も行われてきた地域である。

一八三〇（天保元）年に刊行された『本草図譜』には、「一種どうじあざみ　一名はまあざみ　一名はまごばう」（図3―25）とあり、浜ごぼうの挿図が示されている。「一説に紀州土州阿州等の海辺に多く産し根、形、色、気味牛房の如く土人はまごばうと呼び菜となして食ふ味ヒ佳なりと云ふ此類荷蘭にても食料といふ」とあり、江戸時代においては和歌山から高知、徳島の海岸沿いに産するもので、土地の人は浜ごぼうと呼んで野菜として利用し、この植物はオランダにおいても食料になっているという。

浜ごぼう（浜あざみ）の栽培と消費

椎名地区では年間を通して日常よく利用するために、海岸辺の休耕田に砂利を敷き、栽培することも行われている。早春に砂利の間から芽を出す浜ごぼうの若い葉茎は、山菜を摘むような感覚であり、若葉は白あえ・ごま醤油あえなどの和えものにするほか、きんぴら、天ぷら、煮もの、鍋ものにする。

近年、若葉（浜あざみ）は乱獲により姿を消しつつあるが、二〇〇八年からは、椎名、佐喜浜、吉良川など海岸沿いの地区では、地元の有志が、室戸の特産物として地元だけではなく、もっとたくさんの人に食べてもらおうと栽培を始めた。海に近い畑に砂利と砂を投入し、海岸と同じ条件下で育てている。もともと野草のため、肥料はなくてもわずかな水だけで育ち、消毒をしなくても強い。九月ころにあざみのような花が咲き、種が採れる。その種を三月に播くと一二月から翌年の五月まで若葉が収穫できる。

本来、野草として利用されていた浜ごぼうは、現代人の食嗜好に合い、珍味としての需要が多くなると野菜として栽培されるようになった。菊ごぼう（モリアザミ）の栽培・利用の歴史と類似のものといえよう。

図3-25 『本草図譜』(1830)にある「とうじあざみ」(はまごぼう)の挿図

以上、ごぼうおよびごぼうと称するあざみ類などの名産品や特産品は中世から近世にかけて各地で産出され、日本独自の野菜として利用されてきた。

現代においてもごぼうの名産品や特産品は、歳事、行事食に欠くことのできない食物として栽培されている。また、日常食においても、根茎は煮しめ、きんぴら、揚げもの、汁の実、漬けものなどに、葉茎は天ぷら、和えもの、煮ものなどに利用されている。

近年、ごぼうの消費量は減ってはいるが、ごぼう特有の香気と歯ざわりは今もなお現代人に好まれていることから、今後も日本固有の野菜としてごぼうの食習は受け継がれていくであろう。

第四章　ごぼう祭りの伝統

一　祭り――それは神と人との共食

古代において、人は神まつりを重要な行事と考え、自然現象や天体、祖先や偉人など、すぐれた霊力をもつと認めたものをすべて神とあがめた。神まつりには神霊をよびよせ、そのもてなし方は、そこにあたかも人間が存在するかのように、食事の時刻ともなれば力の許す限り酒と食物を調理して供え、座衆一同侍座し奉仕する。まるで生きた人をもてなすのと同じ扱いをしたのである（樋口 1979）。

祭りの本義について、柳田（1981）は、「酒食を以て神を御もてなし申す間、一同が御前に侍坐することがマツリであった。さうしてその神にさし上げたのと同じ食物を、末座に於て共々にたまはるのが、直《なお》会《らい》であったらう」とその見解を述べている。つまり、マツリとは神の側に居て飲食物でもてなすことであり、そこには共食が伴うという。さらに、渋沢（1992）および倉林（1985）は「祭りには神霊を迎え、神霊に神饌を献供して歌舞音楽で饗応する。すなわち、人々が神に仕え奉る（マツル）ことをマツリといい、その神事の中心は、神饌の調製と献供である」と指摘し、祭りとは神饌の献供そのものであると説明している。

神事の中心を成す「神饌」については、平安時代初期に編纂された『延喜式』（律令の施行細目）にその記録がある。これを参考にすると、宮中の年中儀式として、祭り（四時祭をはじめ臨時祭、各省の祭祀）が年間で一七七回斎行され、その祭りに供進された神饌の件数が四四九回にも及ぶことが明らかであり、そこには神饌の品目および数量、調製するための調味料、器物などが詳細に記載されている。先の渋沢は「神饌とは、日常の食物――皇室または高位の方々の常に摂られた食物または一般民衆が時に摂りたいと希望する高級食物――を敬虔な心を以てそのまま神に供進することであって、式（『延喜式』）についていうならば、千年前またはより前代の飲食物をそのまま示しているといえる。式のうち、伊勢大神宮式にも『凡そ祭に供ずる物、式条に載せざるは、旧に依り供用し、前例を改むること勿れ』とある如く伝統を重んじた故、式の神饌によって我が国往古の食制の一般を察知し得るとも云い得る」と論考する。

日本人は土地への愛着心が強く、これが郷土愛となり、ムラ（村落共同体）には米や野菜の生産を守ってくれる産土《うぶすな》神を祀り、まず収穫物を捧げた。また、農作物の神であるみけつ（御食津）の神は五穀豊穣をもたらす幸福神と考えられ、のちに稲荷信仰に発展した。食糧の増産を願う神まつりの形は、田遊びやおんだ祭りなどの古俗となって現代にも残っている（樋口 1979）。

このように、古い習わしは伝統的な行事として現代まで受け継がれているが、食習俗についても同じことがいえる。すなわち、日本人固有の信仰である神社の神饌は、伝統的な食文化遺産であるだけでなく、日本人固有の古代の食を研究する資料の一つと考えることができる。

稲作農業を生活の基盤とし、産土神の信仰のもとに生計をたててきたムラにおいては、正月は予祝行事に始まり、収穫時には秋祭りが斎行される。すなわち農耕行事そのものがムラの祭りであり、それは民間信仰の中で行われてきた。

その祭礼日の神前には人間の食事と同じようにたくさんのごちそうが振る舞われ、「神酒、洗米、海魚、川魚、鳥、海菜、野菜、果物、塩、水」など海・山・里の収穫物が神饌として三方一杯に盛られ供えられる（図4―1）。

この神饌の形式は明治時代における神仏分離令に伴い、明治八（一八七五）年に布達された神社祭式による統一された神饌（以下、丸物神饌と記す）が基調になっていると考えられるが、この丸物神饌のほとんどは生饌すなわち調理していない生ものである。これに加えて熟饌すなわち調理した神饌が供えられるが、これら熟饌は特殊神饌とも呼ばれ、ムラにより固有の形態で伝承され、信仰のもとに秘事として扱われて古式のままの供え方、供し方が伝わる。つまり、熟饌は明治期に神饌の形式が統一された後もムラの祭りに不可欠な供物であり、ハレの日の最上の食物として古式の形態で現代まで伝承されているのである。

図4－1　三方に盛られた「丸物神饌」（奈良県桜井市脇本春日神社の秋祭り）

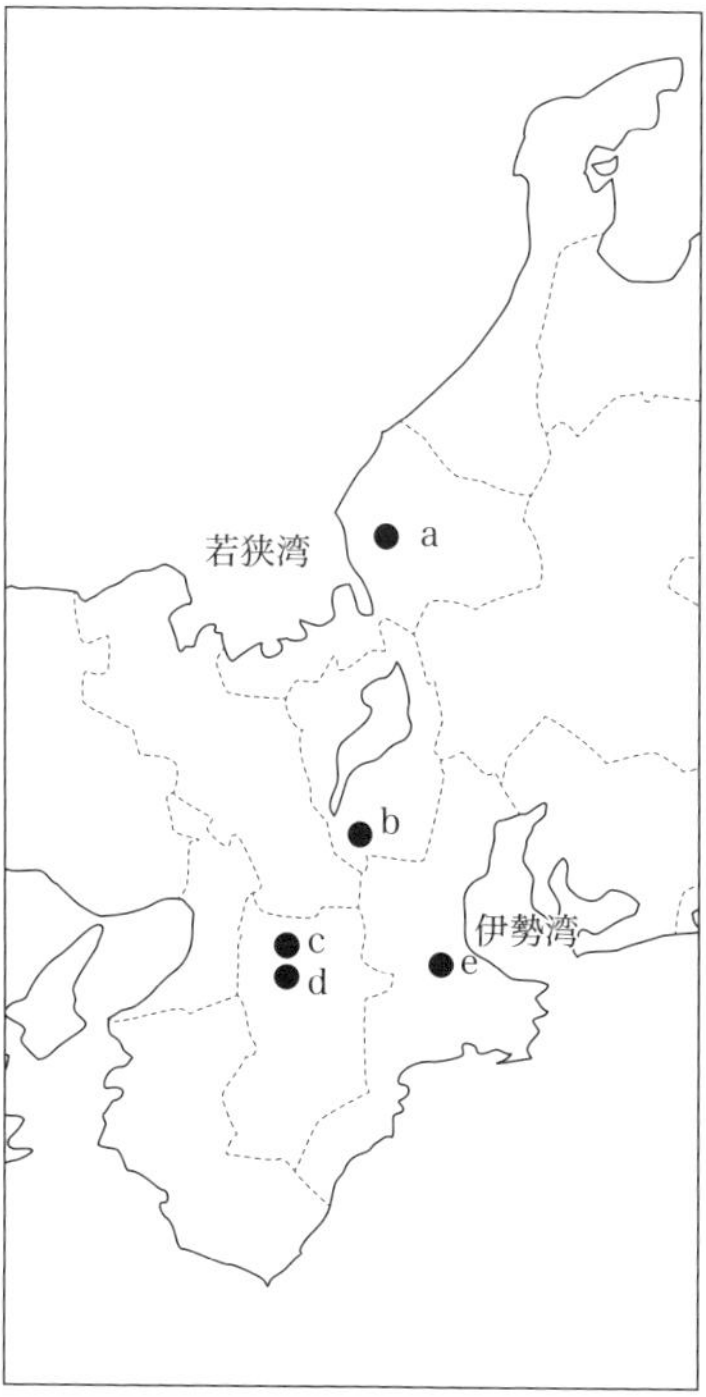

図4－2　ごぼう祭りが斎行される地域
a：福井県今立町国中「総田十七日講（ごぼう講）」 b：滋賀県信楽町上朝宮「ごんぼ祭」 c：奈良県田原本町多「牛蒡喰行事」 d：奈良県川西町保田「牛蒡喰行事」 e：三重県美杉村下之川「牛蒡祭」

このように、祭りの中枢を成す神事は神饌の献供であり、その神饌品目が祭りの名称となっているものも少なくない。

図4―2は、畑作物である「ごぼう」が祭りの名称になっている地域をあげたものである。福井県今立町国中の「総田十七日講（ごぼう講）」（毎年二月一七日斎行）をはじめ、滋賀県信楽《しがらき》町上朝宮の「ごんぼ祭」（毎年一〇月第二日曜日斎行）、奈良県磯城《しき》郡田原本町多《おお》の「牛蒡喰《ごぼうくい》行事」（毎年一月三日斎行）、同県川西町保田《ほた》の「牛蒡喰行事」（現在は斎行していない）、三重県美杉村の「牛蒡《ごんぼ》祭」（毎年二月一一日斎行）には、ごぼうが供物の中核を成し、直会の食べ物として大量に消費される。畑作物のごぼうが古い時代において、きわめて重要な食糧であったことをうかがい知る事例であり、それは日本人固有の食文化と考えることが出来る。

本章では、ごぼうがムラの祭りに不可欠なものとして神饌の中核を成し、ハレの日の最上の食物として伝承されてきたいくつかの事例についてみてみよう。

二　ごぼう祭り

福井県今立町国中《くんなか》区「総田十七日講（ごぼう講）」の「味噌あえごぼう」、「丸揚げごぼう」

福井県は面積の七五％が山林の森林県である。今立町は、県の嶺北地方のほぼ中央部に位置し、冬期は多量の降雪地帯である。地形的には中～小起伏の山地であることから山地部の面積が広く、平地部が少ないのが特徴である。現在、今立町にみられる森林は、スギを主とする人工林が大部分を占めており、一部にクヌギ、コナラなどや、自然林に近いものとしてはブナ林がある。

幕末から明治時代にかけての産業は、製紙業が盛んであったことから「越前和紙」や「官札」が漉《す》かれ、また、竹細工も盛んで「網代笠《あじろがさ》」などの竹笠が作られていた地域である。

福井県では、嶺北・嶺南地方ともに山の神をまつる風習があり、ヤママツリ（山祭り）や山の神講、山の口と呼ばれる行事が盛んなところでもある（『福井県史』、『今立町誌』）。

その今立町国中《くんなか》区（北中津山）には宝永二年（一七〇五）以降続いている「総田十七日講」（毎年二月一七日斎行）がある。この講のことを別名「ごぼう講」と呼ぶのは、この祭りに消費するごぼうの量が二七〇キログラムにもおよぶからであろう。

祭りには、神饌として、「神酒、洗米、ご飯、味噌あえごぼう、丸揚げごぼう、たくあん、焼き豆腐、大根煮、塩、水」が供えられる。ごぼうは熟饌として二品供えられるが、その一つの「味噌あえごぼう」は、八寸大（約二四センチメートル）のごぼうに酒をふりかけて蒸したものをすりこぎで叩き潰し、これを手で引き裂いて味噌であえた叩きごぼうである。直会の膳部（図4―3）に、叩きごぼうは器にこぼれんばかりに高く盛り上げられ、この長いごぼうを手で持ち上げていただくのが作法である。一人前のごぼうの量は一・五キログラムであり、昔はこのごぼうを食べきれないと物笑いになったというが、この膳部には大量の五合物相飯《もっそうめし》も盛られる。もう一つの「丸揚げごぼう」は、ごぼうを三寸大（約九センチメートル）に切ったものを丸のままゆでてから油で炒め、醬油と砂糖で煮て、唐辛子をふりかけたもので、「丸揚げ」といってもきんぴらごぼうの調理法とよく似たものであり、このごぼうはたくあんの上に載せて盛られる。神饌物はすべて熟饌で供えられ、そのお下がりが直会の膳部となり、供せられる。

この「総田十七日講」の記録は「白崎家文書」（1705）にあるが、講のふるまいには、「墨（黒）米（玄米であろうか）、とうふ、酒」の記述があるのみで、ごぼうについての記載は一切ない。しかし、この講を

図4－3　総田十七日講（ごぼう講）の「味噌あえごぼう」（左上）と「丸揚げごぼう」（右下）（福井県今立町国中）

「ごぼう講」と呼び、大量に消費されるごぼうをみると、祭りの中核は畑作物のごぼうであることに間違いはない。

滋賀県甲賀市信楽町上朝宮「ごんぼ祭」の「くるみごぼう」

信楽町は、滋賀県の最南端に位置し、近江盆地の南縁をなす信楽山地にある標高四〇〇〜六〇〇メートルに及ぶ高原性の山地である。信楽町朝宮は典型的な山村であり、農業・林業がこの地域の主要な産業である。

信楽町の主要な農産物のひとつに製茶があげられるが、その発達については、『日本茶業史』（1914）によると、「弘仁六年（八一五年）六月畿内及び近江・山城・丹波・播磨に茶樹を栽培せり」とあり、この近江とは、信楽の地を指すといい、栽培の歴史は平安時代まで遡ることができる。江戸時代においては特産物として朝宮茶が著名であることが天保八（一八三七）年の『改一統定書』に記録され、大規模な茶生産の状況がうかがわれる（『信楽町史』）。

この上朝宮に鎮座する三所神社（素戔嗚命と牛神を祀る）において、毎年十月第二日曜日に斎行（昭和五〇年までは十月五日斎行）される秋祭りのことを別名「ごんぼ祭」という。祭りには、相撲神事があり、祭礼後の直会《なおらい》に肴として「くるみごぼう」（枝豆＝大豆を煮て潰し、ごぼうをくるむことからこの名がある）が供されることからごぼうが祭りの名称になったという。この祭りにごぼうを供する由来について、宿谷啓治氏（二〇〇二年から六年間、総代長を務める。昭和一一年生）は、「祭りが秋の収穫の前に斎行されることから、胃腸の消化吸収がよくなるように胃腸の掃除をしたのではないか」と説明する。体力のいる農作業には、食欲も旺盛になるから、まずは胃腸を整えてということであろう。さらに、祭礼になくてはならない食物である「くるみごぼう」であるが、この地はごぼうの産地でもなく、クルミの樹もない。この時期にとれた枝豆をあんのように潰してごぼうをくるむことから「くるみ」の名がついたという。しかし、神饌として供進されるのは「くるみごぼう」ではなく、あんのように潰した枝豆を円錐形の物相《もっそう》に盛り上げたもので、同じように飯と味噌も円錐形に盛り、この三種の品（図4―4）が神饌として供進される。

　現在、直会には仕出し屋から取り寄せた料理が供されるようになったが、昔は鯖《さば》ずしが大量に拵《こしら》えられて振る舞われたという。しかし、「くるみごぼう」（図4―5）だけは現在も直会の膳になくてはならない食物であり、「ごんぼ祭」の名で呼ばれるように祭礼の主軸となって受け継がれている。

図4－4　円錐形に盛った「味噌」、「飯」、「くるみ」（右）の神饌
（滋賀県信楽町上朝宮の「ごんぼ祭」）

　このように、祭りには神饌としてごぼうが供えられるわけではなく、また、古老の話によると、この地はごぼうの産地ではないというが、正月と三月の年中行事食にもごぼうが登場するのである。正月は、「組重と云うもの所謂重箱に数の子、タタキ牛蒡、黒鳥と云うものを製す。ごぼう・黒豆・昆布この三品を煮て祝ふなり。これを黒鳥と云う事は当年の田畑の豊作を願う意なり。田畑豊作なれば黒鳥すまひ、凶作なればすまずとぞ。黒鳥はここにて水鶏といへども大に異なり」（『信楽町史』）とある。黒鳥は四、五月ころ、田の畝に巣を作る水鳥で、鷺の類をいうようであるが、

図4－5　直会の「くるみごぼう」
上：「くるみごぼう」　下：直会の膳部
（滋賀県信楽町上朝宮の「ごんぼ祭」）

新年にごぼう・黒豆・昆布の黒い食物を黒鳥に喩《たと》えて祝い、豊作を願うことを考えると、古くはごぼうの産地であったことがうかがわれる。

さらに、岩井（2007）の調査によると、滋賀県下においては野洲《やす》郡の祭りにも神饌である畑作物のごぼうに大豆を塗るという儀礼作法が伝承されている。

滋賀県野洲郡中主《ちゅうず》町八夫《やぶ》の産土神《うぶすな》を祀る高木神社では、毎年二月七日に五穀豊穣を祈って斎行される「神事《じんじ》」があり、「男祭り」とも称される。神饌の主体を成すのはごぼうであり、ごぼうはかつて三〇貫（約一一三キログラム）を要したが、現在は一三貫（約四九キログラム）である。ごぼうは長いまま二つに引き裂いて茹で、大豆は煮て潰し、ごぼうに塗り付ける。このごぼうのあえ物は男性器を表わすという。祭典には神の膳として、大豆を塗ったごぼう一縛り、鮒ずし、モチ米の白蒸しなどに箸を添えて供えられる。そのひと月後の三月八日には、子孫の繁栄を祈る「イオヤ」（五百母）と呼ばれる祭りがあり、俗に「女祭り」とも称され、神饌には煮潰した小豆を円形に盛って団子にのせて供え、この団子は女陰の形を表わしているといい、これを食べると子宝に恵まれると伝えられている。男根にはごぼうと大豆が、女陰には団子と小豆が、それぞれ神饌として供えられる興味深い祭りである。

また、神饌として畑作物のごぼうやさといもに枝豆を潰して塗りつけるという儀礼作法は、奈良県下においても伝承されていて、とくに桜井市域から大和高原の山間地域である北山、和田、中白木、滝倉、笠、室生、都祁《つげ》などの祭りに神饌や供物として多出し、直会の食物にもなっている。

ここでは、桜井市北山の手力雄命《たぢからおのみこと》を祀る手力雄神社の宮座の秋祭り（毎年一〇月二八日斎行）の神饌をあげてみよう。

奈良県桜井市北山の集落は桜井市の最南端に位置し、北山の南西からは明日香村石舞台古墳に通じる。多武峯《とうのみね》谷筋の標高四五〇メートルに立地する山間地にある。北山では家屋は密集せず散村であり、平成一五（二〇〇三）年の集落は五戸、住民八名の構成で、その形態、機能ともに停滞的である。住民層は古くよりこの場所に居を構えていた者が多く、ムラの出入りは少なかったと共に、住民は同族（いわゆる親類）関係が多い。ムラの生業形態をみると、山間地に立地することから、林業と農業を兼業とするが、耕作よりも杉や檜の植林や山仕事に比重があるといえる。耕作は一毛作であり、連作を嫌うごぼうやさといもは植える場所を替えている。しかも、第二次大戦前まで多くの地方で行われていた焼畑耕作は、この地域では全く行われていないという。

確かに、佐々木が、戦後の日本における焼畑の分布（『一九五〇年農業センサス』の統計）（図4―6）を示して指摘したように、当時、日本の焼畑の分布は、西南日本に集中していて、近畿地方周辺にはその痕跡が全くといってよいほどない。しかし、それ以前にはナギハタ型の雑穀栽培を主にした焼畑が営まれていたらしく、雑穀栽培型の焼畑は、大和盆地の周辺の山々でもみることができたらしい（佐々木1990）。

現在、北山では大字全戸を以て宮座講を組織し、同大字の村社手力雄神社（祭神　手力雄命）の祭祀に伴う諸神事および興隆寺（本尊　薬師如来）の行事一切を行っている。この宮座講は明治一〇（一八七七）

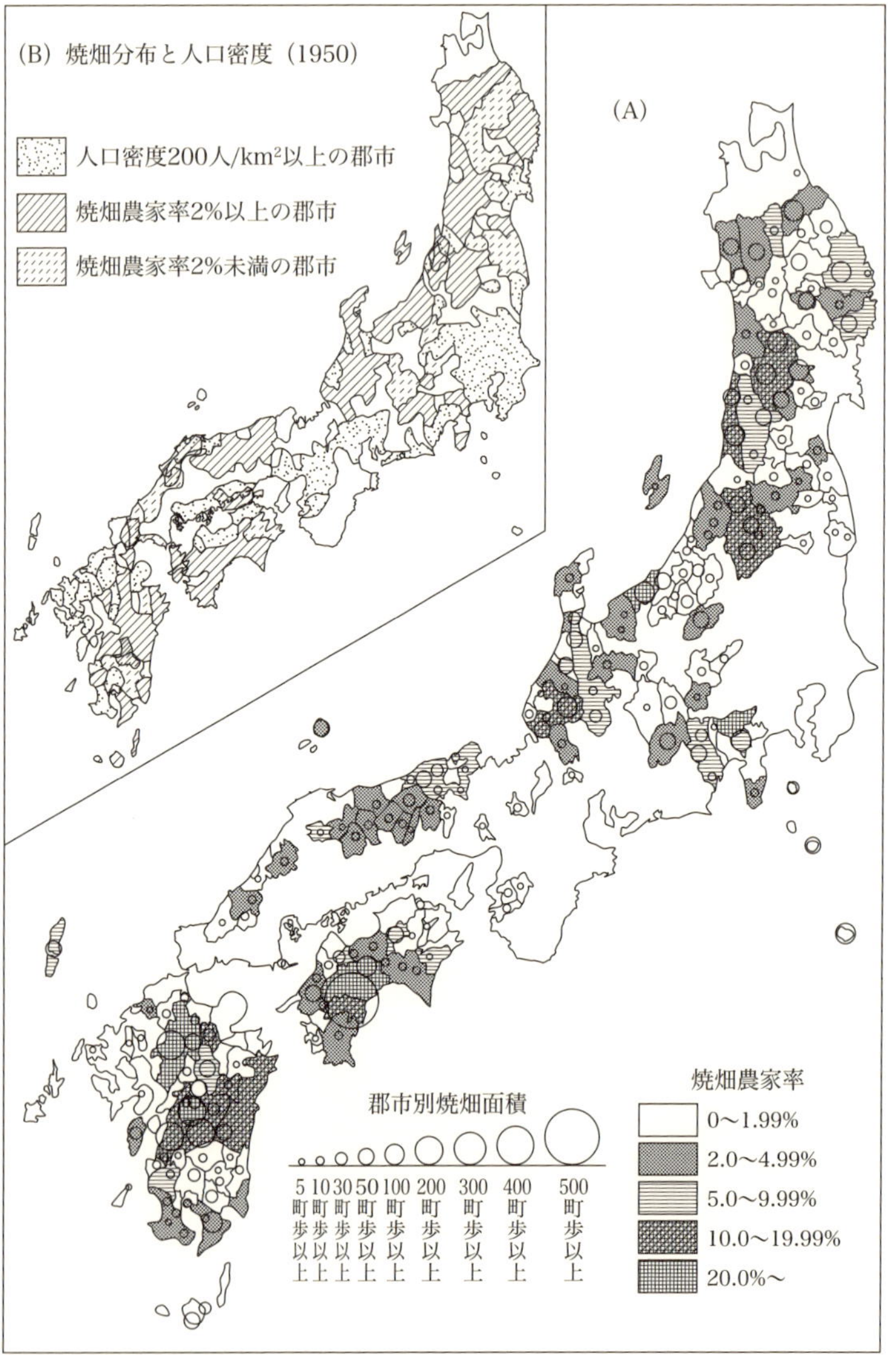

図4－6　1950年の日本における焼畑の分布
(資料：佐々木高明『日本の焼畑』古今書院、1972年)

年頃までは特定の家を以て組織した株座であったが、その後は村座に変わっている。

　北山の秋祭りには、神饌として供える畑作物の中でもごぼう、こんにゃく、頭いも（さといも）にのみ枝豆を潰して塗りつける（図4―7）が、この枝豆を茹でて皮を取り、あんのように潰したものを「くるめ」という。これら畑作物の三品にのみ、青い豆のくるめを塗りつける儀礼作法は呪術的であり、また、意図的に何かの記号を付けたとも思える行為である。なかでも頭いもは串に刺して供えるので、形状は芋田楽《でんがく》によく似ているが、現在、芋に塗るものは大豆を発酵させた味噌である。

　さらに、北山の秋ジマイの行事である「三日祭り」（毎年一二月三日斎行）には、畑作物のごぼうとさといもに豆の粉（きな粉）をまぶすのである。形や大きさの整ったごぼうとさといもを選り分け、さといもは丸ごと、ごぼうは約六センチメートル長さに切り揃えて塩焚きにし、これに豆の粉を一面にまぶして、それぞれ重箱に詰めてトウヤマツリの供物とする（図4―8）。

図4－7　ごぼう・こんにゃく・さといもに「くるめ」を塗る（奈良県桜井市北山の秋祭り）

　その一方で、この日の神社祭典においては「神酒、洗米、小餅、鯛、昆布、海苔、スルメ、野菜、果物、菓子、塩、水」の丸物神饌が三方一杯に盛られ、供えられる。

　氏子の話によると、北山の神饌の調製法には、塩を使うものと使わないものがある。神に供えるものには味は付けないとの伝承があり、その調製には塩は一切用いない。一方、トウヤマツリの供物であるさといもやごぼうは塩焚きをする。とすれば、さといもやごぼうは神への供物ではないのであろうか。北山の祭りには神への供えもののほかに供える対象が存在することが考えられ、その習俗からは祖霊信仰がうかがえる。

北山と同じ、「豆の粉をまぶしたごぼう」が供えられるのは、奈良県桜井市竜谷の「七日座」（毎年一月七日斎行）の供物である。

竜谷も北山とよく似た山間地集落であり、その立地は散居的孤立山村で、その形態、機能とも変化に乏しい状態であり、停滞的である。竜谷の三輪神社は大物主櫛甕玉命《おおものぬしくしみかたまのみこと》を祀り、背後の山を神体山として杜の神社を神霊にしている。その本殿祭典には「神酒、洗米、餅、塩水」などの神饌が供えられるが、神社に参詣した後で参る竜谷寺（地蔵院）の供物には、約四五センチメートル長さの細長いごぼうを塩茹でしたもの一五本に豆の粉（きな粉）をまぶし、これを半紙に包んで紅白の水引をかけて三方に盛り（図4－

図4－8　豆の粉（きな粉）をまぶしたごぼうとさといも（奈良県桜井市北山の「三日祭り」）

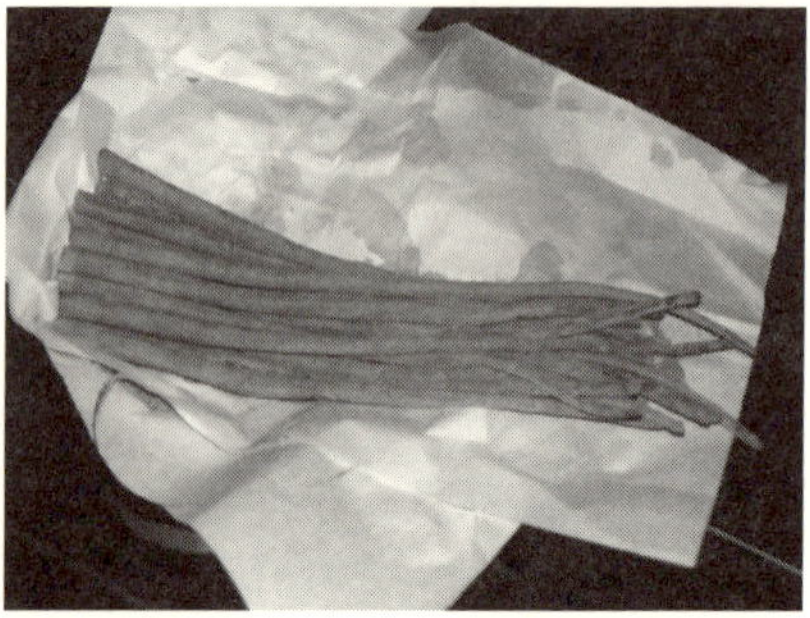
図4－9　豆の粉（きな粉）をまぶしたごぼう（奈良県桜井市竜谷の「七日座」）

9)、重箱に詰めた黒豆・田作り・紅白なますとともに供える。この事例は神社と寺院による祭典の違いにより供物が異なるものと考えるが、寺院に熟饌として供えられるごぼうは、北山のトウヤマツリの豆の粉をまぶした供物と同じものである。

供物として、ごぼうやさといもに豆の粉をまぶす事例は、このほか桜井市域の箸中、中白木などの祭りにも供えられる。箸中の国津神社では、正月の荘厳講《しょうごんこう》の神饌として藁で束ねたごぼうに豆の粉をかけて供え、このお下がりのごぼうを食べると不思議に子どもができると伝えられている。

奈良県磯城郡田原本町多《おお》「牛蒡喰《ごぼうくい》行事」の「牛蒡御供」

田原本町多《おお》は、奈良盆地の中央部にあたり、大和川の支流飛鳥川・寺川が流れる水利灌漑の便に恵まれ、古くから水田農業が発達した地帯である。東方の寺川左岸沿いに中街道（古代の下ツ道）が通っている。飛鳥川沿いの多遺跡は、弥生時代〜古墳時代の大規模な住遺跡である環濠集落の遺構が残るところである。この地でも先の北山と同様に、焼畑耕作は全く行われていなかったという。

多の観音講員は古くから土着の人を以て組織するといわれ、現在は輪番制により、大字の観音堂の行事一切を行っている。

昭和一二（一九三七）年二月の記録によると、講の行事を行う家のことを證文の家と称し、この證文の家を定めることを膳付《ぜんつけ》と呼んでいる。この場合の證文とは献立という意味で、一度膳付によって證文の家に選ばれたものは、必ず行事の献立を行ってその責任を果たし、しかもこの献立が證文を入れた如くに次から次へと、間違いなく履行されてゆくので、献立のことを證文と呼んでいるという。一度證文を行ったものは、大字で生存中、毎年正月三日の「牛蒡喰行事」のごぼうを貰う権利があり、ごぼうのことを行事の膳として記載してある（辻本 1944）。

この多の観音講は、先祖代々菩提の追善供養と五穀豊穣を祈願して「牛蒡喰行事」（毎年一月三日斎行）を行っている。

観音堂の供物は「香華灯明、錫瓶子の神酒一対、牛蒡御供（アク抜きをした白い生ごぼうを新藁で一五本束ね、生の大豆の汁をかけたもの）、蓮華餅（蓮花の形に象った一升餅）、みかん・干し柿各一コ」（図4—10）であり、この「牛蒡御供」を行事の膳と称し、行事の中核はごぼうである。

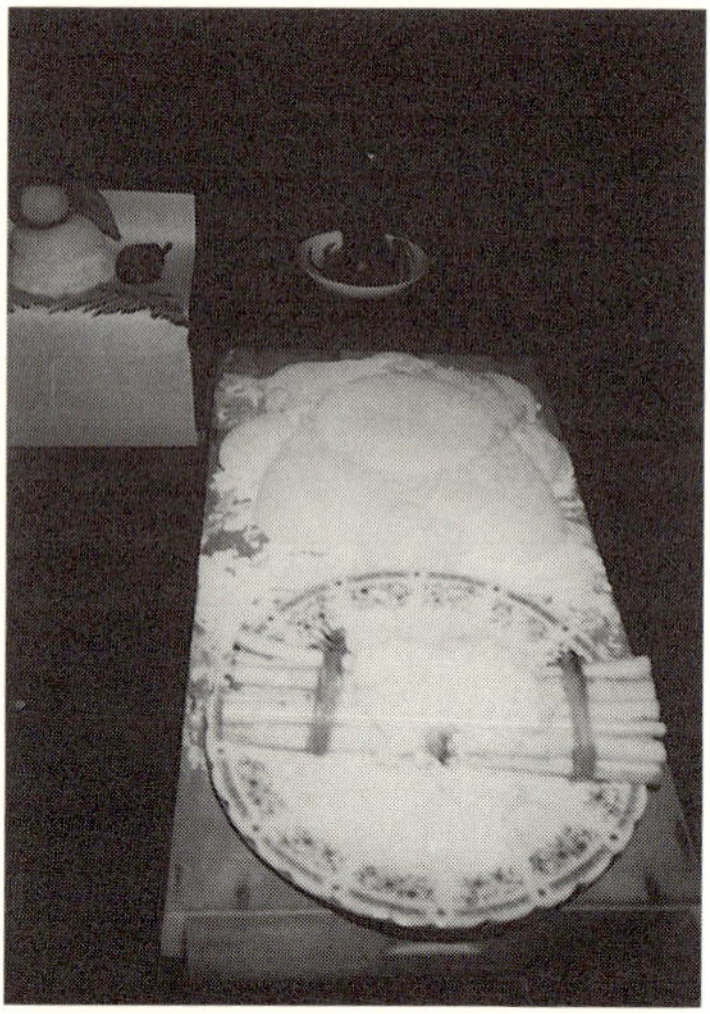

図4-10　大豆の汁をかけた「牛蒡御供」と「蓮華餅」
（奈良県田原本町多の「牛蒡喰行事」）

現代において、生の大豆の汁をかけた供物の「牛蒡御供」は、昭和一二（一九三七）年の辻本好孝の調査では「沸騰した大豆の汁をふりかけた牛蒡の膳（一膳百十匁＝約四一三グラム）」と記されている。昭和一二年当時、ごぼうの供物にかけたのは「生の大豆の汁」ではなく「沸騰した大豆の汁」であり、直会では「牛蒡の膳（ごぼう百十匁）」をその場で全部平らげるのが作法で、万一食べ切れないと講員一同から物笑いの種になった」という。さらに「牛蒡の膳にもち米約一升をつけて一人前の膳の献立とし、この行事一回に、ごぼう約四〇貫（一五〇キログラム）ともち米約六升を消費した」と記録されている。

このように、現代の「牛蒡喰行事」を観察した結果、供物のごぼうの調製法には生の大豆の汁がふりかけられ、沸騰した大豆の汁をかけた作法は伝承されていないが、直会には湯焚きしたごぼうにかつおの出し汁と白ごまであえたごぼうのごま醤油あえが肴《さかな》として供される。辻本が調査した昭和一二年の行事には醤油が使われた記録は一切ないから、直会のごぼうのごま醤油和えは、戦後、新たに出現した調理法であろう。ごぼうの供物に大豆の汁をふりかけた所作が、現代の行事では醤油をふりかけた（醤油で和える）調理法に移行していることが興味深い。

　このような、大豆の汁を用いて供物を調製するという祭りは、奈良県の東部山間地にある月ヶ瀬村にもある。

　月ヶ瀬村は大和高原に位置し、村の全面積の約六〇パーセントが林野であり、落葉広葉樹である。また、林地の間に開かれている耕地の六〇パーセント以上が茶園である。高原を流れる五月川が村落の中央を横断し、V字形の渓谷を中心として梅林があるが、これは江戸時代から梅の名勝として有名である。このような渓谷の急斜面にまで梅を植えるに至ったのは、江戸時代に厳しく取り立てられる上納米の代償として、梅の販売金など銀納をもってこれを補った史実があり、一般の畑作はもっぱら自給食糧の生産に充てた。山仕事として、炭焼きやイノシシ狩りがあり、山林の仕事に携わる人々の山中の安全を祈願し、また、家の繁栄を祈る「山の神祭」が毎年一月七日に斎行される。

　その月ヶ瀬村にある長引八王神社では、例祭である和布《め》祭《まつり》（毎年三月二日斎行）を執行する。この祭りには神饌として和布《め》（海藻の一種でアラメという）が主に供えられるのでこの名称で呼ばれるが、神社が造営されて以来、六〇〇有余年も変わることなく続いている大祭であるという。祭りの準備は宮仲間がトウヤの家に参集して行う。二月二二日の甘酒造りからはじまり、二八日には餅つきが行われる。神饌を調製するには、最初に大豆を煮込み、その汁でごぼうを煮込み、さらにその汁でアラメを煮る。煮付けるのは男の仕事である。ムラは五〇戸（平成二年当時）の大世帯であるので、アラメ二キログラム、ごぼう三〇キログラム、大豆六升、くるみ用の大豆二升五合、もち米七升、あずき一升と、大量の品々が用意される。調製の方法は、まず、アラメは煮沸して七日間水に浸し、十数回水洗いして大豆の汁で煮込み、直径一メートルの浅桶に富士山のよう（円錐形）に盛り上げ、そのアラメの表面にくるみを塗り付け、頂上にサカキ（榊）を立てて供える。大豆の汁で煮込んだごぼうは三〇センチメートル長さのものを油炒めして参列者全員に二本ずつ分配される。宵宮には参拝者にお神酒《みき》や甘酒がふるまわれ、祭り当日はホラ貝の合図で祭典が執行されて、祭典がすむと一同車座になり、直会には撤饌（神饌のお下り）されたアラメとごぼうがごちそうになる（『月ヶ瀬村史』）。

このように、この祭りには神饌を調製するために大豆の煮汁が必須のものであるらしい。いったい、大豆の煮汁とは何を意味するのであろうか。これについては第六章で考えてみることにする。

奈良県磯城郡川西町保田《ほた》「牛蒡喰行事」の「牛蒡の塔（五重の塔）」

川西町保田は、奈良盆地のほぼ中央部、町の西部に位置する。飛鳥川と曾我川が合流する標高四〇～四八メートルの低地帯にあるが、平坦地には肥沃な耕地が開け、農業が基幹産業であり、近年は都市近郊農業が盛んである。また、商工業が行われ、近年では企業の進出と住宅団地の開発による人口の増加が進んでいる。川西町は盆地の低地帯に位置するところから、縄文時代の遺跡は知られていないが、弥生時代の遺跡と弥生中期以降の遺跡包含層があるところである（『川西町史』）。

保田の鎮守は六県《むなかた》神社である。その境内にある富貴寺は神仏混合時代の形を残して建ち、本堂には釈迦如来、地蔵菩薩が祀られている。『富貴寺の由来』（刊年不詳）には、この本堂は法隆寺東院（夢殿）を再興した僧道栓律師が治承二（一一七八）年に創建したとの伝承がある。

保田の古老村田哲夫氏（大正六年生）によれば、古くにおいては富貴寺も六県神社も十人衆と呼ばれる組織により、祭事一切が行われていたが、第二次大戦後はその組織もなくなり、現在は、富貴寺講と六県神社の宮座のふたつの組織に分かれていて、戦後、「牛蒡喰行事」は行われていない。戦前の行事の献立には太い牛蒡の味噌焚きがあった記憶があるだけで、富貴寺講には伝承されている記録もなく、詳細は不明である。

しかし、『和州祭禮記』によると、講の組織は、同大字の宮座の座衆中、年長者十人を十人衆といい、次の十人を中老と唱え、他は全部若連中と称するものからなり、「牛蒡喰行事」は、古くから旧正月一二日に牛蒡講員が輪番当屋で行っていたことが、昭和一二（一九三七）年二月の記録にある。

その記録によれば、この行事は正月の節会の儀式の一種であるという。この日は六県神社に「白米、牛蒡、ご飯、金五銭」を献じ、玉串拝礼の後、富貴寺にてこの行事を斎行している。「牛蒡喰行事」の献立は、「五重の塔の形に盛った煮《う》でた牛蒡一人前三八〇匁（約一・四三キログラム）を四ッ目椀に盛る、味噌焚きの大根、真芋一個と笹掻の牛蒡の盛り合わせ、白の蒸ご飯一人前四三〇匁（六合一勺半）を六寸（約二〇センチメートル）角に盛った上に焼塩少々と唐辛子一個を乗せる、青菜の味噌汁」の五品であるが、すり味噌・醬油・酒で煮たごぼうが存在し、この行事一回にごぼう約七〇貫（約二六三キログラム）を消費したという（辻本 1944）。

三重県美杉村下之川「牛蒡祭《ごんぼ》」の「山椒味噌・唐辛子味噌をつけたごぼう」

美杉村は県中部地区の西南に位置し、大洞山など山と森と水の豊かな自然に囲まれたところである。美杉村の総面積の九〇パーセントは山林であり、温暖多雨の環境で美しい木材を作り出す。林業のほとんどは杉と檜であり、生産から加工・流通まで一貫した取り組みをおこなっている。江戸時代は伊勢本街道の宿場町としても栄えたところである（『美杉村史』）。

その美杉村下之川にある仲山神社（祭神　金生《かのう》大明神）の春祭りは、俗に「牛蒡祭」（毎年二月一一日斎行）と称し、子孫繁栄と五穀豊穣を祈って執行される予祝行事である。仲山神社の由緒書きには「蟇目《ひきめ》祭神事の由来」と記され、この祭りは慶長三（一五九八）年以来伝承される蟇目祭（蟇目とは鏃《やじり》の一種）であり、正月一一日に境内において「御弓」および「俎板」の神事があり、氏子繁昌と五穀豊穣を祈念するために祭りのトウヤが調理したごぼうを朴《ほう》の葉に盛り、鏡餅と鯔《ぼら》とともに神前に供える習わしとなっていることから「牛蒡祭」と称するようになったと伝わっている。

現在でも祭りの当日は奉射行事が行われ、包丁式が継承されている。また、巨大な杉の木の男根と、新藁のシメ（女陰）がそれぞれ御輿《みこし》として担がれ、村内中を練り歩いた後に神社で合体して奉納される（図4—11）。祭りには、神供として選りすぐりのごぼうを各戸からトウヤへ供出する。その調理法は、ごぼうを二つまたは三つ切り（四つ切りにはしない）にして、酒をふりかけて蒸したものであり、それに山椒味噌または唐辛子味噌をたっぷりとつけて朴《ほう》の葉に盛るのをしきたりとする。平成一一（一九九九）年の祭りには八ヵ村から味噌をつけたごぼうが神酒および鏡餅、鯔《ぼら》とともに八台供えられた。この日の家々のごちそうはなんといっても「味ごんぼ」（山椒味噌または唐辛子味噌をつけたごぼう）（図4—12）であり、各戸では大量のごぼうが消費される。この日にごぼうを消費することについて、慶長一〇（一六〇五）年の「頭屋帳」に記述された「牛蒡祭」の由緒には、「強壮薬といわれたごぼうを食べて精力強進作りをすることにより、家族の繁栄を願う祭りである」とある。

祭りの参拝者には、神前にお供えのドブ酒（にごり酒）と鯔《ぼら》の酢味噌和えが振る舞われる。このドブ酒のことを「山狩酒」、鰡は包丁式で料理されたもので「山狩り」と呼ばれ、この切り魚を山鬼にたとえているという。

頭渡式は、境内にあるトウヤの参籠小屋で行われ、トウヤが杉の木の男根を持ち「粗末なものですが」といって手渡すと、次年度のトウヤの奥さんは男根をなでながら「結構なご馳走を頂きました」といって、トウヤを受け継ぐのである。

この「牛蒡祭」に行われる神社の社前で弓を射る神事は、山の神信仰と類似した春の共同狩猟儀礼（新年から春にかけ共同狩猟を行ない、その年の焼畑の豊作を占う慣行）の伝統を伝えるものであり、照葉樹林地帯内に特徴的にみられる習俗であると佐々木（1990）は指摘している。

図４-11　牛蒡祭の神輿（三重県美杉村下之川）

図４-12　牛蒡祭の日のごちそう「味ごんぼ」（三重県美杉村下之川の「牛蒡祭」）

以上、ごぼう祭りが展開される地域と儀礼には、次のような共通の特徴があげられる。

① 本調査地は、奈良県多と保田を除くと、村の総面積の六〇〜九〇パーセントが山間地であり、茶の栽培が盛んである。これら地域に共通の生業形態である林業や*山仕事からみて、「山ノ神」信仰に由来する畑作儀礼が展開されていると考えるが、その儀

礼にはシベリアをルーツとする北方系作物である「ごぼう」の焼畑農耕文化が展開されている。

② ごぼうは、飯や餅と同格の神饌として供えられるが、ムラの農業暦からみて、予祝儀礼としての意味合いが強く、儀礼の根幹を成すものとして供えられる。

③ ごぼうの供物としての調理法は、「煮た枝豆を潰して塗る・くるむ」、「豆の粉（きな粉）をまぶす」、「大豆の汁をかける」、「味噌を塗る」などがあり、ムラによってはそれを串にさすという調製法もあった。これら一連の儀礼作法をみると、ごぼうが大豆と組み合わされて供えられるという共通した特徴がみられた。

④ 一回の行事に大量に消費されるごぼうをみると、祭りの中核は畑作物のごぼうであり、とくに、ごぼうが生殖交尾の農耕儀礼に、男根の象徴として供えられることからみても、ごぼうの豊穣を祈願する農耕儀礼が展開されたことに間違いはない。

このように、福井県、滋賀県、奈良県、三重県のムラの祭りに神饌の中核としてごぼうが供えられ、直会において大量に消費された事例をみると、畑作儀礼として現出したごぼうは祭りの名称となって正月祭事や秋祭りには不可欠なものであり、稲作儀礼の餅や飯と同格か、もしくはそれ以上に農耕儀礼の根幹を成す食物として観察されたのである。

ごぼう祭りが展開される地域の多くは山村である。これら地域に共通の生業形態は林業と農業が主要産業であることは間違いない。さらに、炭焼きなどの山仕事や山麓の傾斜地を利用しての茶の栽培も盛んである。耕地に乏しいということは、水田耕作よりも畑作物の栽培に重きが置かれることはいうまでもなく、古くは焼畑農耕が存在したことを示唆しているものであろう。

こうしてみると、「ごぼう祭り」は典型的な焼畑儀礼と位置づけることができ、その儀礼にはシベリアをルーツとする北方系作物「ごぼう」の焼畑農耕文化の特色が見出せる。

「ごぼう」の儀礼にみる焼畑農耕文化については、次の第五章において詳細に確認することにして、次に民俗学的見地からごぼうが儀礼食物として現出する意味について考えてみたい。

＊従来の「山ノ神」には「狩猟民のまつる山ノ神」と「平地農民のまつる山ノ神」が存在するが、佐々木（1990）はその中間に該当する「焼畑農耕民の信仰する山ノ神」が考えられると唱えている。本調査事例はその「焼畑農耕民の信仰する山ノ神」に該当するであろう。

三　五穀豊穣を祈念するごぼう（「牛房」）と結実の象徴《シンボル》であるごぼう

日本の文書史料にごぼうが「牛房」という文字で記述されるようになるのは『類聚雑要抄』（1150）からである。この「牛房」と記述する意味について考えてみたい。文字を直訳すれば「牛の尾」であり、ごぼうの黒く細長い姿形からはそれが連想される。

そこで、奈良県桜井市域の祭礼を中心に、『和州祭禮記』『桜井市史下巻』を参考にしながら「牛」に因んだ神事をあげてみると表 4―1 のようである（冨岡 2000）。

まず、「牛頭《ごず》天皇」が祀られている神社があり、また、「牛講」という信仰組織がある。正月には「牛王《ごおう》宝印」「牛面」「牛玉」「牛つかい」「牛男」「牛形」「牛の鞍」が祭礼の中心になって五穀豊穣を祈念する修正会、荘厳、御田植祭などが斎行されている。その供物として「ごぼう（牛蒡・牛房）」や「牛の舌餅」が供えられることなどを考え合わせると、日本の祭礼には「牛」に因んだものがさまざまな形で奉献されていることがわかる。

表 4-1　祭礼にみる「牛」に因んだ神事

祭神・講 神事用具 儀礼食物	信仰組織のあるムラ																												
	八尾	保田	矢部	多	守屋	北阪手	法貴寺	柳本	巻野内	穴師	箸中	三輪	金屋	赤尾	外山	川合	横柿	北山	南浦	脇本	竜谷	初瀬	小夫	芹井	笠	滝倉	三谷	和田	萱森
牛頭天皇						★		★	★				★																
牛講																								★					
立牛の幣			★																										
牛王宝印		★	★	★	★	★			★	★	★			★		★		★	★	★	★	★				★	★	★	★
牛面	★				★		★			★													★						
牛玉				★	★	★																							
牛つかい		★																											
牛男					★		★																★						
牛形										★		★																	
牛の鞍																									★		★		
牛の舌餅																									★				
牛房(ごぼう)		★		★						★	★				★		★	★		★	★		★		★	★	★	★	

(冨岡（2000)、『和州祭禮記』『桜井市史下巻』より作成)

とくに正月祭事には、牛王宝印の半紙を青竹や柳の木に挟んだ「牛王さん」を農家の戸数だけつくり、これを農家に分配して、籾を播く時苗代の畦に立てる風習は、奈良盆地東南部の各共同体の信仰組織に多くみられる。こうすることにより、稲作物も畑作物も豊作が期待できるという。

これらの行事に関して、辻本（1944）は「神仏混淆時代、（中略）結願の日に牛王寶印の印符を柳の枝に挟んで渡したことが平安時代の公卿の日記に出ている。（中略）この行事も仏教的色彩を帯びた農耕儀礼の一つである」と和歌森太郎および肥後和男の説を引用しながら論じている。

このように民俗学的見地から農耕儀礼としてごぼうを検討してみると、まず、日本の祭礼には「牛」に因んだものが奉献され、これらは平安時代以来、神仏習合によって生じた仏教的色彩を帯びた農耕儀礼のひとつといえる。その祭礼に奉献される儀礼および供物は五穀豊穣を祈念するものであることを考えると、供物であるごぼう（牛房）は「牛」に因んだものと解することもできる。

また、お綱祭において巨大な男綱・女綱が夫婦の契りを結ぶ神事をはじめ、松や柳の枝の股木を用いてヒトガタをつくり、その木の棒に男性器をつけた男神と女性器をつけた女神を描き、股木の陰陽を交接させて豊作を願うオコナイ、さらには巨大な杉の木でつくった男根と新藁の女陰がそれぞれのムラから担ぎこまれて神社で合体し、そのトウヤ渡しには杉の木の男根を撫でながらトウヤの交代が行われるなど、いずれの神事も男女融合の所作を誇大に表現した祭りである。その祭りの供物としてごぼうが供えられ、大量に共食されるが、ムラによっては男性器の象徴として大豆を塗りつけたごぼうと女性器を象徴して小豆を円形に盛り上げた団子など、ごぼうそのものが男根の象徴として供えられるのをみると、ごぼうは結実の象徴《シンボル》であることが考えられる。

三重県美杉村の「トウヤ帳」には「牛蒡祭」の由来として「強壮薬といわれたごぼうを食べて精力強進作りをすることにより、家族の繁栄を願う」と記述されていることから、ごぼうを供することは精力を強め、子孫繁栄を願う農民の願いが込められているようである。このように考えると、いずれの神事も成り物の豊作を予祝し、子宝に恵まれることを祈る習俗であるといえよう。

こうした農耕儀礼について、辻本（1944）は「神事に生殖器を象《かたど》ったものを用いるのは、交尾によって実を結ぶという意味から発したもので、即ち五穀の豊穣を祈るものであり、子を孕み子を生む行事も、実が結ばれてよりよき収穫を得たいという農民の祈りを象徴したものである」と説明している。

以上、畑作物のごぼうを民俗学的にみると、まず、ごぼうは「ごぼう（牛房）」という文字の表記とその姿形により、「牛」に因んだ神事として農耕儀礼の中核を成し、奉献されたと考える。

さらに、ごぼうは「男根の象徴」として供えられ、それを共食することにより、精力を強め、子宝に恵まれたいと願う。ごぼうには五穀の実が結ばれてよき収穫を得たいという農民の祈りが込められていて、五穀豊穣と子孫繁栄を祈念する祭りに大量に消費されたといえよう。

第五章　「ごぼう」の儀礼にみる畑作文化

一　「稲作以前」の縄文農耕論——北方系農業の存在

日本の農耕文化の基本的な性格については、すでに柳田国男氏をはじめとする多くの研究者が指摘しているように、何よりもそれは「稲作」を中心とした文化であり、農耕儀礼のほとんどは稲作儀礼によってその特徴の大部分が占められている。

私が、これまで調査した祭りにおいても、正月祭事には大きな鏡餅が供えられ（冨岡 a1994）、秋祭りには大量の高盛り飯が拵えられて（冨岡 b1994）、稲作物を中核とした儀礼の存在が強調してみられる。

しかし、日本の祭りには、「ごぼう祭り」（福井県・滋賀県・奈良県・三重県）や「イモ祭り」（滋賀県）、「ズイキ祭り」（京都府・滋賀県）などのように畑作物であるごぼうが儀礼作物として中核を成し、稲作物の飯や餅と同等ないしはそれ以上に価値をもつものとして供えられる事例があることを考えると、古い時代において畑作物が稲作物に優先される作物であったともみることができる。

畑作物が稲作物に優先される作物であったという考え方の先駆者として、佐々木（1990）は、日本の焼畑農耕を稲作以前の農耕存在形態（縄文時代の後・晩期に西日本の地域に存在したと思われる稲作以前の農耕文化）と仮説し、いくつかの角度からその問題に検討を加えた結果、その農耕文化を照葉樹林焼畑農耕文化（この文化は、いも類と雑穀類を主作物とする焼畑農業を生業の中心として営み、それとともに、森林を舞台に採集・狩猟の活動も行う「森の文化」、「山の文化」ともいえる特色を備える文化をいう）と名付けて、焼畑の主要作物に雑穀類、豆類、いも類をあげている。そして、「稲作以前」の日本には、この照葉樹林文化がおそらく、江南・南シナの山地から伝来して、主に西日本を中心に展開したことを主張している。

また、平安時代の史料である『三代実録』（867）には「大和国に令して、百姓石上神山を焼き、禾豆を播くことを禁止せしむ」とあるように、「禾豆」は雑穀や豆類を意味することから、大和盆地に位置する石上神宮の神山で、農民たちが雑穀や豆類を栽培する焼畑を営んでいたことがわかり、古代から中世においては、近畿圏でもはるかに広い地域に焼畑が分布していたことをうかがうことができると指摘している。

このように「稲作以前」に照葉樹林焼畑農耕文化が西日本を中心に展開していたとすれば、その農耕は雑穀・大豆・さといもなどを主作物の一つとする農業の形態が存在していたことが考えられ、これら畑作物の重要性はきわめて大きかったと想像される。さらに、縄文晩期あるいは後期の時代に、華中・華南の照葉樹林帯に連なる農業のタイプとは別に、満州・シベリア・モンゴルに連なる北方系農業のタイプが、「稲作以前」にわが国に存在していたことについても言及している。ここで「北方系農業」と呼んでいるが、シベリア南部あるいはモンゴルの地域を通って西方から伝播したと思われる一群の作物（例えばオオムギやエンバク、それにある種のカブ・ダイコン・ゴボウ・アサなど）によって構成される農業のタイプをさし、この農耕文化を「照葉樹林文化」に対し、「ナラ林文化」と呼んでいる。

また、こうした農業のタイプが、日本の在来農業のなかにその痕跡をとどめていることについて、「青葉高氏によると、東北地方や中部日本の焼畑で栽培されているカブ・タカナ・ダイコン・ゴボウ・ネギその他の蔬菜類の古い品種を調べると、西南日本の在来種と違った特色のものが発見され、その特色は、満州・シベリアのものと連続するという。しかもこのシベリア＝満州系（あるいは西域型）といえる東日本の在来種の蔬菜群の分布の西南の端は、若狭湾から伊勢湾にいたる線の付近となっている」と論考し、東日本の在来作物の中に残るこのような満州・シベリアに連なる諸要素は、その残存の仕方からみて、きわめて古いものであると指摘する。

さらに、佐々木は、稲作以前の「わが国における焼畑農業の形成とそれによって支えられた生活文化は、さまざまな固有の宗教儀礼や古い習俗がからみ合い」、また、「わが国の稲作にまつわるカミ信仰や儀礼のなかのかなりの部分が、稲作以前の焼畑農耕民のもつカミ信仰や儀礼のなかにその原型を有している」という。

つまり、古い時代において畑作物が稲作物に優先される作物であったという理由は、おそらく「稲作以前」の焼畑農耕時代に行われていた原始信仰儀礼の名残りであり、その時代の人々の祈りや願いは畑作物を捧げる行為によってのみ成就されるという畑作儀礼の習慣が記憶のなかに組み込まれたのではないかと考える。

畑作物の儀礼として、さといもを中軸とする儀礼体系とそれを支える文化的価値観が日本に古くから存在していたことを指摘しているのは、佐々木を始め、坪井（1984）や本間（1967）もさといもを儀礼食物として用いる事例を全国的に蒐集・整理している。

坪井は、畑作物のなかでもこれまでさといもを儀礼食物として代表格にしてきたのは、「資料化された栽培植物のなかで、餅と比較することのできるものは、筆者の場合はまず、量的にサトイモが多いので、その事実から出発した」と述べている。さらに、正月に餅を食べることを禁忌する家、一族、村をあげ、畑作物のなかでも稲に優先させてきた作物として「サトイモ、ヤマノイモ、ダイコン、カブ、ダイズ、アズキ、アワ、ヒエ、ソバ、ムギ」をあげ、こうした畑作物は、とくに第二次大戦前まで多くの地方で焼畑耕作の主要作物であったという。

坪井の調査では、餅と比較できるものとしてさといもが量的に多かったというが、私がこれまで調査した事例から明らかになっていることは、福井、滋賀、奈良、三重のそれぞれの県で「ごぼう祭り」が古くから展開され、祭りの名称でもあるごぼうが主要作物に取り上げられて、飯や餅と比較できる儀礼食物として量的に多く用いられる事実である。

佐々木は「北方系農業」の存在について、「シベリア＝満州系（あるいは西域型）といえる東日本の在来種の蔬菜群の分布の西南の端は、若狭湾から伊勢湾にいたる線の附近となっている」と指摘した。ここで「ごぼう祭り」が展開されている福井―滋賀―奈良―三重の地域を線で結んでみよう。

はたして、日本海側の福井から滋賀、奈良の山間地帯を緩やかに縦断して三重までたどり着く線は、佐々木の指摘する若狭湾から伊勢湾にいたる線とみごとに一致して描くことができるのである（第四章図4―2参照）。すなわち、「ごぼう祭り」が存在している地域を線で結ぶと、北方系をルーツにするごぼうの分布範囲である西南の端に位置することになる。

こうした「ごぼう祭り」が存在するということは、畑作物であるごぼうの収穫や予祝の儀礼を意味するものである。その儀礼の根底には、古い時代において焼畑農業が存在したことをうかがわせ、また、ごぼうが農民の生活文化を支える主軸になっていたことを示唆するものであろう。このように、ごぼうが儀礼食物の中核として多出する例は、管見の限りこの地域のほかには見当たらないのである。

いま一度、ごぼうの来歴（第一章参照）を確認してみよう。ごぼうは大陸を原産地とし、考古学資料からみると縄文時代創生期～前期には日本海沿岸に渡来した（福井県の鳥浜貝塚遺跡からごぼうの種子が出土）ことが明らかになっている。中尾（1970）は「ごぼうの日本への渡来は、その時代ごとにルートや上陸地を変えながら、日本海を渡って幾度にも渡来してきたといえよう」と考究している。

このように、ごぼうの渡来時期―伝播経路―固有の農耕儀礼の存在など、これら一連の要素がからみ合ってみえてくるのは古い時代におけるごぼうの農耕文化の分布範囲である。若狭湾から伊勢湾にいたるこの線上の地域がその境界線であり、北方系農業の西南の端になる証しとして「ごぼう祭り」が存在するといってもよいであろう。

ここでは、さらに若狭湾から伊勢湾にいたる線上の地域における秋祭りや正月祭事などの農耕行事を紹介しながら、ごぼう・大豆・大根・さといも・こんにゃくなどが混在して儀礼を構成する要素となっている畑作儀礼の特徴をみていくことにしたい。

二　ごぼう・大豆・大根・さといも・こんにゃくが儀礼食物になる祭りの諸相

ここで、近畿圏とその周辺における儀礼食物としての畑作物をあげてみる（表5―1）。注目すべきは、これら地域の畑作儀礼としてごぼうが多出していることである。ごぼうに次ぐものとして大豆、大根、さといも、こんにゃく、小豆があり、さらに、やまのいも、なすび、にんじん、ずいき、しょうが、みょうが、むかご、ところ、あわ、れんこん、ほうれんそう、ふき、ごま、かぶ、さつまいも、小麦、きび、ひえなどがある。このうち稲と同等もしくは稲に優先する作物として、とくにごぼう・大豆・さといも・こんにゃくが観察された。

「ごぼう」は、佐々木があげた北方系農業を代表する作物であり、「大豆・さといも・こんにゃく」は南方系の照葉樹林焼畑農耕の主要作物である豆類、いも類の代表格となる作物である。すなわち、北方系と南方系の畑作物が混在して供えられる特色ある祭りが展開されている地域が近畿圏とその周辺なのである。

坪井の調査においては、餅と等価値の儀礼食物としてさといもが量的に多かったというが、さといもと並列してごぼうが供えられる祭りも紹介している。

まずは、坪井（1984）の調査による滋賀県の事例を参考にして、この地域の畑作儀礼についてみていくことにしたい。

滋賀県東浅井郡浅井町野瀬「オコナイ」の「サンピン（さといも・大根・ごぼう）」

滋賀県東浅井郡浅井町野瀬は山村である。第二次大戦前までは養蚕、製糸、モグサや紙などの行商を行い、生業を支える農耕は焼畑耕作と製炭であった。村で水田を所有する家は八％余の低率であり、人々は村の共有山を利用して山仕事を基本（昭和五九年当時）にし、焼畑作物は、ソバ、ジャガイモ、小豆、大根、カブラ、ナ（菜）、ごぼう、さといもを栽培していた地域である。

野瀬ではさといもはゴチソウイモともいって、ふだんは食べないようにして、あらたまった日の食料としてイモアナに保存した。いもはまた大根、ごぼうとともに村次元の祭祀のなかで重要な供物、儀礼食である。氏神と山の神の祭祀のオコナイと呼ばれる儀礼には年間を通して、さといも、大根、ごぼうが供え物になり、直会《なおらい》では馳走の品として欠かせないものになっている。

オコナイの行事は、九月の口明けから翌年一月の当番引き継ぎの儀礼まで八回にわたり行われるが、その行事の神饌と儀礼食とがサンピンと呼ぶさといも、大根、ごぼう（それぞれゆでたもの）と、モッソと呼ぶご飯である。

祭礼では、このサンピンをヤド（その年の当番）の主人が松の木で作った大きな箸で一個挟み、それぞれ高く捧げながら「イモでござーる」、「ダイコンでござーる」、「ゴンボでござーる」と大声で唱え、それを一同が復唱して供えるのであるが、モッソのご飯は無言で供える。直会ではサンピンを塩で味をつけて肴にする。最近は仕出し屋から料理を取り寄せるようになったが、このサンピンは必ず膳に出し、最後にはモッソを食べて打ち上げとなる。一月の当番引き継ぎの行事には、神社に大きな鏡餅や小さい重ね餅などが供えられるが、引き継ぎの儀式には、細長い麻棹に三、五、七個の数に刺したゆでたさといもが当番に配られる。儀式が終わると、大小さまざまのさといもの串刺しが肴になり、冷酒とともに酒宴が行われる。昔はヤドに当たると、さといも、大根、ごぼうを栽培するのに苦労したという。

以上、オコナイの儀礼において登場する神饌と儀礼食であるサンピンと呼ぶさといも、大根、ごぼうは、かつて焼畑で栽培された作物であることから、焼畑作物の収穫と予祝儀礼として位置づけることができるという。儀礼において焼畑作物のサンピンは、その名を大きく唱えるのに対して、モッソと呼ぶご飯を無言でサンピンの傍に置くのは、飯が周辺的な位置におかれていることと関係し、もともと神祭りの神饌にモッソが加わっていなかったことを示す証拠であろう。本来、儀礼の体系のなかに加わっていなかったものを、新しく参加させたことによって起こる周辺的現象と考えてよいのではなかろうかという。また、山の神の領域外での生産物は、山の神にとって好ましいものではない。むしろ、他の異質の神の占有する領域の生産物であるから、それを山の神に供えるということは、山の神の意志に反する恐れが生まれるかもしれない。野瀬でモッソの飯が他のサンピンと比較して、特別の配慮をもって供えられているというのも、もともと山の神の供え物の体系に入っていなかったことを示しているという。

表5－1　近畿圏とその周辺における儀礼食物としての畑作物

信仰組織のあるムラ（社・寺号）	ごぼう	大豆	大根	さといも	こんにゃく	小豆	やまのいも	なすび	にんじん	ずいき	しょうが	みょうが	むかご	ところ	あわ	れんこん	ほうれんそう	ふき	ごま	かぶ	さつまいも	小麦	その他
福井県今立町国中（国中神社）	○	○	○																				
滋賀県甲賀市信楽町上朝宮（三所神社）	○	○																					
甲賀市甲西町妙感寺（明喜神社）	○	○	○			○								○		○						○	
神崎郡永源寺町君ケ畑（大皇神社）	○	○	○																				
神崎郡永源寺町政所（八幡神社）			○																				白豆
八日市市糠塚町（巽之神社）	○		○				○		○												○		
滋賀郡志賀町南浜（天皇神社）	○											○				○	○	○					大麦
大津市山中町（樹下神社）						○																	
野洲郡野洲町三上（御上神社）										○					○								菜種
野洲郡野洲町辻（三上神社）	○																						
野洲郡中主町八夫（高木神社）	○	○				○														○			
坂田郡山東町志賀谷（志賀神社）	○	○		○																			
草津市下笠（老杉神社）	○		○																				
東浅井郡浅井町野瀬（皇太神宮社・山王社）	○		○	○																			
京都市上京区馬喰町（北野天満宮）				○		○		○		○													
上京区上賀茂（賀茂別雷神社）							○																
上京区上賀茂（賀茂御祖神社・賀茂別雷神社）			○					○				○						○					百合根、大蒜、あざみ
左京区北白川（北白川大神宮）			○	○				○			○										○		
伏見区深草（伏見稲荷神社）								○	○								○						菜の花、きゅうり
右京区嵯峨（松尾大社）																		○					
奈良県奈良市春日野町（春日大社）	○	○	○	○		○										○				○			
奈良市本子守町（卒川神社）	○		○																				百合の花
奈良市西九条（倭文神社）								○															
天理市海知（倭恩智神社）	○	○		○				○				○											
天理市布留（石上神宮）		○	○			○	○																
磯城郡多（観音堂）	○	○																	○				
磯城郡保田（富貴寺）	○	○	○	○																			

桜井市多武峯（談山神社）		○		○				○		○		○	○										
桜井市北山（手力雄神社）	○	○		○																			
桜井市横柿（戸隠神社）	○			○	○																		
桜井市倉橋（下居神社）	○	○	○	○	○		○			○	○		○										
桜井市外山（宗像神社）	○			○	○																		
桜井市竜谷（三輪神社・竜谷寺）	○	○		○		○					○			○									
桜井市脇本（春日神社）	○	○	○	○	○																		
桜井市箸中（国津神社）	○	○																					
桜井市和田（高龗神社）	○	○																					
桜井市白木（高龗神社）	○	○			○																		
桜井市修理枝（八王子神社）	○	○	○	○	○																		
桜井市滝倉（瀧蔵神社）	○	○			○														○				
桜井市笠（天満神社）	○	○	○	○	○		○						○										
桜井市小夫（天神社）	○																						
桜井市三谷（菅原神社）	○																						
明日香村（飛鳥坐神社）															○								ひえ、きび
五條市東阿田・西阿田（八幡神社・御霊神社）	○		○	○			○	○	○														
三重県曾爾村（門僕神社）						○								○									
美杉村（仲山神社）	○	○																					
熊野市二木島町（室古神社・阿古師神社）			○			○			○													○	えごま
磯部町坂崎（宇気比神社）		○	○						○														みずな
伊勢市村松町（宇気比神社）	○		○		○																		
名張市夏見（積田神社）			○	○		○																	梅干し
一志町八太（波多神社）	○	○	○	○	○		○																せり
鈴鹿市山本町（椿大神社）															○								
大阪府大阪市福島区海老江（八坂神社）			○	○					○		○						○						くわい、わさび
大阪市西淀川区花川（鼻川神社）	○		○	○																			
兵庫県加東郡社町上鴨川（住吉神社）		○	○																				
揖保郡新宮町牧（河内神社）	○			○	○		○																ささげ豆

（冨岡（2000）、岩井宏實・日和祐樹『神饌』（2007）、水谷令子『三重の祭と食文化』（1999）、坪井洋文『イモと日本人』（1984）を参考にして作成）

このような野瀬にみられる畑作儀礼は、次に述べる奈良県桜井市脇本のトウヤマツリにも存在する（冨岡 a1994）。

奈良県桜井市脇本「二月一日座」の「ごぼうの太煮」「こんにゃく」

奈良盆地東南部桜井市の三輪山の麓にある脇本は、三輪から金屋を経て初瀬《はせ》に至る旧伊勢本街道沿いにある集落である。この地は早くからわが国の文化の中心として繁栄した初瀬谷筋の朝倉の地にあり、記紀所伝による雄略天皇の宮が営まれた泊瀬《はせ》（長谷）朝倉宮はこの付近一帯であると考えられている。

脇本は、野瀬のような山村とは異なり農村であり、かつて伊勢詣でが盛んであった時代には街村が形成されていた。特産品である三輪そうめんの製造所はこの付近一帯にあり、古くは良質の小麦が獲れたところとしても知られ、稲作より麦作に適した土地でもあった。

脇本は現在六十数軒の集落から成る。この集落を二分して初瀬・伊勢本街道が走り、古くから交通の要地として街村が形成された。近世以降には紀州から北山、川上郷を経て多武峯《とうのみね》を越え、熊野鯖、さごし、するめなどの魚介類が運ばれ、市場町としての機能もあった。さらに、宇陀、東吉野を背後にして豊富で良質な原木資源を控え、材木業、製材業は江戸の頃から発展し、現在もこの街道筋に多い（『桜井市史』）。

脇本の村社（旧指定）である春日神社は、祭神は中臣《なかとみ》氏の氏神である天児屋根命《あめのこやねのみこと》・太玉命《ふとだまのみこと》・天宇受売命《あめのうずめのみこと》の三柱で、それぞれ木造座像のご神像が伝えられている。その春日神社の祭祀組織は古頭屋と新頭屋から構成されるが、ここでは新頭屋の行事を中心にみていこう。

新頭屋は一老と称する頭仲間の長のほか男子八名で構成され、頭屋を勤めてから以降八年間を宮仲間としてムラの年中行事一切を行う祭祀組織である。頭屋は毎年「二月一日座」の神占《かみうら》により定められたものがなり、古参のものは八年目に宮仲間を卒業する。年中行事は大正六（一九一七）年二月一日改正の「頭屋年中行事記録」（平成五年正月新たに改正）を基にして行われている。

脇本の宮座は座の行事始めに大名持《おなんじ》参りをする。この行事は、宮座の頭屋が当たると座を営む一週間ほど前に吉野川筋の大名持《おおなもち》神社（吉野郡吉野町河原屋、祭神は大国主命）に参拝し、その社前の吉野川でミソギをする。その後そこのキヨメの小石をいくつかいただいて帰り、座の行事を始めるのである。ミソギをする場所は『大和名所図会』にある「社前に潮生淵あり毎歳六月三〇日潮水湧出す」（第六章図6―1参照）と記す場所である。いわゆる竜門山塊信仰圏といった感が深い（『桜井市史』）。

さて、脇本の新頭屋の平成五（一九九三）年の正月祭事である「二月一日座」のトウヤマツリをみてみよう。

まず、脇本の正月行事は、「綱掛祭」（毎年一月一〇日に斎行）から始まる。神社に奉納する綱は六間（約一一メートル、平成四年まで八間半）ほどもある大綱である。綱の両端には松（西方）と杉（東方）をつけ、真ん中のほんぐりは藁と若松の枝に片垂れの幣など賑やかに吊り下げ、さらに綱の中央には米・麦・粟・稗・大豆の五穀を白紙に包み、紅白の水引きをかけて椚《くぬぎ》の切炭、橙《だいだい》とともに苧《お》で吊るし、御幣三本を立てる。

綱がほぼ出来上がり次第、昼には仕出し屋の会席膳が供されるが、大正六（一九一七）年の記録には次のような「献立テ」が振る舞われている。

綱出来上がり次第本膳

献立テ

平　高野豆腐芋牛蒡青ミ干瓢

汁　　豆腐味噌汁
猪口　コンニャク　白アエ
組重　　定式
突出し　野菜物
酒　　壱升
飯　　白

この記録から、本膳の献立は高野豆腐・さといも・ごぼう・かんぴょうの煮もの、豆腐の味噌汁、こんにゃくの白和えであったことがわかる。組重は定式とあるだけで、内容は明らかでない。酒一升は年間を通して行事一切の饗応の量として定まっている。飯も白と明記してあるように、この宮座の饗応の膳はすべての行事において白飯が用いられている。

新しい綱が掛けられると、この一年間は悪い病も流行らないし、悪い人もムラへは入って来ない。そして五穀は豊かに成熟し、子孫も繁栄すると伝えられて、この行事は守られて来た。

綱掛祭から三日経った一三日は、朝から御供の餅を搗く。この日は「御田植え祭」が執行される。半紙に「牛王・神宮寺・宝印」を刷り込んで「牛王杖（ごおうさん）」をつくる。これを田畑に立てると豊作が期待できるという。

午後の八時頃に「御田植え祭」が始まる。拝殿に神官、一老、宮仲間が参集し、この場で本年初めて古頭屋（三名）と顔を合わせる。着座は、本殿に向かって左が古頭屋、右が新頭屋と定められている。供進の神饌は白米一升、清酒一升、鯛一尾、野菜（レタス、人参、さつまいも）、果物（りんご、いちご、オレンジ）、御供餅《ごくもち》二桶（左は古頭屋、右は新頭屋の御供え）である。昭和初期頃は各戸から家族一人につき押餅

（御供撒《ま》きの餅）一〇個ずつ御供えしたが、いつの頃からか頭屋が用意するようになった。

祭典後、現頭屋から各戸に「牛王杖」と御供餅二個ずつが配られ、子どもたちはよいこに成長するようにと一老から「牛王の宝印」を額に押し戴くのである。

引き続いて御供撒《ま》きがあり、この後拝殿において両頭屋は祭典時着座した場所に、それぞれの頭屋で円座を組み直会を催す。この間両頭屋の交わりは一切ない。この宴座は古頭屋五合、新頭屋一升の量の燗酒に組重である。

二月の第一日曜日（本来二月一日）には、「一日座」と「頭屋定め」が行われる。座を催す前に神社においては神官、一老、本頭屋だけで祭典が行われ、神饌として五勺の鏡餅（径一三〜一四センチメートル、厚さ一センチメートルの餅）ひと重ねが一一組、清酒、鯛、野菜、果物が供進された。

正午、頭屋宅前の法螺《ほら》貝の三度の合図とともに、区長を始めとした宮仲間が正装し参集してくる。まず、先祖代々の御分霊（頭屋済人名帳）を祀る御仮宮に対し、一同ていねいに参拝をする。この御仮屋の位置を上座にして、正座に神官、その右に区長、左に一老が着き、宮仲間は古参のものから左右交互に着座する。八番目が本年の頭屋で九番目がその見習い、一〇と一一番目が次々年度の頭屋のクジ引きをすることになっている。

一老からは「一日座おめでとうございます。御一同におめでとうございます。」と年頭の挨拶があり、古参の一老の給仕により区長から着座の順に御神酒が一巡される。突き出しとしてほうれん草のごま和え、枝豆塩茹で、漬物が並ぶ。

酒礼につづいて供される雑煮は、白味噌仕立てに焼いた丸餅二個、小芋、雑煮大根、豆腐の具が入っている。長机の上には祭典の折に献饌した五勺の鏡餅を焼いたものがひと重ね、半紙の上に置かれる。本来

図5－1　5勺の鏡餅を忌火（斎み浄めた火）で焼く（奈良県桜井市脇本）

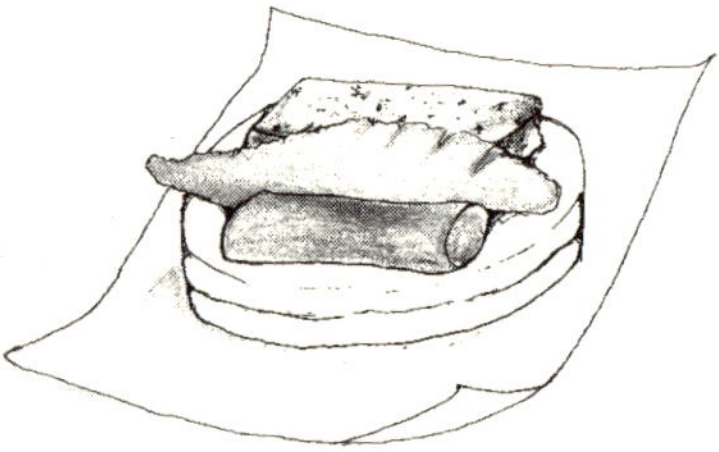

図5－2　三献の肴「ごぼうの太煮」「かずのこ」「こんにゃく」を5勺の鏡餅に盛る

はこれが雑煮餅であり、昔はこの餅をちぎって供したといわれる。この餅は男衆により忌火（斎《い》み浄めた火）で焼かれるが、餅の表面は焼き目をしっかりとつけ、膨らませてはいけない。勢い強火で表面を焦がす早わざで焼き上げる（図5—1）。このひと重ねの鏡餅の上に後述する引肴をのせていくのである。

さて、この雑煮は一般的な関西風の仕立てであるが、供し方が変わっている。雑煮といっしょに出されるのが砂糖入りのきな粉、雑煮椀の餅は取り出して、このきな粉をつけて供するのである。この形式はこの地域一帯（桜井、橿原、吉野など）の伝統的なものであり、ところによっては小豆あんがつくこともある。

雑煮のお代わりなどひと通りいきわたったところで、仕出し屋の料理が運ばれる。お酒と料理が次々とすすめられ、余興には今流行のカラオケも登場し、謡われる。小一時間ほど経った宴酣《たけなわ》の頃、一老の合図で、まず一献目に「ごぼうの太煮」が大皿に盛って出される。径四〜五センチメートルの太さのごぼうを切り揃えて茹でたもので、特に味付けはなく、青のりが振ってある。これを膳の上のひと重ねの鏡餅の上に古参の一老がのせて廻る。さらに酒宴がすすみ、半時間ほど経ったところで、二献目には「数の子」がごぼうの横に添えられ、そのまた半時間後には、三献目の「こんにゃく」の茹でものが盛られる。

一献　ごぼうの太煮　青のり
二献　数の子
三献　こんにゃく

以上、一献ごとに新しい祝い箸で肴が盛られ、三種の肴は先に山のもの、次に海のもの、野のもの、里のものの順にひと重ねの鏡餅の上に飾られた（図5―2）。この三献は古記録にある「献立テ」には「引《ひき》肴《ざかな》」として記録されている。

大正六（一九一七）年二月一日に記録の「二月一日座」をみると次のようである。

氏子座　献立テ
四ツ目椀ニ　煮豆ニ牛蒡ノハリハリ
雑煮　　味噌汁芋大根
引肴　　牛蒡太煮数ノ子コンニャク
突出し　　野菜物
酒ハ来客壱人ニ弐合銚子壱本限リトシ（後略）
氏神エ御餅ヲ供エ神拝ノ上持帰リ焼キテ壱人前四枚氏子座ノ膳ニ上ス也

と明記してある。

現在、これら引肴は口取りとともに重詰めにし、正月にはお節料理として供されるものである。この宴会は中世の末期に成立した本膳料理の初献、二献、三献の形式をふまえたものとみることができ（『日本料理法大全』）、正式の祝いの宴には三献あげるのをよしとした時代の宴会が伝承されている。

古くは、式三献の初献の肴として雑煮は決まりものであったといわれるが、この宴会において、雑煮は酒礼に次ぐ儀礼であっても、式三献の肴としては供されない。

こうして、酒宴は延々と午後五時頃まで続いた。

この酒宴のあと頭屋の神占《かみうら》があり、当たり頭屋が披露され、一老より祝杯があがる。電灯の灯る頃、一老の発声で一同起立し、〝高砂〟を謡って解散、それより伊勢音頭を謡いながら当たり頭屋を送って行く。

以上、脇本の宮座のトウヤマツリは、神占による当たりトウヤが披露され、次のトウヤに引き継がれて祭祀儀礼は終わるのであるが、ここで儀礼の次元で指摘できるいくつかの特色をあげてみたい。

まず第一に、神饌として供えられた一組の五勺の鏡餅は、トウヤマツリにおいて儀礼食物になり、忌火で焼かれて饗宴の席では膳の上にひと重ねの餅として登場し、式三献の宴席では、その餅の上にごぼう太煮、数の子、こんにゃくの三種が肴として盛られる。これら三献の肴は一献、二献、三献ごとに宴席を盛り上げる要素となって、宴会全体を構成するのである。こうしてみると、稲作物の代表である餅は焼いて饗応の膳に置かれ、その餅の上には、かつて焼畑作物として収穫したであろうごぼうとこんにゃくが盛られる。

このトウヤマツリの饗応の席で、焼かれた鏡餅の上に、酒一献ごとに盛られるごぼうの太煮、数の子、こんにゃくを次々に重ねて飾る形式をどのように解釈してよいものであろうか。稲作物である餅が焼かれ、その餅の上に畑作物であるごぼう、こんにゃくが盛られることを考えれば、畑作物が優先される儀礼の意と理解してよいものであろうか。

この農耕儀礼を理解する事例として、坪井（1984）の調査による岡山県代城《だいじょう》の予祝儀礼がある。これを参考にすることにしたい。

代城は、第二次大戦までカリヤマと呼ぶ焼畑耕作を行ってきた。つまり、この地域の農耕儀礼は焼畑儀礼が主軸である。正月二日にヤキゾメの行事があるが、現在では二日の朝に餅を焼いて食べることをヤキゾメといい、これはものを焼く点に意味があると考えられ、焼畑の火入れ作業を模した予祝儀礼と位置づけることができるという。

脇本の饗応の膳に、焼いて盛られた餅は、代城の餅を焼いて食べるヤキゾメと類似のものであり、焼畑の火入れ作業を模した予祝儀礼であると理解することもできる。この焼いた餅の上に盛るものは、かつて焼畑作物であったと思われるごぼうとこんにゃくである。

この一連の農耕儀礼をみると、焼畑儀礼が主軸になっているといえないだろうか。

坪井は、こうした儀礼はさらにいくつかの事例を精査することにより、儀礼文化の受容過程としてみることが可能であると指摘している。

こうした畑作儀礼のなかでも、次にあげる奈良県桜井市外山《とび》の宗像神社の秋祭り（毎年一〇月一八日斎行）は、ごぼうとともに大量のこんにゃくが儀礼食物として消費されることから、「こんにゃく祭り」と呼ぶに相応しい注目すべき事例である（冨岡 2005）。

奈良県桜井市外山《とび》「秋祭り」の「こんにゃくの白あえ」「頭芋」「ごぼうのあんかけ」

外山《とび》は奈良盆地東南部にある桜井市の南部山麓に立地する山麓農業地域である。その外山の指定村社宗像神社は式内社で、祭神は多紀理毘売命《たきりびめのみこと》、市寸島比売命《いちきしまひめのみこと》、田寸津比売命《たぎつひめのみこと》を祀る。外山の秋祭りには、宗像神社に奉献する神饌がトウヤにおいて調製される。神饌のなかでも「御供盛」については、江戸時代初期の記録（一六五一年）である「慶安四年辛卯九月吉日、鎮守祭礼御供盛物帳之事、外山村春日大明神祭礼

図5-3　秋祭りの御膳に盛られた「こんにゃくの白あえ」（膳の右上）（奈良県桜井市外山）

図5-4　本膳に供される大量のこんにゃくの下拵え（奈良県桜井市外山）

帳之事」（玉井栄治郎氏所蔵）に詳細に記されていて、当時の座の営みなどもこれによりうかがい知ることができる。この古記録をもとに秋祭りの神饌は今日まで伝わっているといえる。平成一〇（一九九八）年の「御供盛」は、朱塗りの丸三宝の蓋の中央にさといもの株（芋茎の頭）を盛り、その株に小御幣一本、榊一本、花の咲いた小菊の枝を数本刺して美しく飾り、さらに、さといもの株の周囲に白の小餅七つ、栗七、八つ、ざくろ二つ、柿五つ、柑子《こうじ》みかん五、六つを並べたもので、これを八台つくり、お供えするのである。昭和一三（一九三八）年の辻本の調査による御供盛りは、大串（「渋柿、栗、柑子《こうじ》蜜柑、柘榴《ざくろ》」をそれぞれ七個づつ串に刺したもの）四本と小串（大串に刺した四品を二個づつ串に刺したもの）一六本を御供台に載せ、その周囲に「御供餅」のほか、「御供芋」、「御供牛蒡」、「焚御供」（白飯）、「御供昆布」、「甘酒」の六品を各一つづつ並べ、「黄櫨《はぜ》の箸一ぜん」を添えた御供を七台つくり、神社に供えたと記録してある。御供盛りを調製したこの日の直会《なおらい》の本膳に供される馳走は、松茸ご飯やごぼうのあんかけなど数々あるが、なかでも筆頭にあげられるものは、塗りの椀に高く盛られたこんにゃくの白あえ（図5—3）である。一人前のこんにゃくは一丁分であるが、昭和三〇（一九五五）年ころは一人前二丁分が膳部に供されたという。戦前（昭和一三年）の記録をみると、本膳の献立は次の通りであった。

献立　一升白餅ひと重ね　白砂糖少々と藁の末を添へる

蒟蒻の白あえ　一皿

油揚　牛蒡　松茸　菜　芋　一皿

味噌汁　松茸　たたき菜　一椀

角蒟蒻　牛蒡のあんかけ　一皿

とあり、本膳の献立には「一升白餅」に続いて、「蒟蒻《こんにゃく》の白あえ」が記されている。現在、本膳のために用意される大量のこんにゃく（図5―4）を観察すると、戦前はその倍の量であったというから一升の「餅」と高盛りの「蒟蒻」は対比して膳部に盛られたと考える。これに加えて、「角蒟蒻　牛蒡のあんかけ」が供されることから、外山の秋祭りの儀礼食物の中核は「こんにゃく」であり、こんにゃくを主軸として用いる事例のひとつとしては、看過することが出来ない祭りにあげられる。

この祭りの神饌として御供盛りの中心を成すのは「さといもの株（芋茎の頭）」であり、その株の周囲には小餅と季節の果実である栗、ざくろ、柿、柑子みかんが配置される。そして、直会の儀礼食物には、「こんにゃく」が中核となり、さらに、ごぼうやさといも、菜なども供されて、畑作物の収穫儀礼がこの秋祭りにも展開されているのである。

このように、儀礼食物として数種類の畑作物が混在して供えられる適例は、そのほか大和高原の山間部地域付近には数多くあることから、『桜井市史』を参考にして畑作物の収穫儀礼を次にあげてみよう。

奈良県桜井市修理枝《しゅりえだ》「ケイチン座」の「醤油づけした八寸大のごぼう」「こんにゃく四つ切」

奈良県桜井市修理枝《しゅりえだ》は大和高原南縁の山間地集落である。そのムラに鎮座する八王子神社では、春は「ケイチン座」（毎年二月二七日斎行）、秋には「座祭」（毎年一〇月二二日斎行）が斎行され、これら行事には畑作物が混在して供えられる。

「ケイチン座」の日は花葛《はなかずら》（藁に樒《しきみ》の枝をさす）をムラの戸数だけ作る。これを神社に供えて祈禱してもらい、撤した後、各戸で自宅の神棚に上げておき、田植えの時、植えはじめの田にさす。この日の昼の座の肴は八寸大（約二四センチメートル）のごぼう二切を醤油づけしたものとこんにゃく二切、醤油焚きした唐辛子である。

また、「座祭」には昼の膳部に八寸大のごぼう二切、ごぼう・大根・いも・こんにゃく一皿、大豆一皿、黒目（アラメ）一皿、汁（大根・いも・焼豆腐・柚子の皮）、蒸飯、いもぎ（朴《ほお》の木）の木箸（四〇センチメートル長さ）（図5―5）が供される。夜の膳部には酒の儀が三献あり、汁椀は二献、三つ目三献。三献目が

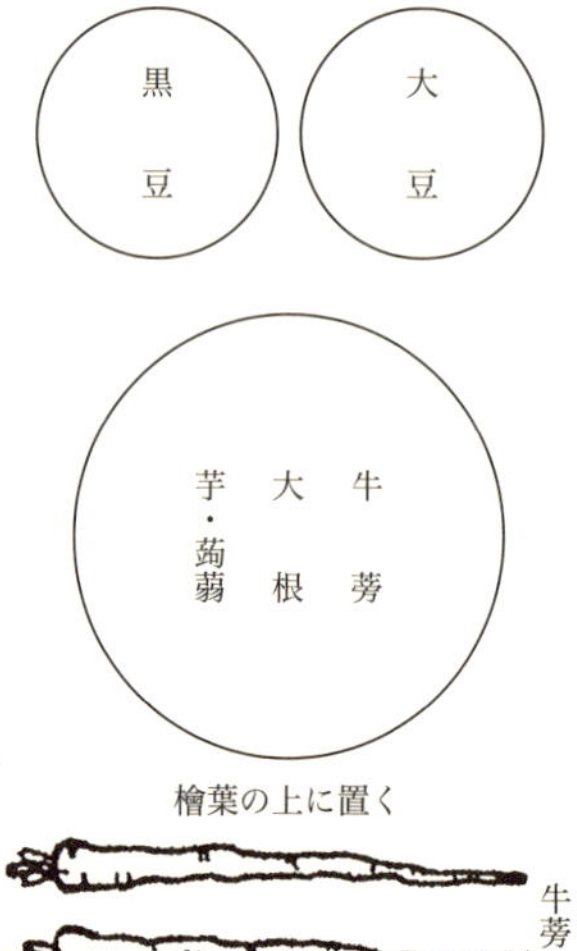

図5－5　ケイチン座の膳部
中央：醤油漬けの8寸（24 cm）大のごぼう二切・蒸飯・汁・ごぼう・さといも・大根・こんにゃく・黒目（あらめ）など
(奈良県桜井市修理枝)
(資料：『桜井市史』)

すむと芋を置いて回り、油揚げ一枚、こんにゃく四つ切が供せられる。夜の座が終わるころに、翌年のトウヤの受け渡し式が行われるが、その膳部はニタリ柿（御所似たりともいい、御所柿のこと）と大根を六角に切ったものとを檜葉にのせた膳である。そして、汁椀を両方のトウヤが持ち、盃として交換する。別に重箱が用意され、ショウガと焼豆腐が入っていて、酌人二人、左右に分かれて酒肴として供応する。

このように、修理枝の祭りには、儀礼食物として、ごぼう・大根・さといも・こんにゃく・大豆など数種類の畑作物が混在して供せられ、これに唐辛子・ショウガが加わって座の酒肴になり、膳部を構成するのである。

奈良県桜井市滝倉「オンダ祭」の「ザイモク（ごぼう）」「こんにゃく」

修理枝に隣接する山村の奈良県桜井市滝倉の祭りにも年間を通してごぼう・こんにゃく・大豆が供される。村社である瀧蔵神社の祭りを執行するのは滝倉の宮座であり、本トウヤ（正月トウヤ）と、夏トウヤ（六月トウヤ）とがある。正月トウヤのことをオンダ祭（毎年二月六日斎行）と呼び、この日の座にはトウヤから組重が二種用意される。一重はザイモクといってごぼうを焚いて、ゴマをふったものと、他の一重は高野豆腐かこんにゃくの煮たもので、これはあり合わせとなっている。メデタ、メデタの歌で宴は終わり、その後、拝殿にて造花の花かずらと牛王宝印と押した半紙をはさんだ牛王さんをムラの苗代の数だけ作る。正月七日の神饌は、フジマメといい、大豆一三個を蒸して糸を通し、数珠《じゅず》の形にして半紙に包んだものと、ツキダシといって、竹の筒へ入れた飯を棒でつき出して半紙に包んだもので、これらは供えた後はお下がりをいただく。一〇月の一日座はオミキノクチアケといい、この日の宴席には組重とゴボウノハリハリひと重ねとを肴として供する。

奈良県桜井市笠《かさ》「正《しょう》言講《ごんこう》」の「山椒粉をふりかけたごぼう・酢ごぼう」「ホタコンニャク」

奈良県桜井市笠も修理枝や滝倉と同じ山間地集落であり、笠は天満神社を祀る。笠の宮座は東座と西座から成り、祭りを営んでいる。一〇月に執行される「お渡り」の座にはゴクが用意され、うすく切った餅に小豆を潰して塗ったものと、ごぼうに大豆の煮たものを潰して塗ったくるみごぼうが朴《ほお》の葉に盛られ、膳になる。

正月の「正《しょう》言講《ごんこう》」（毎年一月一〇日に斎行）の供物は楓《かえで》の木の箸（長さ一尺二寸＝約四〇センチメートル、太さ八～九分＝約二・五センチメートル）に山椒の実の粉をふりかけたごぼう（長さ二寸＝六センチメートル、太さ四分＝一・二センチメートル）を一膳に七本と大根、焼豆腐、菱串はムカゴ串とともに竹串を用い、かいしき（御膳のこと）はねむの木を用いる。その他に、酢ごぼうとホタコンニャク（こんにゃくを大きく切って唐辛子をきかしたもの）、青ゆで（青菜をゆでたもの）、にしめ（芋・こんにゃく・人参・ミカン・ウルメなど）、ふた（ふたとは盛り出しのことで、かまぼこ・りんご・小魚・マンジュウ・高野豆腐など）が供応される。

「三月さん」（毎年三月三日に斎行）には、神饌としてもち米、小豆、ゴマ塩がそれぞれカワラケに盛って献上される。ミヤモトでは赤飯を用意するところをみると、献上された神饌物は撤饌の後、赤飯として供されたのであろう。祭りの日の膳は「正言講」と同じ酢ごぼうとホタコンニャクなどが馳走になる。

そのほか、奈良市の月ヶ瀬村や都祁村、室生村などにもさといも・こんにゃく・ごぼうなどを串に刺し、味噌をつけて焼くなど、焼畑儀礼を想起させる畑作物が混在して供えられる畑作儀礼もあるが、これらの祭りは第七章において紹介したい。

以上、大和高原の山間地域における祭りから、畑作儀礼を紹介した。

さて、京都市内のように、現在は都市化が進んでいるところにおいても畑作物が主体となる祭りが展開されていて、往時の農耕文化がしのばれる事例もある。

京都北野天満宮「瑞饋《ずいき》祭り」の「芋茎《ずいき》」

京都市北野天満宮の「瑞饋《ずいき》祭り」の起源は平安時代に遡ることができるといわれる。その由緒によると、西之京神人が五穀豊穣を感謝し、そのお礼として旧暦九月九日の重陽《ちょうよう》の節句に新穀、野菜、果実などに草花などを飾り付け、菅原道真公の神前にお供えしたのが始まりと伝えられている（『西之京瑞饋御輿』）。

図5－6　京都北野天満宮の「瑞饋神輿」
上：神輿の屋根を葺く「ずいき」(里芋の茎)
下：神輿は西之京瑞饋神輿保存会によって作られる

現在、祭りは毎年一〇月一～五日にかけて斎行され、神饌として奉納される「瑞饋御輿」（図5―6）は西之京瑞饋御輿《みこし》保存会によって作られている。御輿の屋根はずいき（さといもの茎）で葺いたもので、赤い色のずいきは「唐《から》の芋」を三〇〇本葺き、親芋は頭芋、小芋はえび芋、緑色のずいきは二〇〇本の「真芋」を用い、さらに、御輿の四面には農作物や海産物が豊富に飾られる。御輿の形をした特殊な神饌であるが、御輿の形になったのは江戸時代後期の一八〇七年である。その後幾多の変遷を経て、現在のような工夫を凝らした飾り付けになったといわれるが、大量のずいきや農産物、水稲、麦などが奉献されることから、五穀豊穣を祝う祭りに変わりはない。都市化が進み、田畑がなくなった今も、数軒の農家が自ら栽培したずいきや農作物で御輿が作られていることをみると、かつて西ノ京が農村であり、畑作物のさといもが稲作物に優先する作物であったことがうかがえるのである。

北野天満宮と類似の「芋茎《ずいき》御輿」が神饌として奉献されているのは、滋賀県野洲《やす》町の御上《みかみ》神社の秋祭りである「ズイキ祭り」があり、「御輿」が奉献され、京都の南郊や大阪府下などにも同じ祭りがある。滋賀県蒲生郡中山にも「イモ祭り」があるが、この祭りは「田イモ」の長さを競う「イモくらべの神事」であり、収穫儀礼の一種（佐々木 1990）であるという。

京都市左京区北白川「秋祭り」の「小芋」「大根なます」

京都市左京区北白川にある北白川大神宮の秋祭りには、大量のさといもや大根が高盛りに積み上げられて供えられる。北白川大神宮は旧白川村の産土神《うぶすな》で、医薬の神といわれる少彦名命《すくなびこなのみこと》が祭神である。

二〇一一年一〇月二日の朝御饌神事で供えられたのは、「小芋」「大根なます」「するめなます」を円錐形に盛った高盛御供（図5―7）をはじめ、物相飯《もっそうめし》、シイラ、トビウオ、神箸、豆腐、白酒、洗米、筆柿、栗、枝豆の海山里の収穫物である。高盛御供になる「小芋」は大中小に選別された選りすぐりのいもを用いる。円錐形に積み上げるには、味噌をつなぎにして底辺には大きめのいもを用い、次に中くらいのいも、上にいくほど小いもを選んで積んでいく。その脇には枝豆を飾り、頂上には鮭の身となすびを載せる。「大根なます」は大根を細長く切って水分を絞り、さらに軽く干して水分をとばした後、酢を吹きかけて円錐形に盛り上げ、頂上にはシイラを飾り、脇にはショウガの三本立てを添える。「するめなます」は細く刻んで酒を打ったものを同じく円錐形に盛る。この高盛御供には、さといも一〇～二〇キログラム、大根二五本、するめ一〇キログラムが消費され、神事の主体となる。これら大量のさといもや大根は、現在はこの地で収穫された畑作物ではなく、購入してそろえたものである。かつてはこの地で栽培され、秋祭りには収穫儀礼として選りすぐったものが供えられた畑作物であったと思われる。この神事で供えられる円錐形に盛った「小芋」「大根なます」「するめなます」の高盛御供は、氏子によって昼夜を徹する調製がおこなわれ、高盛りにすることをみると、この高盛御供は物相飯に比べてきわめて丁重なお供えものであることが考えられ、畑作物が重要であった時代を示唆しているといえる。

滋賀県・三重県の畑作儀礼

図5－7　北白川大神宮の「小芋」「大根なます」の高盛御供（京都市左京区北白川）

滋賀県下の祭りについては、岩井（2007）の調査を参考にすると、特筆すべきは、なれずしであるふなずしが神饌として供えられることである。ふなは、稲作文化とともに発達した水田漁撈の産物であり、ふなずしに用いられるのは子持ちのニゴロぶなである。

畑作儀礼にはごぼう・大根・大豆が多出し、次いで小豆・れんこんなどがあり、やまのいも・ずいき・ところ・にんじん・かぶ・ふき・ほうれんそう・さつまいも・小麦などがある。野洲町ではあわが供えられ、雑穀が神饌になるのは県下でもここだけである。

また、三重県下の祭りについては、水谷（1999）の詳細な調査を参考にしたい。

伊賀盆地の中山間部や伊勢平野の地域では神饌としてこのしろずしが、また、かつて生業としてあゆ漁がさかんであった地域ではあゆずしが神饌になるのが特色といえる。これらはいずれも生成《なまなれ》ずしとして今日まで伝承されているものである。

畑作儀礼として、大根・ごぼう・大豆・こんにゃく・さといも・やまのいも・小豆・えごま・せりなどがあり、美杉村の牛蒡祭や伊勢市村松町のトウヤマツリに、ごぼうは餅や生成ずしに次ぐ位置を占める供物になる。また、鈴鹿市の椿大神社《つばきおおかみやしろ》ではあわが神饌用に栽培され、新年には鏡餅としてひと重ねの米の餅の上にあわで拵えた三枚の菱餅《ひしもち》をのせて供える。先の野洲町と同様に、雑穀が餅として神饌物になる数少ない事例である。

以上、ごぼうを筆頭に、大豆・大根・さといも・こんにゃくが畑作儀礼として単一または混在して用いられる事例をあげた。南方系をルーツにする「さといも・こんにゃく・大豆」と北方系をルーツにする「ごぼう・大根」などがそれぞれ混在して供えられるが、かつてこれら畑作物がこの地域の農耕文化を支え、貴重な食物であった時代を彷彿とさせる。

これら祭りの特徴を踏まえ、第四章にあげたごぼう祭りとともに、畑作物であるごぼう・さといも・こんにゃく・大豆・大根が近畿圏を中心に農耕儀礼の主体を成して現出する意味について次に考えてみたい。

三　近畿圏とその周辺は北方系作物と南方系作物が混在する農耕文化圏

坪井（1984）は、これまでの研究報告や調査によると、畑作儀礼は、主として「さといも」を中心とした宮座形式の祭りが多かったというのである。

それに比して、私の調査では、近畿圏とその周辺の山間部地域には、畑作儀礼として「ごぼう」が中心の祭りが多かった。ごぼうが中心となる祭りは新年に斎行されることが多く、予祝儀礼であろうと思われるが、ごぼうの収穫時期や儀礼として大量に消費されるごぼうをみると、収穫祭をも含めた祭りであると考えたい。

ここで改めて、若狭湾から伊勢湾にいたる、福井県から京都府、滋賀県、奈良県、三重県の正月祭事や秋祭りに供えられたごぼう・さといも・こんにゃく・大豆・大根の儀礼食物を畑作農耕文化と重ね合わせてみると、北方系農耕文化の流れをもつ「ごぼう・大根」と照葉樹林焼畑農耕文化の流れをもつ「さといも・こんにゃく・大豆」の二つの流れをもつ文化の結びつきがみえてくる。すなわち、若狭湾から伊勢湾にいたる線上の地域の祭りには北方系作物と南方系作物が単一あるいは混在して儀礼食物になるという農耕の諸相が表出しているのである。この事実は、佐々木（1990）や青葉（1996）が指摘したように、シベリア＝満州系といえる東日本の在来種の蔬菜群が分布する西南の端、つまり、若狭湾から伊勢湾にいたる線と一致することが明らかになり、その線は、また、華中・華南の照葉樹林帯作物との境界ともなり得るのである。

この地域の祭りにおいて、ごぼうがムラ固有のさまざまな形態で神仏に供えられる事例から考えると、日本で独自に発達したごぼうの食文化は、この線上にある地域の祭りの儀礼食物から出発したのではないかと推察できるのである。若狭湾から伊勢湾にいたる線上の地域こそが、まさに「ごぼうの祭り街道」と呼ぶにふさわしく、祭りを通してごぼうの食文化が発達している文化圏なのである。

第六章　儀礼食物「ごぼう」に日本料理の原点をみる

「日本人固有の信仰である神社の神饌は、また、日本人固有の古代的食生活の内容を知る貴重な資料として注目される」と論ずる樋口ら（1979）の説は、日本人の古代における食を考える上で重要な内容であると同時に、日本料理がどのようにして形成されてきたのかを探る手掛かりになる。

古代の祭りにおいて神饌として最初に酒を献じたことが、次に、料理への発展を促したと仮定すれば、酒に次いで捧げられた神饌はどのように調理され、それが料理として発展してきたのか。私のこれまでの研究はこれらの論点から出発したものであり、日本料理の成り立ちについて神饌を通して明らかにすることでもある。

第四章ですでに述べたように、祭礼日の神前には「神酒、洗米、海魚、川魚、鳥、海菜、野菜、果物、塩、水」など明治八（一八七五）年に布達された神社祭式による丸物神饌＝生饌すなわち調理していない生ものの神饌が三方一杯に盛られ供えられる。これに加えて熟饌すなわち調理した神饌が供えられ、これら熟饌はムラの祭りにより固有の形態で伝承され、信仰のもとに秘事として扱われて調理・調製法、供え方、供し方が伝わっている。これらはすべて古儀のままとはいえないが、その一部は伝わっているといえ、そこには日本古来のハレの日の最上の食物と調理法が現存していると考えることができる。

本章では、「ごぼう祭り」に熟饌として供えられたごぼうおよび直会《なおらい》の食物を通して、その特有の調理・調製法を注視しながら、一般民衆が営んできた日本料理の成り立ちを明らかにしていきたいと思う。

一　予祝儀礼の「牛蒡御供」

近畿圏を中心にした秋祭りや正月祭事のごぼうを中心にした神饌・供物、直会の食物については、すでに第四章、第五章において示した通りであるが、ここでは正月祭事に伝わる神饌・供物と直会の食物を表6—1に詳しく掲げてみる。

これら神饌品目をみると、神社祭典には「米・酒・海魚・海菜・野菜・果物・塩・水」が生饌として供進される一方で、トウヤマツリや寺院祭典には、「飯・餅・ごぼう・さといも・大根」などが熟饌としてムラ固有の形態で供進される。明治時代に神饌の形式が統一された後も、ムラにおいては古式の形態で熟饌は供えられてきたのである。

すなわち、熟饌はムラの祭りに不可欠な供物であり、神社の神饌のほかにトウヤマツリおよび寺院にも供えられてハレの日の最上の食物として伝えられてきたのである。それは各共同体により、供物の調製法、供え方、供し方が固有の形態で伝承され、信仰のもとに秘事として扱われていることからも推察出来る。

熟饌の内容や供え方をみると、ごぼうが中核として供えられ、ムラによっては餅やさといもと同格のものとして供えられているのである。つまり、正月祭事になくてはならない供物としてごぼうがあり、それが祭事の主体を成しているといえる。これらごぼうの供物の調理・調製法は各共同体により固有の形で伝承されていることは先に述べたが、共通することは、ごぼうが大豆と組み合わされて供えられる点である。ここでは、その点に注目したいと思う。

表6-1　正月祭事の供物・直会の食物

信仰組織	a 北山の宮座講	b 竜谷の宮座	c 多の観音講	d 保田の富貴寺講*	e 脇本の新頭屋	f 仲山神社氏子	g 国中の十七日講
社・寺号	手力雄神社	三輪神社・竜谷寺	観音堂	富貴寺	春日神社	仲山神社	国中神社
祭りの名称	三日祭り	七日座	牛蒡喰行事	牛蒡喰行事	二月一日座	牛蒡祭(蟇目祭)	総田十七日講
祭礼日（新）	12月3日	1月7日	1月3日		2月第1日曜日	2月11日	2月17日
〃　（旧）		正月7日	正月3日	正月12日	2月1日	正月11日	正月17日
祭式・儀礼	トウヤマツリ 手力雄神社鋼掛け 手力雄神社祭典	三輪神社祭典 七日座 竜谷寺参詣	ボダイボダイ行事 牛蒡喰行事	六県神社祭典 牛蒡喰行事	春日神社祭典 二月一日座 頭屋定め	仲山神社祭典 蟇目八房の弓祭 包丁式	トウヤマツリ こぼう太鼓
神社祭典 神饌	洗米 濁酒 清酒 こ餅一杯 鯛 昆布 海苔 するめ 白菜 人参 大根 さつまいも つくね芋 みかん 干菓子（ビスケット類） 塩 水 榊木 ろうそく	洗米 ツノ樽（清酒） 小餅一重ね** ひし餅** 小豆* 栗** 干し柿** 結び昆布** 橙** 野老（ところ）** 鯛 昆布 するめ ごぼう 大根 人参 キャベツ 白菜 りんご みかん		白米 牛蒡 ご飯 金五銭	清酒 五勺の鏡餅一重ね 鯛 白菜 大根 なすび りんご みかん	洗米 神酒一対 魚留（ボラ）*** 白菜 りんご みかん 塩 水 清酒*** 鏡餅一重ね*** 魚留（ボラ） ごぼう一束*** ごぼう・山椒味噌*** ごぼう・唐辛子味噌***	
トウヤマツリ 神　饌	きな粉をまぶしたごぼう きな粉をまぶした里芋						洗米 神酒一対 塩 水 五合物相 味噌和えごぼう 焼き豆腐 下駄割り大根 丸揚げごぼう たくあん

寺院祭典 仏供		きな粉をまぶしたごぼう 重詰め　黒まめ 田作り 紅白なます	牛蒡御供 (8寸大の生牛蒡に生大豆の汁) 連華餅 こ餅一重ね 橙 酒瓶子一対				
直会の食物	神酒 きな粉をまぶしたごぼう きな粉をまぶした里芋 会席折り膳	神酒 小餅・ひし餅 黒まめ 田作り 紅白なます 会席折り膳 豆腐味噌汁 (きな粉をまぶしたごぼう)	神酒 牛蒡の膳 (ごぼうごま醬油あえ) 連華餅 燗酒	牛蒡御供 (すり味噌・酒・醬油焚き) 大根味噌焚き 真芋とささがき牛蒡 白蒸しご飯 (天盛りに焼き塩と唐辛子) 青菜の味噌汁	神酒 雑煮 焼いたこ餅 里芋 大根 豆腐 白味噌 きな粉 焼いた5勺の鏡餅 ごぼうの太煮 (青のりふりかけ) 数の子 こんにゃくに青のり 会席折り膳 ほうれん草ごま浸し 枝豆塩茹で たくあん漬け	濁酒 魚留の酢味噌和え 味ごんぼ・山椒味噌 味ごんぼ・唐辛子味噌 (味ごんぼは苞の葉に包む)	神酒 燗酒 五合物相 味噌和えごぼう 焼き豆腐 下駄割り大根 丸揚げごぼう たくあん

*『和州祭禮記』に記載のもの。**これらは白半紙にひと包みにして供えられる。野老（ところ）は1995年には供進されていない。***八ヶ村から各々8台供進。

二　儀礼食物「ごぼう」の調理法

ムラの祭りに不可欠の供物として、ごぼうが大豆とともに供えられる。その意味を明らかにするために、ごぼうの供物の調理法を観察してみることにする。

ごぼうの調理法には「塩焚き」、「大豆の汁をかける」、「きな粉（または青大豆粉）をまぶす」、「太煮（太さ四～五センチメートルのごぼうを茹でたもの）」、「すり味噌・醬油・酒で煮る」、「味噌あえ（叩いて引き裂き味噌であえる）」、「丸揚げ（炒めて醬油煮・唐辛子入り）」、「味噌をくるむ（唐辛子味噌・山椒味噌をつける）」などがあり、第四章と第五章にもあげた調理法の「枝豆を炊いて潰したくるめ（くるみ）をつける」、「味噌をつけて焼く」、「醬油漬け」、「ごま醬油あえ」、「ごぼうのハリハリ」、「叩きごぼう」、「酢ごぼう」などを加えてまとめたものが表6―2である。

これら熟饌として供えられるごぼうの調理法や形態については、現存する記録が少なく、以下は、古老の口伝により伝承されてきた調理法である。

塩焚き

食物に塩が使われるようになったのは、澱粉食を始めてから必然的なものとなったといわれるが、ここでは神事としての塩焚きについて検討してみる。

奈良県北山の神饌の調理法には、塩を使うものと使わないものがある。神饌を調製する氏子の話によると、神に供えるものには味は付けないとの伝承があり、秋祭りに神饌としてお供えする赤飯の調製には塩

表6-2　ごぼうの供物の調理法

ごぼうの供物の調理法		調査地															
		福井県	滋賀県	奈良県													三重県
		今立町	信楽町	多	保田	箸中	脇本	北山	外山	竜谷	和田	中白木	修理枝	滝倉	笠	室生	美杉村
	新藁で結ぶ			○					○								
塩	塩焚き							◎		◎							
大豆	きな粉（青大豆粉）をまぶす					◎		◎		◎		◎					
	枝豆を潰してつける		●					◎			◎	◎		◎	◎	◎	
	大豆の汁をかける			○													
	青のりをかける						●										
味噌	味噌をつける（唐辛子・さんしょう味）																◎
	叩いて引裂き味噌であえる	◎															
	味噌をつけて焼く															◎	
	味噌・醤油で煮でる				●												
醤油	炒めて醤油煮（唐辛子入）	◎															
	醤油づけ												◎				
	ごま醤油あえ			●													
	ごぼうのハリハリ						●							●			
	叩きごぼう		●														
酢	酢ごぼう														●		

○供物、◎供物・直会の食物、●直会の食物

は一切用いないが、その一方で、さといもとごぼうは秋祭りにも、三日祭り（毎年一二月三日斎行）にも塩焚きする。とすれば、さといもとごぼうは神へのお供えものではないのであろうか。北山の祭りには神のほかにお供えする対象が存在することが考えられる。

その答えを塩の由来に探ってみよう。塩の起源を海水とするならば、その海水からは海の彼方の世界が連想させられ、祖霊信仰がうかがえないであろうか。

多武峯《とうのみね》山麓のムラの宮座は行事を始める前に大名持《おなんじ》（大汝）参りをする風習がある。宮座のトウヤは吉野川筋の大《おお》

名《な》持《もち》神社（吉野町河原屋、祭神は大国主命）に参拝し、社前の吉野川でミソギをして、その河原の小石を持ち帰り、この小石をお仮屋に奉る（浅古、倉橋、下《しも》の宮座　以下、宮座を省略）、祭り当日トウヤの風呂に小石を入れて座衆一同ミソギをする（下、上の宮）、トウヤ渡しの儀式において小石を三宝にのせて杯と同じ順序で廻す（下）、糯米を洗う際小石を水の中へ入れて清める（上の宮、脇本）、水を清めるためトウヤの水壺の中へ小石を入れて置く（高田、山田）、トウヤの床の間に安置し、毎日御燈明をあげて礼拝する（膳夫《かしわで》）、などの行いをする。この大名持神社は、江戸時代の『大和名所図会』に、「社前に潮生淵あり毎年六月三〇日潮水湧出す」（図6―1）と記述のある場所である。

　このように、大名持参りにより、潮水が湧き出るという河岸から持ち帰った小石はトウヤマツリの主軸となるのである。これら一連の座の行いを観察すると、塩を使う調理法の起源は海の彼方から祖霊を呼び

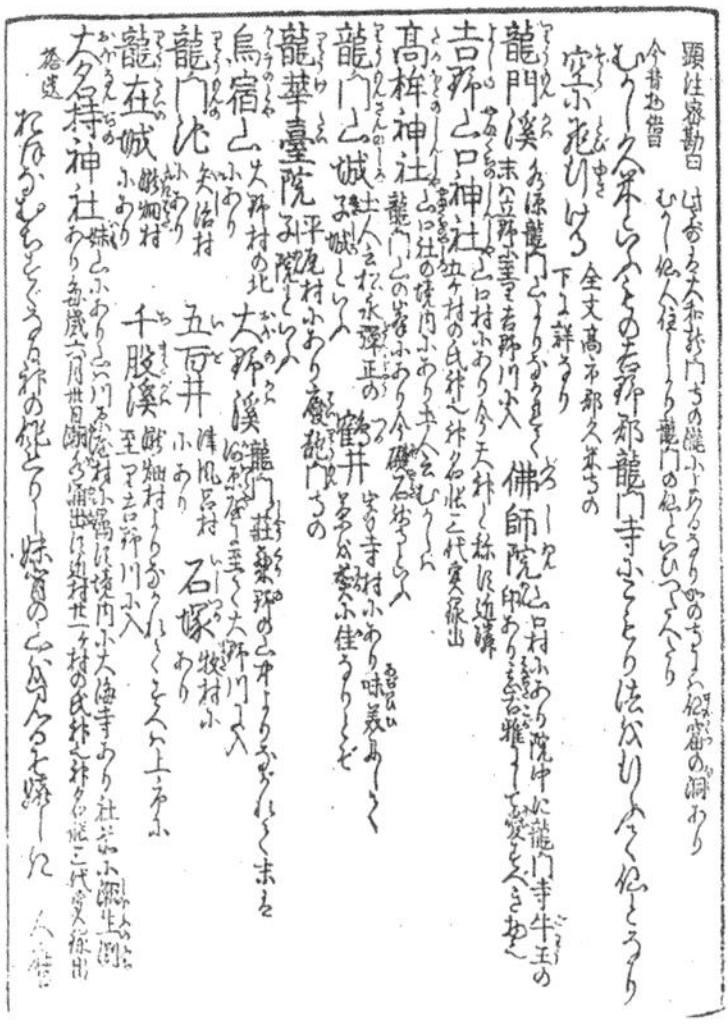

図6－1　大名持神社の由緒
「社前小淵あり毎年六月三十日潮水湧出」と記す（『大和名所図会』1791）

図6－2　さといもにくるめ（潰した枝豆）を塗って串にさす
(奈良県桜井市北山の秋祭り）

寄せるための方法であったものが、次第に食物を美味しくするための調理法へと工夫が加えられていったと考えられるのである。

「くるめ」（枝豆を炊いて潰す）をつける

枝豆を炊いて皮を取り、あんのように潰したものを「くるめ」または「くるみ」（以下「くるめ」または「くるみ」と記す）という。奈良県北山の秋祭りには、神饌としてお供えする畑作物の中でもごぼう、こんにゃく、さといも（頭芋）にこの「くるめ」を塗りつける。「くるめ」をつけたさといもは串に刺して供えるので、形状は芋田楽によく似ている（図6—2）が、現代において芋に塗るものは大豆を発酵させた味噌である。

滋賀県信楽《しがらき》町の秋祭りには、神饌として円錐形に盛った「くるみ」が供えられ、直会《なおらい》にはごぼうに「くるみ」をつけた「くるみごぼう」がにごり酒とともにふるまわれる。

奈良県北部の山辺郡や生駒市の一部では亥の子祭りに青大豆を茹でて皮を取り、石臼で潰してあんをこしらえ、このあんに砂糖を入れて搗《つ》きたての手祝い餅につけて食べるが、これをくるみ餅という。このような食べ物は、東北地方ではずんだ餅、信州ではのた餅、ジンダミソとして伝承されている。

畑作物のごぼう・こんにゃく・さといもは「くるめ」をつけて供物に、稲作物の「くるみ餅」は直会の食物として供されている。

大豆の汁をかける

奈良県田原本町多《おお》の観音講は、正月三日に先祖代々菩提の追善供養と五穀豊穣祈願に「牛蒡喰行事」を斎行する。観音堂の供物の主役は「蓮華餅」と「牛蒡御供」である。このごぼうの調理法はアク抜きをした白い生ごぼうを二五センチメートル長さに切って直径一〇センチメートルくらいの束（約一五本）になるように新藁で束ね、祭り当日の早朝、その上に潰した生大豆の汁をかけたものである（図6―3）。現在はミキサーを用いて大豆を潰すが、この潰し方にも作法があり、大豆の粒が少し粗く残った状態をよしとするようである。このごぼうはお供えものであり、直会には、湯焚きしたごぼうをかつおの出し汁と醤油と白ごまであえたごぼうのごま醤油あえが肴として供される。

図6-3　ごぼうに大豆の汁をかける
(奈良県磯城郡田原本町多「牛蒡喰行事」)

　現代において、生大豆の汁をかけた供物の「牛蒡御供」は、昭和一二（一九三七）年当時の調査によれば「沸騰した大豆の汁をふりかけた牛蒡の膳（一膳百十匁）」とあり、さらに「牛蒡の膳にもち米約一升をつけて一人前の膳の献立とし、この行事一回に、ごぼう約四〇貫（一五〇キログラム）ともち米約六升を消費した」と記録されている（辻本 1944）。昭和一二年の「牛蒡喰行事」では、ごぼうの供物にかけたのは「生大豆の汁」ではなく「沸騰した大豆の汁」であった。

　奈良県の東部山間地、大和高原に位置する月ヶ瀬の長引八王神社では、毎年三月二日に例祭である和布《め》祭を執行する。この祭りには神饌として和布（海藻の一種でアラメという）が主に供えられるのでこの名称で呼ばれている。神饌の調製には、最初に大豆を煮込み、その汁でごぼうを煮込み、さらにその汁でアラメを煮る。煮付けるのは男の仕事である。調製の方法は、まず、アラメは煮沸して七日間水に浸し、十数回水洗いして大豆の汁で煮込み、直径一メートルの浅桶に富士山のよう（円錐形）に盛り上げ、そのアラメの表面にくるみを塗り付け、頂上にサカキ（榊）を立てて供える。大豆の汁で煮込んだごぼうは三〇センチメートル長さのものを油炒めして一人に二本ずつ分配する。直会にはアラメとごぼうがごちそうになる（『月ヶ瀬村史』）。

以上、神饌や供物に「大豆の汁」を用いる事例を紹介した。田原本町多の「牛蒡御供」であるごぼうにふりかけた「沸騰した大豆の汁」、さらに、月ヶ瀬の和布祭には神饌の調理法として、大豆を煮込み、その汁でごぼうを煮込み、さらにその汁でアラメを煮るなど「大豆の汁」を用いて調理・調製する方法が現存している。いったい「大豆の煮汁」とはどのようなものであろうか。

鎌倉時代末期の『厨事類記《ちゅうじるいき》』（一二九五年以降）は、宮中の食膳を記したものであるが、その中に「調備部。四種器。酢。酒。塩。醤。或止レ醤用二色利一。裏書　色利《いろり》煎汁。イロリトハ大豆ヲ煎タル汁也云々。或鰹ヲ煎タル汁也云々」（図6―4）とあり、「酢、酒、塩、醤」の四種が食膳に置かれる調味料として供されている。「醤」の代わりになるものとして「色利」があり、イロリとは大豆や鰹を煎じた汁のようである。こうしてみると、どうやら「大豆の煮汁」とは「大豆の煎汁」、すなわち「イロリ」という調味料であるらしい。

これと同じような料理様式は、平安時代の『類聚雑要抄《るいじゅうざつようしょう》』にも収められていて、藤原忠道の大饗《だいきょう》料理（貴族社会のハレの日の盛大な饗宴）の献立にある四種器にも「酢・酒・塩・醤」の調味料が食膳に添え置かれ、これで味をつけて料理を食べたといわれる（原田 2005）。

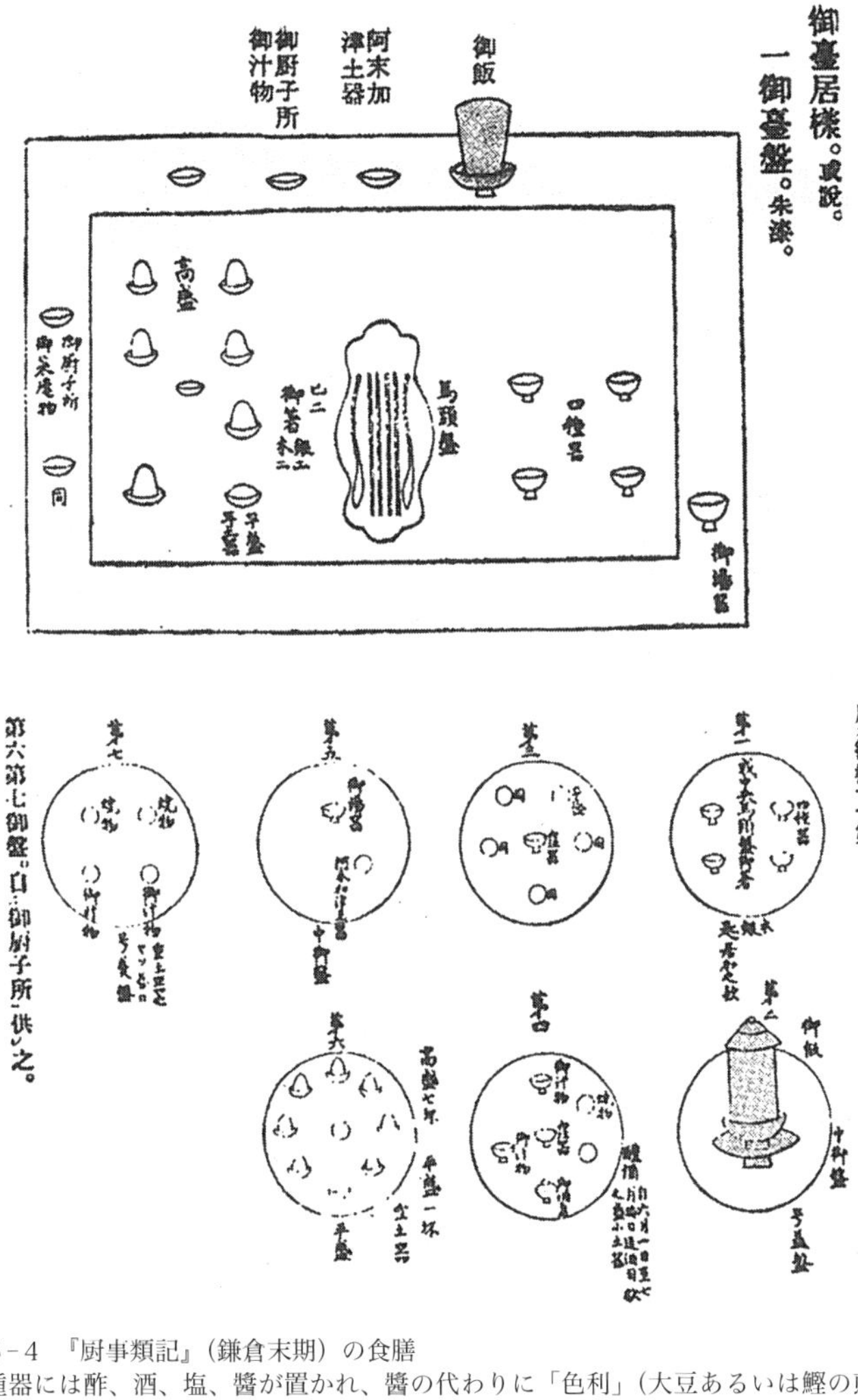

図6－4　『厨事類記』（鎌倉末期）の食膳
四種器には酢、酒、塩、醬が置かれ、醬の代わりに「色利」（大豆あるいは鰹の煎汁）を用いるとある。

食膳に調味料を添え置く作法は、中国の紀元前一二〇〇年、古代第三王朝の史実『周礼』にある。その記述には「八珍の美、醬百二十甕を用う」とあり、この醬は獣、魚肉をたたいて、あるいはその血液に塩と美酒を和し、瓶に封じて百日にして成るという調味料であるという。また、孔子が論語に「醬なければ食せず」と記したのも、この醬であり、食膳の礼節として醬が欠くべからざるものであったことがあげられる。『礼記』に「醬は啜《すす》るべからず」とあり、汁気の多いのは粗品で、汁気の少ないのが高級品と注釈されている（川村 1984）。このように、中国には醬という調味料は食膳の礼節として欠くべからざるものであった。

平安から鎌倉時代にかけての貴族社会における大饗料理は中国文化の影響を強く受けた食礼食であることから、その食膳には調味料として「醬」が欠くべからざるものであり、その代わりになるものとして「鰹の煎汁」や「大豆の煎汁」があったといえよう。

現代の「牛蒡喰行事」を観察すると、供物《くもつ》のごぼうの調製法には生大豆の汁がふりかけられ、沸騰した大豆の煮汁をかけた作法は伝承されていないが、直会には神酒《みき》とともにふるまわれるのは「ごぼうのごま醬油あえ」である。

日本で醬油が一般化したのは近世からといわれるが、この時代の醬油は農家ではぜいたくなものであり、昭和一六（一九四一）年においても醬油を使ったものはご馳走であった（瀬川 1971）。昭和一二（一九三七）年の「牛蒡喰行事」には醬油が使われた記録は一切ないから、直会《なおらい》のごぼうのごま醬油和えは、戦後、新たに出現した調理法と考えられる。

ごぼうの供物に「大豆の汁」をふりかけた儀礼作法が、現代の行事では「醬油で和える」調理法に移行していることが興味深い。

きな粉（または青大豆粉）をまぶす

北山では秋ジマイの「三日祭り」（一二月三日斎行）には形や大きさの整ったさといもとごぼうを選り分け、さといもは丸ごと、ごぼうは約六センチメートルに切って塩焚きにしてからきな粉を一面にまぶし、それぞれ重箱に詰めてトウヤマツリの神饌として供える。

また、竜谷の正月祭事には約四五センチメートルの細長いごぼうを一〇本ほど塩焚きにしてからきな粉をまぶし、それを半紙に包んで紅白の水引きをかけ、竜谷寺（地蔵院）の供物とする（図6―5）。このようにごぼう、さといもの畑作物は、一面にきな粉の衣を纏《まと》って供えられるのである。

一方、きな粉をまぶす作法は、稲作物である餅にも伝承されている。

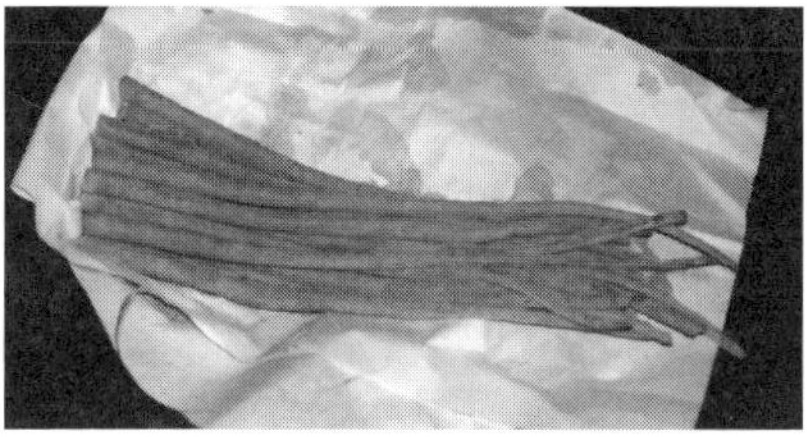

図6-5　ごぼうにきな粉（豆の粉）をまぶす
上：ごぼう・さといもにきな粉をまぶして重箱に詰める（桜井市北山「三日まつり」）
下：ごぼうにきな粉をまぶして半紙に包み、紅白の水引きをかける（桜井市竜谷「七日座」）

図6-6　三献の肴「かずのこ」「ごぼうの太煮」(中央)「こんにゃく」
(桜井市脇本「二月一日座」)

きな粉をまぶす作法は、脇本の新頭屋のマツリ、「二月一日座」の雑煮に伝承されている。その座マツリの直会の食物として、御神酒に次いで供される雑煮は、白味噌の汁に焼いた丸餅、さといも、大根、豆腐の具が入ったものであるが、この雑煮の食べ方は椀から餅を取り出して砂糖入りのきな粉（青大豆の粉）をまぶして食べるのが作法である。

この作法について、土地の人は餅に味がないからきな粉をまぶして食べるという。この食習については後述するが、この食べ方は奈良の雑煮餅に特有のものであり、このような雑煮の食べ方は、現在も奈良盆地から吉野地方一帯にかけて、さらには、京都府南部の相楽郡および加茂郡に伝承されている。

きな粉をまぶす調理法も、畑作物は供物になり、稲作物は直会の食物である雑煮餅の食べ方になって伝承されているのである。

太煮

脇本の新頭屋のマツリ、「二月一日座」（二月第一日曜日斎行）には神饌として五勺の鏡餅一重ね（古記録では四重ね）が一組供えられ、式三献の饗宴の膳にはお供えの鏡餅を忌火で焼き、その上に三献の肴が盛られる。一献目には青のりをかけたごぼう太煮、二献目に数の子、三献目にはこんにゃくがすすめられて盛られる（図6―6）。「二月一日座」の記録には「牛蒡太煮青ミ」とあり、青ミは青のりのことである。

この脇本の「二月一日座」の饗宴は、中世末頃に成立した本膳料理に初献、二献、三献の形式を踏まえたものである。この供応の席での一重ねの鏡餅の上に、先のごぼうの太煮など肴を重ねて飾る形式は、お節の重詰が一般化する前の形態であろうか。

すり味噌・醤油・酒で煮る

保田の「牛蒡喰行事」は、現在は斎行されていない。以下は、古老の村田哲夫氏からの聞き取りと『和州祭禮記』を参考にしてまとめたものである。

古老から聞いた話しでは、この行事は第二次大戦後行われていないという。戦前の行事の献立には太い牛蒡の味噌焚きがあった記憶があるだけで、富貴寺講には伝承されている記録もなく、詳細は不明である。しかし、昭和一二（一九三七）年二月には、すり味噌・醤油・酒で煮たごぼうが存在した。

その記録によれば、この行事は正月の節会の儀式の一種であるという。この日は六県神社に「白米、牛蒡、ご飯、金五銭」を献じ、玉串拝礼の後、富貴寺にてこの行事を斎行している。「牛蒡喰行事」の献立は、「五重の塔の形に盛った煮《う》でた牛蒡、味噌焚きの大根、真芋一個と笹掻《ささがき》の牛蒡の盛り合わせ、白の蒸ご飯一人前四三〇匁（約一・六キログラム）を六寸（約一八センチメートル）角に盛った上に焼塩少々と唐辛子一個を乗せたもの、青菜の味噌汁」の五品である。五重塔の形に盛ったごぼうの調理法は、まず二斗釜一釜につき、酒三升、摺味噌二升、醤油八合を入れて、ごぼうを約五時間煮た後、このごぼうを長さ二寸七分（約八センチメートル）に切り、一人前三八〇匁（約一・四キログラム）ずつ四ッ目の小椀（四つの組み合わせ椀のなかの一つ）に五重塔の形に盛る。盛り方は太い方を下に、細い方を上にして、高さ約八寸（約二四センチメートル）に積みあげる。よってこれを「五重の塔、または牛蒡の塔」と呼ぶ。この行事一回にごぼう約七〇貫（約二六三キログラム）を消費したという。

味噌あえ（叩いて引き裂き味噌であえる）

福井県今立町国中の「十七日講」（毎年二月一七日斎行）は別名「ごぼう講」と呼ばれる。この祭りの供

図6-7　蒸したごぼうを叩いて引き裂き、味噌であえる（福井県今立町国中「ごぼう講」）

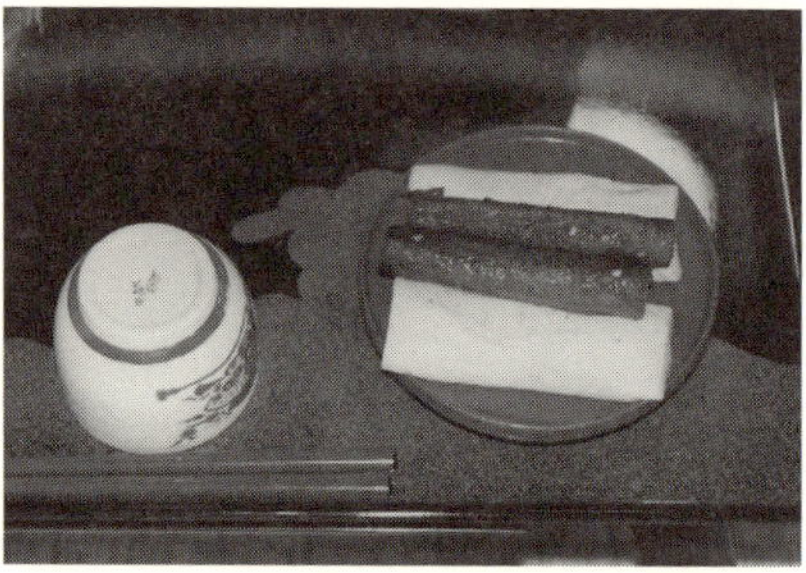

図6-8　丸揚げごぼう
（福井県今立町国中「ごぼう講」）

物である「味噌あえ」ごぼうの調理法は、八寸大（約二四センチメートル）のごぼうに酒を振りかけて、蒸したものをすりこぎで叩き潰し、これを手で引き裂いて味噌であえたもので、いわゆる「たたきごぼう」（図6—7）である。直会には、一人前の量である約一・五キログラムのごぼうを器にこぼれんばかりに高く盛り上げる。これを供する作法があり、手でごぼうを持ち上げて口に運ぶのが習わしである。

「タ、キ牛房」の初見は室町時代初期の『多聞院日記』（1478）にある。この時代の史料に正月料理として多出する（第二章参照）ことから、このころに確立した調理法といえるが、冷泉家の年中行事の大晦日および元旦の膳には「たたき牛蒡、数の子、ゴマメ、黒豆、クワイの五種（この五種を組重という）」が皿に盛って供される（荒川、小寺 1987）ことにより、調理法としては室町初期よりさらにさかのぼると推測される。

丸揚げ（炒めて醤油煮・唐辛子入り）

先の事例と同じ福井県今立町国中の「十七日講」の供物である。供物の名称は「丸揚げごぼう」といわれるが、この調理法はごぼうを三寸大（約九センチメートル）に切ったものを丸のままゆでてから油で炒め、醤油、砂糖で煮て、唐辛子をふったもので、丸揚げといってもきんぴらごぼうとよく似た調理法である。このごぼうをたくあんの上に載せて盛り、供物とする（図6―8）。調味料として醤油と砂糖を用い、調理法は油炒めであり、たくあんとの盛り合わせからみて、江戸時代の調理法になるであろう（『日本食物史』2009）。

この「十七日講」の記録は、宝永二（一七〇五）年の「白崎家文書」にある。白崎家は代々庄兵衛を名乗り、その当時の庄屋を務めていたが、「総田十七日講宿附立帳」には宝永二年以降の講宿が記されている。その「白崎家文書」にある講のふるまいには、「米、墨（黒）米（玄米であろうか）、とうふ、酒」の記述があるのみで、ごぼうについての記載は一切ない（『今立町誌』）。しかし、この講を「ごぼう講」と呼び、大量に消費されるごぼうをみると、祭りの主体は畑作物のごぼうであることには間違いない。

図6-9　茹でたごぼうを山椒味噌・唐辛子味噌でくるむ（三重県美杉村「牛蒡祭」）

味噌でくるむ（山椒味噌・唐辛子味噌をつける）

三重県一志郡美杉村下之川の仲山神社の「牛蒡《ごんぼ》祭」（毎年二月一一日斎行）には、山椒味噌または唐辛子味噌をつけたごぼうが神饌として供えられる。祭りには神供としてごぼうを各戸からトウヤに供出し、そのごぼうを二つまたは三つ切り（四つ切りにはしない）にして、酒をふりかけて蒸したものを山椒味噌または唐辛子味噌をたっぷりとつけて朴《ほう》の葉に盛るのをしきたりとする（図6—9）。平成一一（一九九九）年の祭りには八か村から味噌をつけたごぼうが八台供えられた。「牛蒡祭」の由緒は「強壮薬といわれたごぼうを食べて精力強進作りをすることにより、家族の繁栄を願う祭りである」といわれ、慶長一〇（一六〇五）年の「頭屋帳」が現存する。

以上、奈良県、福井県、滋賀県、三重県のムラの正月祭事や秋祭りに伝承されているごぼうの神饌・供物や直会《なおらい》の食物を通してその調理法について検討してみた。

ごぼうを調製する方法は、各ムラの共同体により、固有の形態で伝承されているが、共通することはごぼうが大豆と組み合わされて供えられるということである。

ごぼうと大豆を組み合わせた調理法は、その季節に最も多く収穫できた食材をより美味しく調理し、加工したものと考えるが、「くるめ（くるみ）を塗りつける」、「大豆の汁をかける」、「きな粉をまぶす」、さらには「味噌をつける」、「味噌あえ」、「醤油煮」など、これら一連の大豆利用の象徴的ともいえる行為について、次に考えてみたいと思う。

三　大豆利用の意味

日本の年中行事の食物として大豆を用いることでよく知られているのは、正月元旦の膳に屠蘇《とそ》とともに祝う三ツ肴または祝肴の数の子、黒豆、田作りがあり、近畿圏ではさらにたたきごぼうがあげられる。この日に食べる料理をお節《せち》料理といって、数あるお節料理の中でも、この三種は筆頭にあげられる。また、節分の行事に豆撒きをする風習は全国的に行われているが、大豆は鬼を払う呪術的な役割をもつものとして登場する。この日の豆を福豆といい、煎り大豆にして、この夜、年齢より一つ多くの大豆と鰯《いわし》を焼いて食べる。節分の日の翌日は立春であり、冬から春になる折り目、つまり節の日に大豆を用いて鬼を払うのである。

このような節日を古くは神祭りの日といい、神の到来する日に神に捧げた供御《くご》が節供である。その供御と同じものを神前にて神人共食することがお節料理に発展したといわれ、それぞれに意味や由来が伝わっているが、いずれも豊穣と一年の息災を願うもののようである。

これら年中行事に大豆を用いることの意味について、その答えの手掛りになると思われる興味ある記述をあげてみよう。

平安時代の『延喜式』（三二大膳）には「鎮魂　皇后宮、東宮亦同、（中略）大豆一合八勺七撮、巳上七種神四座菓餅料」（傍点筆者）とあり、正月元日の「鎮魂」のマツリに大豆を用いている。また、日本最古の医書である『医心方』には「本草に云う。（中略）煮て汁を飲めば鬼毒を消し、痛みを止む。（中略）久しく服すれば、人をして身を重からしむ、炒って粉にしたものは、味甘にして胃中の熱を治療し、腫れをとり、痺を除き、穀を消し、脹を止む。（中略）大豆、初め服したるときは、身重きに似たる。一年の後には便《すなは》ち身を軽からしめ、陽事を益す。煮て之を（汁と一緒に）食べると、一切の毒の気を除く。又、生にて擣いて飲に和するときは一切の毒を療す。服して、之を塗れ」などの記述がある。大豆の利用のなかでも、煮汁の飲用には「鬼毒を消し、痛みを止める」、炒り粉には「胃中の熱を治療し、腫れをとる」などの効用があり、さらに、大豆を常食すれば身が軽くなり元気になることや、健康を害するすべてのものを除くなど、大豆の食品としての価値が記されている。

奈良県御所《ごせ》市蛇穴《さらぎ》の野口神社で行われる「汁かけ祭り」（毎年五月五日斎行）は、みそ汁をわらで作った大蛇に振りかけるという奇祭である。五穀豊穣を願うこの祭りは、大蛇に化けた娘にみそ汁をかけて鎮めたことに由来するものであるというが、みそすなわち大豆の煮汁をかけることと同じ意味のものであろう。

このように、大豆の煮汁および炒り粉を用いる行為は、一年の節の日つまり折り目の日に魂を鎮め、延命をのぞむ願いから、供物および食物に用いるようになったと考えられる。大豆は、古来より五穀として重要な食物であったことはいうまでもない。

以上、大豆の利用から興味ある記述および事例をあげてきた。大豆の煮汁や炒り粉には、それぞれ意味があり、由来が伝わっていることがわかり、福井県・滋賀県・奈良県・三重県の畑作儀礼に供えられたごぼう・さといも・こんにゃくに現出した象徴的ともいえる一連の大豆利用は、大豆のもっている栄養や薬用により、「鎮魂」および「毒の気を去る」という呪術的な行為に用いられたと考えたい。

四　「牛蒡御供」（畑作儀礼）から「雑煮餅・くるみ餅」（稲作儀礼）への移行

ムラの祭りに伝承されているごぼう・さといも・こんにゃくの供物を通して一連の大豆を利用した調理法について検討してみたが、これら供物は現代においてはどのような料理に発展しているのであろうか。奈良県の正月祭事や秋祭りなどに伝わる食物について、さらに詳細にみてみることにする。

奈良の正月の雑煮・お節料理

奈良の元日の古風な作法に「若水迎え」がある。年男が朝まだ暗いうちに一番早く起きて身を清め、新しい草履をはき、松明を灯し、新しい手桶と柄杓をもって、井戸や清水の流れるところに水を汲みに行くのである。井戸であればタチバナを入れて「ワカサ、ワカサ」と唱えて汲みあげるところ、また、「ハツミズよ、ハツミズ。黄金湧く、黄金湧く、黄金湧く」と唱えて汲みあげるところなどがある。この汲んできた水を若水といって、神仏に供え、元日の雑煮に入れて炊く（『奈良県史』）。お節には黒豆、数の子、ごまめ（田作り）、ごぼうのハリハリをはじめ、煮しめ、昆布巻、赤えいの煮こごり、ぶり、棒だらなどが用意され、組重に詰められる。黒豆は「無病息災でまめまめしく働けるように」、数の子は「子宝に恵まれ、子孫繁栄」、ごまめは「小さくても尾頭付きで、豊作を祝い、健康を祈る」、ごぼうのハリハリは「ごぼうのように真っ直ぐ深く根を下ろして仕事に励み、細くとも長く堅実な家庭生活を願う」、赤えいの煮こごりは「正月にこれを食べると裕福な気分になり、ええ（えい＝よい）正月が送れる」などそれぞれお節の食物には由来があり、健康や子孫繁栄の願いが込められている。雑煮を仕立てるのは男子の役目であり、「まめに暮らせるように」と根っこの付いた豆殻で焚きつける。奈良の雑煮は味噌で仕立てたもので、汁のなかには焼いた丸餅、さといも、祝い大根（雑煮大根ともいわれ、小振りの細い大根）、にんじん、豆腐の具が入ったものである。大根・にんじんは家庭円満にと丸く切り、さといもは切らずに丸いまま用いるが、東山中《ひがしさんちゅう》の山添村や月ヶ瀬村では大きなさといも（ヤツガシラ）を「人の頭《かしら》に立てるように」と丸ごと椀に盛るのがしきたりであり、こんにゃくも入る具だくさんの雑煮である。この雑煮の仕立ては一般的な関西風のものであるが、餅の食べ方は雑煮椀から餅を取り出して砂糖の入った豆の粉（きな粉や青大豆粉）をつけて食べる（図6―10）のが作法で、まさしく関西風の雑煮とあべ川餅の組み合わせなのである。このような食習は、現在も奈良盆地から吉野地方にかけて受け継がれている（図6―11）もので、唯一奈良の雑煮に伝承されている食べ方である。土地のひとは「餅に味がないから豆の粉をつけて食べる。昔から雑煮の餅はこうしたものだ」と語り、「まめであるように」との謂われもある。

ところで、雑煮を祝う習慣ができたのはいつごろであろうか。文書史料に雑煮があらわれるは、室町時代の『山内料理書』(1497) が初見である。この時代、雑煮は正月に限られたものではなく、祝いごとの酒の儀礼である三献の肴のひとつとして供応されている。

雑煮が室町時代に成立したのであれば、この時代の奈良の食習俗を知る史料として『多聞院日記』(室町時代末期〜江戸時代初期) が参考になる。『多聞院日記』には、正月に「初コンソウニ　二コンマメノコ」「初コン　マメノコモチ」「マメノコ餅」や八月に「クルミアエ」の文字が散見するのである。この記録からみると、正月の雑煮や餅には「マメノコ」(豆の粉) を用いることは明らかであるといえ、餅を食べる

図6−10　奈良の雑煮
雑煮餅を椀から取り出してきな粉をつけて食べる

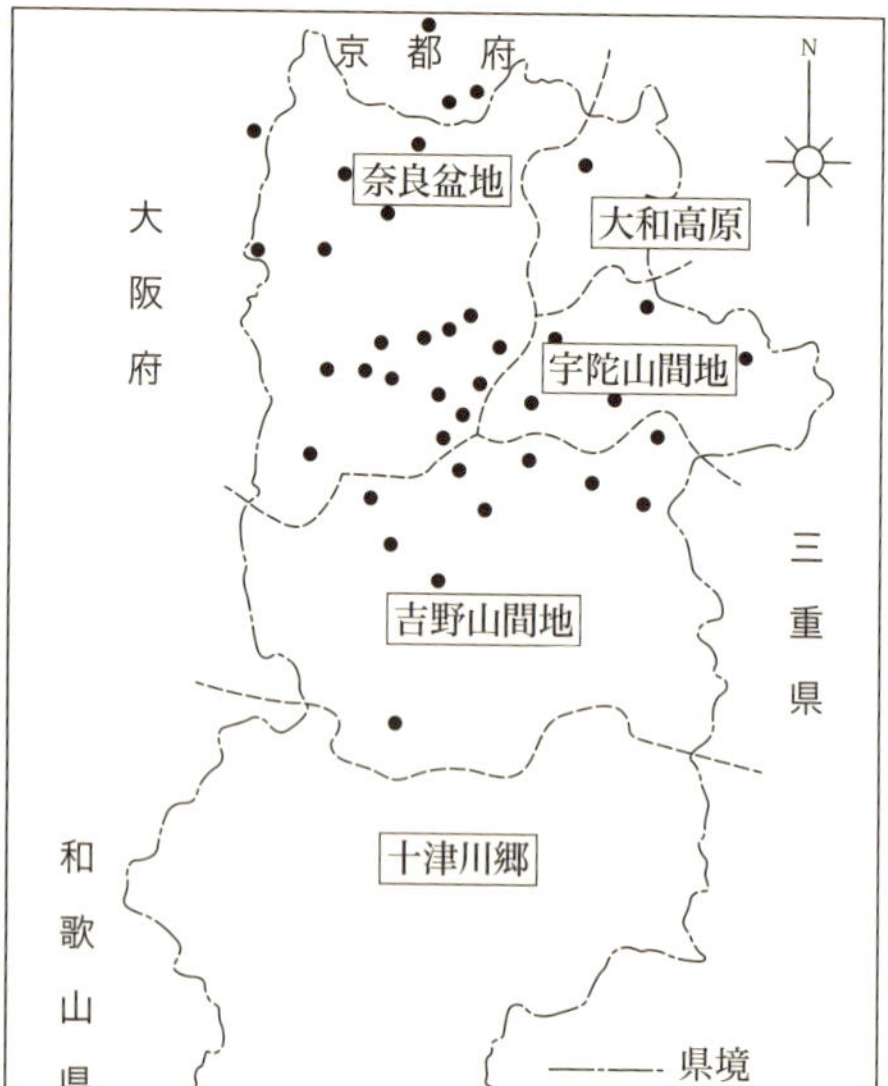

図6−11　雑煮餅にきな粉をつけて食べる地域 (奈良県)
(●印は椀から雑煮を取り出し、きな粉をつけて食べるところ)

作法として豆の粉やくるみを添える食習俗は室町時代末期まで遡ることができる。

奈良の大安寺に伝わっている唄に「ごりごりと食べる棒鱈《ぼうだら》、年寄り泣かせ、明日の祝いにゃ、豆の粉食わそ」（『奈良県史』）という唄がある。常民の食習俗が端的に表現されているといえ、正月に欠かせない食物として、年取りの魚には棒鱈があり、祝いの食物には豆の粉があったことが知れる。この豆の粉はおそらく雑煮の餅に用いたものであったろう。この唄が作られた時代は明確ではないが、常民が正月に雑煮を祝う習慣が定着したのは江戸時代初期のことになる（『日本食物史』2009）から、常民が豆の粉で雑煮を祝う食習は江戸時代には成立していたであろう。

奈良の田植え行事、半夏生、秋祭り、亥の子祭りの食習

奈良県には正月の雑煮を豆の粉で祝う食習があるように、一年を通した農耕行事に大豆はなくてはならない食物である。表6―3に、餅やご飯を大豆とともに祝う行事をあげた。

室生村では、昔はさびらき（田植え）の食事に「よう花が咲くように」とご飯に豆の粉をふりかけて食べたという（『室生村史』）。また、大和高原地域の山辺郡、添上郡、宇陀郡の山里では田植えの期間の食物として「ふき俵」（「さびらきご飯」または「大豆ご飯」）があり、煎った大豆をご飯に入れ、俵形のおにぎりにしてふきの葉で包んで食べた。

さらに、奈良盆地でもとくに橿原、桜井地域では、小麦の収穫が終わり、田植えの仕事も一段落した半夏生《はんげしょう》（夏至から数えて一一日目）に「はげっしょう餅」を搗いて食べる。この餅は、もち米と半つぶしの押し小麦を半々の割合で搗いた小麦餅であり、きな粉をまぶして食べるのが習わしで、今でもこの時期になると農家では拵えている。

表6-3　餅・ご飯の供し方（奈良県）

祭礼	餅・ご飯の供し方		伝承されている地域
正月	雑煮餅	きな粉 青大豆粉	橿原市、御所市、桜井市 天理市、奈良市、大和郡山市 大和高田市、生駒市、宇陀市 添上郡、高市郡、山辺郡 吉野郡（大淀町、吉野町、 下市町、東吉野村、黒滝村 天川村）
さびらき （田植え行事）	ご飯 ふき俵 （さびらきご飯）	きな粉 煎り大豆	室生村 山辺郡、添上郡、宇陀市
半夏生	はげっしょう餅	きな粉	橿原市、桜井市
秋祭り	くるみ餅	潰した青大豆	大和郡山市、生駒市、添上郡 山辺郡
亥の子祭り	亥の子餅	潰した枝豆	五條市

そして、奈良県北部の一部では秋祭り（一〇月に斎行）や亥《い》の子祭り（一二月一日または第一日曜日斎行）には「くるみ」（枝豆や大豆を潰したあん）を拵え、これに砂糖を加えて搗きたての手祝い餅につけて食べるが、これを「くるみ餅」または「亥の子餅」という。

このように、先の正月の雑煮をはじめ、田植え行事、半夏生、秋祭り、亥の子祭りの行事食として、「餅・ご飯」に「きな粉・煎り大豆・くるみ」をつけて食べる習俗がある一方で、正月祭事や秋祭り・亥の子祭りの供物として、「ごぼう・さといも・こんにゃく」の畑作物に「きな粉・くるみ」をつけて供える儀礼作法があることを考えると、畑作物の供物の調理法である一連の大豆利用が、正月や亥の子祭りに餅を祝う習慣へと、つまり畑作物から稲作物に伝承が移行したと考えられる。

坪井（1984）は「日本各地の稲の収穫儀礼、例えば能登のアエノコト、中部・関東の十日夜、案山子《かかし》あげ、西日本の亥の子や丑の日などに、稲束や稲の種子俵に大根その他の野菜が供えられるのは、焼畑作物と稲との間に価値の移行ないし転換の起った結果である」と指摘し、水田稲作が優越してくるとトウヤマツリ（焼畑作物の収穫祭）の儀礼食や供物は稲が主体となり、焼畑作物は周辺に押しやられて、副食物的位置や装飾的意味が加えられてくる。このことは畑作儀礼から稲作儀礼への価値移行・転換の結果であり、稲束に野菜（焼畑作物）を供える行為は必然的なものであるという。

こうしてみると、最初は、畑作物の「ごぼう・さといも・こんにゃく」の予祝・収穫儀礼に「豆の粉・くるみ」をつけた作法が、その後、水田稲作が優先すると稲作物の「飯・餅」の予祝・収穫儀礼に「大豆・豆の粉・くるみ」をつける作法になり、畑作物から稲作物に価値が移行したことが考えられる。それが行事食として伝わったのが、奈良の正月の雑煮餅に「きな粉（豆の粉）」をつける食べ方であり、秋祭り・亥の子祭りの餅に「くるみ」をつける習俗である。これら食習は畑作儀礼の大豆利用であったものが稲作儀礼に移行し、転換した結果であろう。

奈良の雑煮餅やくるみ餅に大豆をつける食習は、畑作儀礼がはじまりであることを見逃してはならない。私の研究は、「神饌の調理・調製法から日本料理が発達した」と仮定して出発したものである。神饌の儀礼作法として、一連の大豆利用を観察すると、日本料理における大豆の利用法はこれら儀礼作法がはじまりになったのではないかという思いであり、伝統的な料理の味噌や醤油の使い方にも類似している。最初は大豆の利用であったものが、時代を経て、味噌や醤油の利用になり、日本における大豆食文化・大豆調味料文化の基底になったとみてよいのではないかと考える。

次の第七章では、「ごぼう・さといも・こんにゃく」の供物にみる大豆の儀礼作法から「田楽」料理の発達について考えてみたい。

第七章　焼畑農耕儀礼から発展した「田楽《でんがく》」料理

奈良盆地東南部のムラ祭りには、神饌として「ごぼう、さといも、こんにゃく」の畑作物の三品にのみ、枝豆を炊いて潰した「くるめ（くるみ）」（以下、「くるめ（くるみ）」と記す）や「きな粉」、さらには「味噌」を塗りつけ、これを串に刺し、ムラによっては焼いて「牛蒡《ごぼう》御供」、「芋串」、「蒟蒻《こんにゃく》串」と称して供える習俗があるが、その形状はいも田楽やこんにゃく田楽によく似ている。

一方、同地域において、小正月（一月一五日）には「豆腐焼き」と称し、豆腐に竹串を刺して忌み火（清浄な火）で焼き、ねぎ味噌を塗りつけた食物を、カヤの穂を添えた小豆《あずき》粥とともに供えるところや「オオツゴモリデンガク」といって、大晦日には必ず「デンガク」を食べるところがある。さらに、周辺地域の三重県伊賀地方では土地の名物として、また、郷土料理として、一年を通じ「豆腐田楽」を日常的に供する地域もあり、とくに人が寄り集まる時などは必ず「豆腐田楽」を焼いて食べるという。

これら食習俗をみると、「ごぼう、さといも、こんにゃく」の畑作物を、祭りには「牛蒡御供」、「芋串」、「蒟蒻串」と称して神仏に供える地域には、「豆腐焼き」、「オオツゴモリデンガク」、「豆腐田楽」の行事食や郷土料理が発達しているといえ（図7―1）、「田楽」料理の成り立ちを考える上で非常に興味深い。

「田楽」料理の由来である「田楽といえば豆腐であり、豆腐に味噌をつけ、焼いたのが始まりであるが、その亜流として現れたものが、さといもに味噌をつけたいも田楽、こんにゃくに味噌をつけたこんにゃく

図7-1　「田楽」料理が発達している地域
(調査地)　三重県：上野市・美杉村・伊勢市
　　　　　奈良県：桜井市・都祁村・月ヶ瀬村・室生村
　　　　　愛知県：豊橋市

表7-1　中世〜近世の史料にみる「田楽」料理

文書史料（刊行年）	料理名
京都祇園神社の記録（南北朝時代）	（でんがく）
『蔭凉軒日録《いんりょうけんにちろく》』（1437）	豆腐田楽
『節用集』（室町末期）	田楽豆腐
『山科家礼記《やましなけらいき》』（1328〜1503）	田楽豆府《ママ》、てんかくたうふ、田楽タウフ
『利休百会記』（1590〜91）	とうふでんがく
『日葡辞書』（1603）	Dengacu. 味噌（*Miso*）をつけ、串に刺して炙った豆腐（*To-fus*）
『醒睡笑　一』（1628）	とうふ田楽
『料理物語』（1643）	とうふでんがく
『人倫訓蒙図彙』（1690）	焼豆腐師
『当流茶湯献立指南巻の七』（1696）	唐がらしでんがく
『豆腐百珍』（1782）	木の芽田楽
『豆腐百珍続編』（1783）	目川《めがわ》でんがく、今宮の沙《すな》田楽
『伊勢参宮名所図会巻之二』（1797）	目川でんがく
『東海道膝栗毛』（1802〜09）	田楽
『素人包丁初篇』（1803）	鰯田楽
『金曾木』（1809）	田楽の豆腐
『倭訓栞前編十七底』（1831）	でんがく
『守貞謾稿』（1853）	豆腐田楽　京坂では二本串で白味噌 江戸では一本串で赤味噌
『雲錦随筆』（1862）	熱かべ、田楽
『當流節用料理大全』（不明）	なすびでんがく　山椒みそ 豆腐連串　とうがらしみそ

田楽、また、魚を用いるものは魚田楽、略して魚田ともいう」など、「田楽」料理の起源は豆腐がはじまりであると解く説が主流である（本山1966、多田1984、渡辺1985、志の島・浪川1990、小倉2000）。

「田楽」料理の発達について、中世から近世の文書史料を概観すると表7—1のようになる。

まず、「田楽」が料理として、初めて記録に現れるのは「京都祇園神社の記録」（南北朝時代）であると伝わっているが、この記録が明らかになる文書史料は管見の限りみあたらない。

記録年が明確になるのは、『蔭凉軒日録《いんりょうけんにちろく》』（1437）であり、将軍足利義教からの御下命により、「(永享九年秋七月五日) 今月より御精進日毎に田楽豆腐を献ず可しとの由命ぜられる」とあり、精進日の食べ物として記録されている。次に「田楽豆腐」が登場するのは『節用集』(室町末期)であり、同じころの史料として『山科家礼記《やましなけらいき》』の文明二(一四六九)〜延徳三(一四九一)年の日記には、「田楽豆府《ママ》」「てんかくさけ」「田楽」「田楽たうふ」「田楽」「田楽沙汰」「てんかくたうふ」「てんかく」「さかなてんかくたうふ一器」「てんかくたうふさけあり」「田楽タウフ・酒」などと記録され、さらに「禁裏田楽事」などもあることから、この時代における酒宴の供応料理として「田楽」が盛んに供されていることがわかる。なかでも文明三(一四七一)年の一一月の日記には一二回も「田楽豆腐」が登場し、酒の肴として好んで食べられていたといえる。このころ刊行された『日葡辞書』(1603)には、「Dengacu. 味噌(*Miso*)をつけ、串に刺して炙った豆腐(*To-fus*)」とあり、これら記録の初見からみると「田楽」料理は確かに「豆腐」が主材料であったことになる。

しかし、奈良県とその周辺地域の畑作儀礼として「ごぼう・さといも・こんにゃく」に大豆や味噌を塗り、それを串にさして神仏に供える食習俗を観察すると、「田楽」料理のはじまりは、まずは「焼畑作物」の供物の調理法がはじまりであり、「豆腐」からという説は再考してみる必要があると思う。

本章では、奈良県の畑作儀礼から「田楽」料理の成り立ちについて考えてみたい。

一 奈良県山間部地域の予祝・収穫儀礼

桜井市北山の秋祭りの「牛蒡御供」「芋御供(芋串)」「蒟蒻御供」と小正月の「豆腐焼き」

北山の集落は多武峯《とうのみね》谷筋の標高四五〇メートルに立地する山間地にある。ムラの生業形態をみると、山間地に立地することから、耕作よりも杉や檜の植林や山仕事に比重があるといえる。耕作は一毛作であり、第二次大戦前まで多くの地方で行われていた焼畑耕作は全く行われていないという。毎年一二月には斧・鉈・鋸・鎌などの山行き道具の模型が杉板あるいは檜板でつくられ、神前の古木にかけ渡されて「山の神祭り」が斎行される。

その北山の秋祭り（毎年一〇月二八日斎行）には神饌として「神酒、白飯、赤飯、鏡餅、なすび、橙、豆腐、さといも（頭芋）、ごぼう、こんにゃく」などを供えるが、なかでも畑作物の「さといも・ごぼう・こんにゃく」の三品にのみ「くるめ」を塗りつける。その儀礼作法は呪術的とも、また、意図的に何かの記号を付したとも思える行為である。とくにさといもは串に刺して供えるので「芋串」（図7—2）とも称するが、その形状は芋田楽によく似ている。

図7－2　秋祭りの神饌「芋串」
(奈良県桜井市北山)

図7－3　小正月の供物「豆腐焼き」
(奈良県桜井市北山)

また、小正月（毎年一月一五日斎行）には「豆腐焼き」（豆腐一丁に切れ込みを入れ、竹串を五本刺して焼き、ねぎ味噌をつける）（図7—3）と「小豆粥」をカヤの穂を添えて神仏に供える習俗がある。「小豆粥」は柿やスモモ、梨などの成り木に振りかけるとともに、ビワの葉に盛って外《そと》神様（庚神、水神、地蔵）にも供える。小正月に豆腐焼きを供える由来について、ムラに伝承されるようなものは

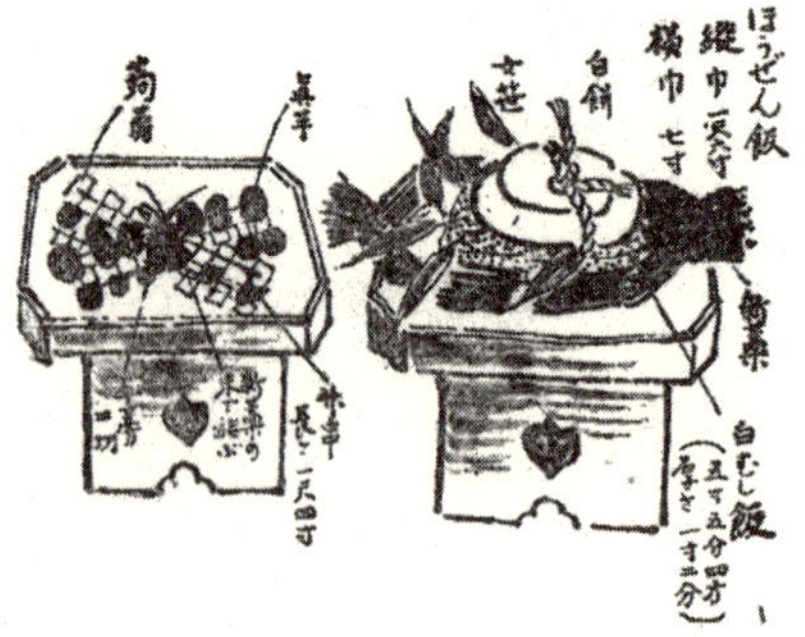

図7－4　亥の子祭りの神饌「芋串」と「蒟蒻串」（奈良県桜井市横柿）（『和州祭礼記』1944）

ないが、『奈良県史　民俗』には「奈良市の東山中に多い習わしで、オオツゴモリデンガクといって、大晦日には必ずデンガクを食べる。このデンガクをご飯の菜にして食べるのをデンガク飯と呼ぶところなどがあり、いずれも貧乏神を追い出す呪法、また、フクマル迎えに行くところもある。この福丸は、福ないし福の神を授ける神、つまり年神（正月神）を意味していると伝えられ、正月に里に降りてきて、子孫の繁栄を見守ってくれると信じていた」とある。

桜井市横柿の亥の子祭りの「串御供」（「芋串」「蒟蒻串」）

横柿の集落も北山と同じ多武峯《とうのみね》谷筋の山間地にある。ムラの生業形態は耕作よりも杉や檜の植林や山仕事に比重があったが、戦後になると山仕事は副業になった。

横柿の亥の子祭り（旧一一月六日斎行）は秋ジマイの祭りである。この日には鉋、斧、鋸、鎌など山行きの道具の模型をつくり、さらに、神前にお供えする「ほうぜん飯（五合の白蒸し飯の上に笹を敷き、五合の重ね餅をのせて注連縄《しめなわ》をかけわたしたもの）」と「串御供」を各一膳ずつ拵える（図7―4）。「串御供」にはさといも（頭芋）とこんにゃくをそれぞれ六個ずつ一尺四寸（約四二センチメートル）の竹串に刺し、それを六串つくって、「芋串」と「蒟蒻串」とを交互に積み重ね、その上に二寸（約六センチメートル）ばかりの生の「牛蒡」を四切れのせて新藁で結ぶ（『和州祭礼記』1944）。

上記の神饌物は戦後には消失しており、現在の亥の子祭り（毎年一〇月六日斎行）には「神酒、小餅一重ね、塩」のみが供えられる。

山辺郡都祁村の正月の「イモグシ」と秋祭りの「いものくるみあえ」

都祁《つげ》村は奈良盆地と伊賀盆地の中間、笠置山地の南半にある大和高原に位置する。この高原地方は奈良盆地(国中《くんなか》という)の東にあたるため俗に「東山中《ひがしさんちゅう》」とも呼ばれ、比較的耕地面積の多い小盆地を形成している。

都祁村は農耕が中心のムラであり、昭和三〇年代前半頃までは、米・麦・茶の栽培が行われてきたが、昭和時代の終わりには麦類の作付けはみられなくなった。明治・大正・昭和初期にかけて盛んであった養蚕は全く消滅し、現在では稲・茶の栽培が中心である。茶の栽培は標高三〇〇~四〇〇メートルの大和高原を中心にすでに約三五〇年前からおこなわれ、現在は「大和茶」として生産されている。

農耕が中心の都祁村であるが、「山の入り」「山の神まつり」が斎行され、正月行事として「ランジョウ」が広く行われている。ムラ行事の場合もあれば、寺で行う場合もあり、天文三(一五三四)年の記録が現存する。馬場地区では、一月八日に神社において新藁でカンジョウナワをない、僧侶がそれを前にして豊作のお経をあげる。氏子全員が山ウルシの棒(ムラによりフジの枝を用いることもある)を二本ずつ持ち、大太鼓の音とともに「ランジョウ」と唱え、床をたたき、悪魔払いをして豊作を祈る。下深川地区では、二月五日が「ハゼのオコナイ」でウルシの木を牛の爪の形に三つに割り、寺からもらって来た牛王の判を押した半紙をはさみ、これを苗代づくりのとき、水口に立てる。この日、寺で僧侶が読経中に「ランジョウ」と唱えると、お参りの人たちはウルシの木で台を力まかせにたたく。その後、「イモグシ」(さといもを五つずつ串に刺し、きな粉をつけたもの)が供応されている。

都祁水分《みくまり》神社の秋祭り（毎年一〇月二六日に斎行）については、都祁山口神社の宮座文書として寛永一八（一六四一）年より宝暦一三（一七六三）年まで書き継がれたものがあるが、その記録の中に都祁水分神社の秋祭りの記述と考えられる「まつりとうの事」の項目がある。そこには、「廿六日の水分へのやすまひ、いものくるみあへ三つくしにさして、壱人にふたくし、たんこにて五ツ」とあり、この日トウヤが用意するものの中に「いものくるみあえ（さといもに青い大豆を潰したものをつける）を三つずつ串にさしたものを一人前二串とだんご五こ」を拵《こしら》えることが記述されている（『都祁村史』）。

このように、山間部の農村である都祁村では、正月にはきな粉をつけた「イモグシ」、秋祭りには「くるみをつけたイモグシ」が供応されているが、これは先の桜井市北山の秋祭りに供えられた芋串と全く同じものである。

山辺郡月ヶ瀬村の例祭のくるみを塗った「イモぐし」

月ヶ瀬村は、先の都祁村と同じ大和高原に位置する。村の全面積の約六〇パーセントが林野であり、落葉広葉樹である。また、林地の間に開かれている耕地の六〇パーセント以上が茶園である。一般の畑作はもっぱら自給食糧の生産に充てるものであった。山仕事として、炭焼きやイノシシ狩りがある。

月ヶ瀬村では、山林の仕事に携わるものの山中の安全を祈願し、また、家の繁栄を祈る「山の神祭」が毎年一月七日に斎行される。この行事は炭焼き・薪作りなど山林の仕事に携わるものの山中安全を祈願するとともに、家の繁栄を祈るものである。この日は山へ入ってはいけないことになっている。七日の早朝、正月に搗いた餅を持って、家中の男だけが参拝する。

月ヶ瀬大神神社の例祭は毎年一二月八日に斎行（古くは秋祭りとして一〇月八日に斎行）される。例祭の前日にはトウヤのものが神饌を調製する。神饌として、さといもの蒸したものを長さ約三〇センチメートルの割り竹に刺してくるみを塗った「イモぐし」一五本（この数は七五三の合数であるという）とせんべいと称する直径約二〇センチメートル大の「餅」、白米の蒸し飯をかぶと（円錐型）に作り、藁で鉢巻きにした「おにぎり」の三種類を拵える。これら神饌物は祭りの日に直径約三〇センチメートルの桶型の器に盛って供え、祭典を行う（『月ヶ瀬村史』）。

宇陀郡室生村の秋祭りの「タタキ牛蒡」

室生村は奈良県の東部に位置し、村の東辺は三重県と境を接している。地形上は宇陀山地から大和高原にまたがり、しかも、伊賀盆地に隣接している。また、宇陀山地の北部を経て伊賀、伊勢に通じる重要な東西交通路にも当たっている。室生村の総面積の約六〇パーセントが室生火山岩から構成されている。村の森林面積は総面積の八九パーセントを占め、樹種別では広葉樹に比して杉・檜・赤松などの針葉樹が七六パーセントを占めていて圧倒的に多い。村の生業はほとんどが農業であり、杉・檜・くぬぎ・さつきの苗木の栽培や茶・果樹類の栽培、酪農、養鶏などがあげられる。村中のほとんどに山の神が祀られている。

室生村竜穴神社の「頭屋日記」（一九四〇年記録、一七七二年一〇月一〇日の「頭屋記録」が現存する）には、一〇月一四日の祭りの神饌として「タタキ牛蒡二把（一把二十クク リ）」が献供されている。その記録によると、ごぼうの調理法は「三寸位ニ切リ、ウデテ竹ニハサミ、味噌ヲヌリツケテ焼クモノ」である（『室生村史』）。この「タタキ牛蒡」と類似の神饌が伝承されているのは三重県美杉村の「牛蒡祭」（毎年二月一一日斎行）の神饌「味ごんぼ（山椒味噌と唐辛子味噌）」である。現代において、竜穴神社の秋祭りには、この「タタキ牛蒡」の神饌は献供されず、伝承も消滅しているが、ごぼうを竹にはさみ、味噌を塗りつけ

表7－2　「でんがく」と民間伝承

県名	民間伝承
奈良県	デンガクを「オオツゴモリデンガク」といい、大みそかには必ずデンガクを食べる。このデンガクをご飯の菜にして食べるのをデンガク飯と呼ぶところもある。 ＊貧乏神を追い出す呪法 ＊フクマル迎え（福の神を授ける神、つまり年神（正月神）を意味し、正月に里に降りてきて子孫繁栄を見守ってくれる）
三重県	でんがくは木の芽の季節のほか、大みそかに食べる習慣がある。 ＊大みそかにでんがくを焼くのは今年一年の無事を感謝し、新しい年の息災を祈って、悪災を焼き払う

（『奈良県史　民俗』、『日本食生活全集　聞き書三重の食事』より作成）

て焼く調理法は「たたきごぼう」というより「田楽」の調理法に類似のものである。

以上、ごぼう・さといも・こんにゃくの畑作物を神仏に供える儀礼のある地域に共通の特徴をあげてみると、

①村の総面積の六〇～九〇パーセントが山間地である
②生業形態は農・林業および山仕事が中心であり、茶の栽培が盛んである
③「山の神」信仰が存在する
④畑作物である「ごぼう・さといも・こんにゃく」に「大豆（くるみ・きな粉・味噌）」を塗り、「串に刺す」などの儀礼が行われる

などがあげられる。

「山の神」の儀礼食物として、畑作物である「ごぼう・さといも・こんにゃく」に「くるみ」や「きな粉」、さらには「味噌」を塗りつけ、これを串に刺して供える作法について、土地の人にたずねても、その行為そのものの意味について語る人はいない。唯一手掛かりとなるのは、同地域に伝わるおおみそかに食べるデンガクの習俗である。これを「オオツゴモリデンガク」といって串に刺した豆腐に味噌を塗りつけ、焼いて食べる、その由来は、「貧乏神を追

い出す呪法」「フクマル迎え（この福丸は、福ないし福の神を授ける神、つまり年神（正月神）を意味しているると伝えられ、正月に里に降りてきて、子孫の繁栄を見守ってくれる）」（奈良県）、また、「今年一年の無事を感謝し、新しい年の息災を祈って、悪災を焼き払う」（三重県）と伝えられている（表7―2）。

これらの伝承から考えてみると「串に刺し、味噌を塗りつけ、焼く」行為は「子孫繁栄を願う」とともに「悪災を焼き払う」と解釈できないであろうか。「牛蒡御供」「芋串」「蒟蒻串」の儀礼食物は、焼畑農耕時代においても大切な食物であったろう畑作物の重要性を象徴的に示し、その豊穣を祈願する予祝儀礼としての表徴の形であると理解したい。

二 「大豆」（くるみ・きな粉）の儀礼から「味噌」の調味料文化へ移行

ムラの祭りに畑作儀礼として供えられた「さといも・こんにゃく・ごぼう」に「くるみ」を塗り付け、「きな粉」をまぶす。これら大豆の調理・調製法を観察すると、日本料理の基本調味料である「味噌」の使い方に類似している。大豆を塗り付けた儀礼的な作法が、その後、時代を経て、大豆から味噌になり、味噌調味料文化の基底になったものとみてよいのではないかと考える。

実際に味噌を儀礼に用いる事例として、三重県の「牛蒡祭」に神饌の中核として供えられるごぼうは山椒味噌・唐辛子味噌をたっぷりと塗りつけたものであり、室生村のたたきごぼうも味噌をつけて串に刺し、焼いたものである。

以上、「田楽」料理の発達について、ムラの祭りに供えられる儀礼食物から答えを導き出してみると、神饌として大豆を塗りつけて供えた「芋串」「蒟蒻串」が「いも田楽」「こんにゃく田楽」に発展したと類推しても、そう間違いではないであろう。

三　「田楽」料理は焼畑農耕儀礼が起源

「田楽」やそれに類似する「ぬた」の料理の由来から興味深いものをあげてみると、どちらも料理名は耕田の行事に由来し、味噌を塗ったり、味噌で和えたりする料理の味噌は田の土を意味するという（志の島 1990）。

また、「田楽」料理の名称となった「田楽」の語源は「田楽とはもとは豊年予祝の目的で行われた田遊びが芸能化して、やがて田を離れて演じられるようになった」と伝えられている（西角井 1992）。

奈良の春日大社では毎年一二月一七日の「春日若宮御祭」に田楽座が五色の御幣をささげ、綾藺笠《あやいかさ》をつけて、編木（ささら）、笛、太鼓で田楽舞が奉納される（図7―5）が、平安時代から伝わるこの祭りは一一三五～三六年（保延元年～二年）の大飢饉のとき、関白藤原忠通が藤原氏の氏神である春日若宮の神をお旅所に奉って五穀豊穣を祈ったのが起源と伝わる（西角井 1992）。

すなわち、「田楽」とは「五穀豊穣」を祈念する「予祝儀礼」であり、民俗学では「稲作に関する芸能およびそれから発生した諸芸能の総称」をいう（『日本民俗学事典』）。

料理の名称である「田楽」になった由来としては、豆腐を串に刺した形が田の神に奉納した田楽舞に類似していたことから名付けられたと伝わる（図7―6）。要するに、稲作物の五穀豊穣を祈念する予祝儀礼に行われた田楽舞の形に類似していたところから、料理の名称になったものであるという（志の島 1990）。

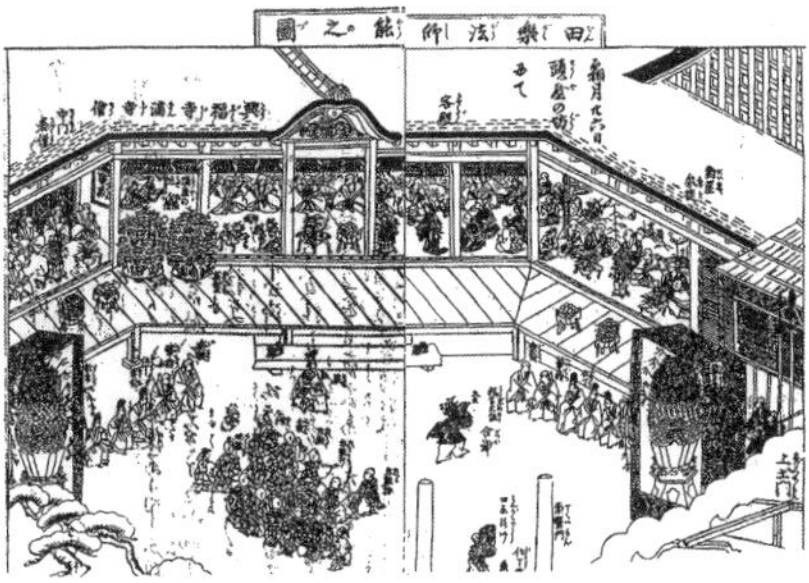

図７－５　「田楽法師能之圖」
（『春日大宮若宮御祭禮図全』）
（資料提供：岡本彰夫氏）

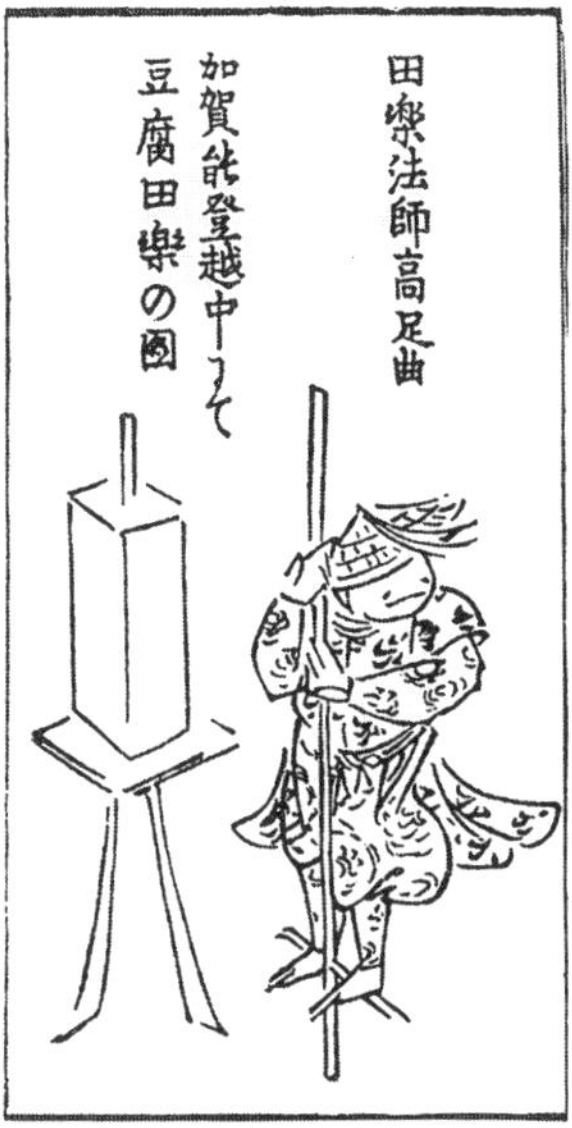

図７－６　「豆腐田楽の図」
（『豆腐百珍続編』1783）加賀、能登、越中では、田楽をいろりに縦に突き刺して焼く

田楽・田遊びの行事名を考えると、確かに稲作儀礼であることに間違いはない。その田楽・田遊びの行事がとくに集中している地域は近畿から東海地方の範囲であり、なかでも奈良県および愛知県、静岡県に多く、静岡県西部を境として、東に行くにしたがい、その数が極端に少なくなっている。そして、その行事の儀礼食物としては、とくに餅と高盛飯が中心であるとの報告がある（中野・馬場 1997）。まさしく、稲作儀礼と関連のある食物が供され、さといもやこんにゃく、豆腐などの畑作儀礼の食物は現出していない。

このように「田楽」の語源および料理の由来について検討してみると、「田楽」とは、その名称の示す通り、稲作儀礼に由来するものであり、畑作儀礼との関連は全く見つからないのである。

しかし、本調査における奈良県および三重県の食習俗を考えてみると、古い時代からさといも、こんにゃく、ごぼうを串に刺し、きな粉や青い大豆または味噌をつけたものが、秋祭りや正月祭事に神饌として供えられ、畑作物の収穫を祝い、豊穣を祈願する祭りが展開されている。その一方で、同地域の行事食として、大みそかには「オオツゴモリデンガク」が、小正月には「豆腐焼き」が供物として供えられ、食べられている習俗があることを考えると、まず出発点は畑作儀礼であり、畑作物のさといも、こんにゃく、ごぼうの豊穣を祈願する儀礼に神饌として供えられた形が、その後、畑作物から白い豆腐へと発展し、「豆腐焼き」「焼豆腐」が発達したことにより、田楽舞に由来した名称が生まれ、「豆腐田楽」の始まりになったことを示唆したい。

四　儀礼食物から郷土料理へ、主要旧街道筋の宿場町の茶受けに発展した「田楽」料理

江戸時代の史料である『人倫訓蒙図彙』(1690)や『豆腐百珍』(1782)には、焼き豆腐や豆腐の田楽を作っている挿図(図7―7)があり、串が一本のものや先が二股に分かれたものなどがあったことがわかる。

「田楽」料理は、とくに、旧東海道筋の宿場町を中心に茶店のお茶受けとして普及し、『豆腐百珍続編』(1783)、『伊勢参宮名所図会　巻之二』(1797)(図7―8)には当時の江州目川茶屋が「でんがく」で賑わっている様子が描かれていることから、近世において「田楽」料理を発達させた大きな要因として宿場町の存在があげられる。宿場町に発達した「田楽」には、東の方から、東三河の「味噌でんがく」、伊勢の「宮川でんがく」、伊賀上野の「伊賀でんがく」、江州の「目川でんがく」、京都今宮神社の「沙《すな》でんがく」、京都祇園の「二軒茶屋のでんがく」などがあげられ、現代においても愛知県豊橋市(「きく宗」)および三重県伊勢市(「いせ松」)、上野市(「わかや」)には「豆腐田楽」が土地の名物料理として継承されている。

図7－7　江戸時代の「焼き豆腐」（左）と「豆腐の田楽」作り
（『人倫訓蒙図彙』1690、『豆腐百珍』1782）

三重県上野市の旧伊勢街道筋にある創業が文化年間と伝わる「わかや」は、伊賀の名物として「伊賀でんがく」を伝えている。その由来によると、戦国時代に「わかや」の先祖である吉増柳益という医者が存在し、柳益は医者としての知識から、味噌と豆腐を山国に暮らす人々の栄養源として奨め、その調理法を田楽に求めて茶屋を開き、「豆腐田楽」を焼き始めたことが始まりであるという。

伊賀の各家庭でも、田楽は郷土料理として伝承され、木の芽が採れる四〜五月頃に田楽味噌を作り、その味噌がなくなるまで一年を通して日常的に豆腐田楽を供する。なかでも親戚や地域の人々が寄り集まる五月の連休時や盆などになると、必ず「豆腐田楽」が焼かれ、バーベキューのように屋外で「田楽」焼きを楽しむ風景が地域のあちこちで見られる。昭和初期ころには、田

図7−8　江州目川茶屋の「でんがく」
（『伊勢参宮名所図会　巻之二』1797）

植えの準備の支度が終わると「豆腐田楽」を食べて力をつけ、「今から田植えを頑張るぞ」と言って田植えを始めたというのである。

奈良県・三重県のムラの祭りには、五穀豊穣・子孫繁栄を祈念し、神饌としてごぼう、さといも、こんにゃくにくるみ（くるび）と称する茹でた枝豆や青い大豆を潰したものを塗りつけ、串に刺し、「牛蒡御供」「芋串」「蒟蒻串」と称して供える習俗がある一方で、大みそかには「オオツゴモリデンガク」を供し、小正月（一月一五日）には「豆腐焼き」を供える習俗があるという事例から、その神饌の食材および調理・調製法に着目し、「田楽」料理の発達について検討してみた。

注目すべき点は、神饌として、畑作物のさといも・こんにゃく・ごぼうの三品にのみ、茹でた枝豆や青大豆を潰したものを塗りつけて供えるという、象徴的、呪術的ともいえるような儀礼作法であり、また、意図的に何かの記号を付したとしか思えない行為として観察されたことである。奈良県と三重県の民間伝承には「でんがく」を食べることにより、「悪災を焼き払う」などのいわれも伝わっている。

以上により、ムラの祭りに儀礼作物として現出した「さといも・こんにゃく」（南方系作物）と「ごぼう」（北方系作物）は二つの系統をもつ畑作物として混在し、さらに、本調査地の山や森を生活の場とする生業形態および山の神信仰の存在を考えれば、これら畑作物はこの地域の「焼畑農耕文化」の諸特徴の名残を留めているといえるのではないか。また、畑作儀礼としてごぼう・さといも・こんにゃくに茹でた枝豆を潰したものや、きな粉、さらには味噌を塗りつけ、これを串に刺して「牛蒡御供」「芋串」「蒟蒻串」と称して供える呪術的ともいえる作法については、ムラの伝承から考えて「子孫繁栄を願い、悪災を焼き払う」ものであるという。行事において大量に消費されるごぼう・さといも・こんにゃくをみると祭りの主体は畑作物の豊穣であり、稲作文化以前に大切な食物であった畑作物の重要性を象徴的に示し、その豊穣を祈願する予祝儀礼的な表徴の形であると理解したい。

さらに、一連の大豆利用の調理・調製法を観察すると、日本料理の基本調味料である味噌の用い方に類似していることから、大豆の儀礼的な作法は、その後、時代を経て味噌が発達してくると、大豆から味噌になり、味噌調味料文化の基底になったものとみてよいのではないかと考える。

以上から答えを導き出してみると、ムラの祭りに大豆を塗りつけ、神饌として供えた「芋串」「蒟蒻串」から「いも田楽」「こんにゃく田楽」が発達したと類推しても、そう間違いではないであろう。

「田楽」料理の発達について、本調査事例における奈良県および三重県の食習俗を考えてみると、まず出発点は畑作儀礼であり、畑作物のさといも・こんにゃく・ごぼうの豊穣を祈願する儀礼に神饌として供えられた形が、その後、畑作物から白い豆腐へと発展し、「豆腐焼き」「焼豆腐」が発達したことにより、田楽舞に由来した名称が生まれ、「豆腐田楽」へと発展したと考える。近世においては地域の郷土料理としても伝承され、とくに主要な旧街道筋の中継地である宿場町を中心に普及したことが、「豆腐田楽」を伝統的な日本料理に発展させた大きな要因になったと考える。

第八章　ごぼう料理の形成から発展へ

日本料理がどのようにして成立し、形成されてきたのか。第四〜第七章では、日本人固有の信仰である神社の「神饌」をキーワードに、日本料理の発展について論考してきた。

日本の祭りのなかでも、春は五穀豊穣を祈願し、秋に収穫を感謝するムラの祭りは農耕行事そのものである。祭りの中枢を成す神事は神饌の献供であり、その神饌品目が祭りの名称となっているものも少なくない。

すでに第四章において紹介したように、福井県今立町国中の「ごぼう講」をはじめ、滋賀県信楽町の「ごんぼ祭」、奈良県磯城郡多の「牛蒡喰行事」、三重県美杉村の「牛蒡祭」は正月祭事や秋祭りとして斎行されるが、祭りの名称であるごぼうが供物の中核を成し、大量に消費される。ごぼうが古い時代において、きわめて重要な食料であったことをうかがい知る事例であり、それは日本人固有の食文化と考えることが出来る。

ごぼうは日本に渡来した数多い植物のなかのひとつである。そのなかでも大陸からは薬用として伝わったものが、日本において独自の発展をし、蔬菜としての地位を確立したのはごぼうだけであるといっても過言ではなかろう。

ごぼうが薬用から蔬菜として用いられるようになるまでの過程については、第二章の「ごぼう利用の歴史」で述べた通りであるが、本章では、日本の料理文化が成熟し、完成期を迎える江戸時代に普及したごぼう料理にスポットをあててみる。この時代になるとごぼうの著名品種もあらわれて、ごぼうを用いた料理はさらに多種多様に発展していくのである。ここでは日本固有のごぼうの食文化が完成される過程を江戸時代の料理書を通してみていくことにしたい。

一　料理文化の成熟とごぼうの名産品の産出

江戸時代に入ると、江戸や大坂の都市部においては料理文化が盛んになってくる。多くの食べ物に名物・名産品があらわれ、ごぼうの名産品も各地で産出されるようになる。京都では八幡ごぼうや堀川ごぼうなどが、江戸近郊では梅田ごぼう、大浦ごぼうなどがその著名な品種の代表になる。

日本の各地域においてもごぼうが盛んに作られるようになり、ごぼうは祭り、盆、儀礼などのハレ食はもちろんのこと、日常食においても料理の食材としてなくてはならない蔬菜になっていく。

江戸時代も文化・文政期（一八〇四〜二九年）のころになると、江戸は米喰い都市、食い倒れの町とまでいわれ、江戸庶民の日常食も米を常食とする食事が普通になった時代に、『続飛鳥川』（成立年不明）には次のような一節があらわれる。

「只食物の結構なる事と、売れる事、今より増ることよも有まじ。昔は奢《おごり》がましき事少しもなく、三度の食事に菜もなく、汁、香の物計《ばかり》也。五節句には大いに奢りて牛房人参の類を煮て食しに、今は平生の菜の物にくらぶれば、五節句の方大いにわろし」（傍点筆者）とあり、昔は五節句にごぼうやにんじんの類を食べられたのは大盤振る舞いのごちそうであったが、今のように食物が十分満ち足りている時代になると、日常の食が五節句より上等であるという。昔は、ごぼうやにんじんは蔬菜のなかでは最上品の食材であり、特別な日にしか口にできなかった証しである。

こうして江戸時代も後期になると、商品経済が発達して江戸庶民の食生活が豊かになり、日本料理は完成期を迎える。とりわけ印刷技術が進展してくると出版活動も盛んになり、料理書と呼べる書物が多数刊行されて、それまで専門の料理人を中心に口伝や秘伝とされてきた料理が一般庶民にまで広く知れわたるようになっていく。

これら料理書のなかでも、ひとつの食材をさまざまな調理法で著したいわゆる「百珍物」が相次いで出版された。豆腐料理を百種類集めた『豆腐百珍』（1782）は、その翌年にも『豆腐百珍続編』（1783）が出版されるほど好評であった。その後は、大根料理、鳥や卵料理、鯛料理、甘藷、海鰻《はも》、蒟蒻《こんにゃく》などの「百珍物」も出版され、料理書のなかには奇想天外な料理法もみられるようになる。こうして文化・文政期には、都市部では料理の文化が成熟して頂点に達するが、これら料理の文化は、大都市のみならず地方へも広がり、近世社会においては庶民層にも浸透していったのである。

このように料理文化が隆盛するなかで、ごぼうの料理もまた発展していくのである。以下は、江戸時代の料理書を通してごぼう料理の発展をみていくことにしたい。

二　江戸時代の料理書にみるごぼうの料理

「牛蒡餅」

江戸時代の料理書として初めて出版された『料理物語』（1643）は、物語として聞き伝えてきたことをまとめた聞き書きの料理書であるといわれる。この書物に、「午房《ママ》。汁、あへもの、に物、もち、かうの物、茶くはし、其外色〳〵」とあり、ごぼうはあらゆる調理に適する応用自在の食材として記されている。なかでも菓子の部に記されている「午房《ママ》餅」は、江戸時代以前の史料にはなかった菓子である。その作り方をみると、「ごぼうをよくゆに（湯煮）してたゝきすりばちにてすりをきさてもち米六分うる（うるち米）四分のこ（粉）にさたう（砂糖）をくはへ午房《ママ》と一つにすりあはせ候沙糖過候へばしるくなり申候さてよきころに丸めゆにをしてごまの油にてあげ申候その後さたうをせんじそのなかへいれに申て出し候ごぼうさたうのかげんはまるめ候時の口伝在之」とあり、もち米とうるち米の粉に、砂糖と茹でて摺りつぶしたごぼうを入れて丸め、ごま油で揚げて砂糖蜜をからめた餅菓子であるという。

『料理物語』に初出の「午房餅」は、これ以後に出版された料理書『耳底知恵袋』（1680〜1750ころ）、『合類日用料理抄』（1689）、『茶湯献立指南』（1696）、『和漢精進料理抄』（1697）、『当流節用料理大全』（1714）、『食物知新』（1726）、『料理早指南』（1801）にも「牛房餅」や「ごぼう餅」、「牛蒡餅」と記されて登場するようになる。これら料理書にある作り方は、もち米とうるち米の粉の割合や砂糖蜜をからめるか否かで多少異なっているが、『料理物語』にある作り方がほぼ伝承されている。ただ、『耳底知恵袋』にある作り方には、生地に卵が入っているのが他の料理書と異なる点である。

このように「牛蒡餅」が、江戸期を通して珍重されているところをみると、数多い菓子のなかでもごぼうの入った餅菓子は絶品であったにちがいない。

「牛蒡餅」の由緒について、橋爪（2005）は「牛蒡を米粉と混ぜた生地を胡麻《ごま》油で揚げて蜜に浸けるという製法より勘案して、朝鮮菓子・油蜜果《ユミルクワ》に根源を持つものであろう」と論考している。異国由来の菓子の製法は珍しく、多くの料理書に紹介されたことが考えられる。

「ひりやうす」

近世初頭の日本では、南蛮由来の菓子と料理の製法が記された『南蛮料理書』（成立年不明）も刊行されて、すでに異国の食文化である南蛮料理や中国料理も受け入れられていた。こうした異国料理が受容されるなかで、『茶湯献立指南』（1696）の茶事献立には、豆腐にごぼうが入った「ひりやうす」という南蛮名の料理が登場する。

先の『南蛮料理書』にある南蛮由来の「ひりやうす」は、もち米の粉に卵を加えて揚げた菓子が記されているが、茶事の献立に取り入れられたものは、ごぼうが入った豆腐料理である。

その翌年、精進料理の料理書としては初めて刊行された『和漢精進料理抄』（1697）には、「ひりやうす」の作り方として、「是はたうふ一丁よくすりごぼう木くらげをしらがにきりあさのみ少入葛を粉にしてよくまぜあわせかやのあぶらにてあげる也」とあり、唐《とう》料理の部にある「豆腐巻《テウフケン》」も上記と同じ材料が記され、これを「卵のごとくにまるめて。油にあげ。醤油をよくたゝせ中へ入少し煮なり」とある。すなわち、「ひりやうす」とはすりつぶした豆腐にごぼうなどを入れ、揚げたものである。『守貞謾稿』（1837〜67）には「飛龍子京坂ニテヒリヤウズ、江戸ニテガンモドキト云」と説明があるように、京坂では「ひりやうす」というが、江戸では「がんもどき」と呼ばれる料理であるという。こうして、「ひりやうす」は、江戸時代初期には豆腐にごぼうなどを入れて丸め、揚げたものが定番となり、現代においても精進献立の代表的な料理として普及している。このほか、同書に、ごぼうは、汁、酢菜《すさい》、笋羹《しゅんかん》、指《さ》し身、煮物、和え物、吸物、肴など、実にさまざまな精進料理に主または副材料として用いられている。なかでも「やわたごぼう（八幡ごぼう）」を用いた料理が散見されるが、この当時、京都のごぼうの名産品が八幡ごぼうであったことが料理名からみえてくる。また、唐料理においても「巻煎《ケンチエン》」、「削午蒡《シヤウニウバン》」「養老《ヤンラウ》」「麵《メン》筋包《キンバウ》」、「酢《ツ》菜《ツアイ》」「八宝菜《パパウツアイ》」「葛粉巻《カブンケン》」「羅漢菜《ロハンツアイ》」「菜包《ツアイパウ》」「片食《ヘンシイ》」など中国の料理名でごぼうが用いられているが、その内容は日本の精進料理そのものである。

「八百善《やおぜん》」のごぼう料理

一八世紀初頭になると、料理屋のなかでも高級料理屋が台頭してくる。浅草・新鳥越《しんとりごえ》の八百善《やおぜん》は、大名や高級役人をはじめ、豪商、文人、さらには町人までもが豪華な料理や酒とともに、唄、踊りなども楽しめる遊びの場として利用された料理屋である。この八百善の主人、栗山善四郎は、文政五（一八二二）年から天保六（一八三五）年にかけて『江戸流行料理通』を出版し、八百善に出す料理献立や料理法を紹介している。「料理通四編出づ。その人時に遇ひて。その書世に行るゝを見るに足れり。此楼に登れば。百日の鯉も誇に不足。五候の鯖《にまぜ》も珍しと不為。万銭箸を下す所なしと。御託を双しは。こゝに不遊人なるべし　芍薬亭《しゃくやくてい》」とあり、この一文からみても、八百善では、贅を尽くした料理と遊びが楽しめる料理屋であったことがうかがえる。

『料理通』に記された八百善の献立にあるごぼう料理をみてみよう。ごぼう料理は、煮ものが圧倒的に多く、なかでも、当時、江戸近郊の名産品であった「梅田牛房」や京都の「くらま牛房」を用いた煮ものが散見される。梅田ごぼうは「赤みそ煮こみ」、「胡麻煮」、「紅ふくめ」に料理されているほか、中国風の普茶卓子《ふちゃしっぽく》の式を用いた会席料理にも「毛琉煮《もうりゅうに》」、「唐煮《とうに》」などの献立で登場する。これら献立のなかには、「大梅田牛房」（傍点筆者）と冠する料理もある。梅田ごぼうのなかでもとくに太くてりっぱなごぼうを用いたものと思われ、高級料理屋にふさわしい食材として煮もの料理に重用されたに違いない。

また、「山牛房若ぢく」の和えものが献立にあるが、この時代に山ごぼうは飢饉時の食料であるという概念が先行するなかで、八百善では季節料理の食材として山ごぼうも珍重されていたことがうかがえるのである。

上記、普茶卓子《ふちゃしっぽく》にごぼう料理が供された背景を『料理通』の冒頭言にみると、「普茶といふは唐風《からふう》の調味にて。精進の卓子なり。長崎の禅寺宇治の黄檗《おうばく》などにて客を迎るには必ず普茶料理にて饗応す事常例なり。近来上方にて専ら流行して会席に略してする様になれり」とあり、禅寺の饗応料理として、すでに長崎や上方で流行していた普茶卓子の料理を、時流に遅れまいと江戸にも取り入れたのである。また、「世に普茶卓子などいへば。諸事費多く驕奢《きょうしゃ》の沙汰に聞こゆれども左にあらずその仕様に依て有合の物到来の品にても済事なり唯器物の次第席上に持出して物々敷《ものものしく》盛並る故に目新しく一入《ひとしお》の興になりて客の歓ぶものなれば其略式に倣ひて試み給ふべきなり」とあり、料理を味わうというよりも、江戸の客が歓び、感歎するような異国の調度品を用いて饗応するという、新しい商売の仕掛け作りがここにはあり、ごぼうも「毛琉煮《もうりゅうに》」、「唐煮《とうに》」などの異国の料理名にして客を楽しませた様子がうかがえる。

さらに、八百善の料理の製法を伝える目録のなかには、ごぼう料理に関するものもある。そのひとつは、「巻けんちんの伝」であり、「因《ちなみ》にいふ又巻繊《けんちん》ともかく原来《もとより》巻て蒸ゆゑの名なり俗ニいふけんちんは油したじと心得たる者多ければ献立にはやはりいひならはしニしたがふ」とあり、この料理は、世間では油のだし汁で調えることが一般的であるが、習わしでは「巻いて蒸す」ところから名付けられたとあり、習わしには従うものであると記してある。もうひとつは「金糸牛房の伝」であり、「牛房をいかにも細くうち酒《さら》（ママ）して榧《かや》の油にて揚るなり」とある。細切りのごぼうを（榧《かや》の実から絞った）油で揚げる調理法である。これら二つは数あるごぼう料理のなかでも後世に守り伝えたい製法として書かれている。

四季のごぼう料理

料理書のなかには、『古今料理集』（刊年不記）のように献立の取り合わせの参考になるようにと、四季に出廻る魚・鳥・青物類をあげている書もある。

「四月より出る分」のなかに「新牛房」があり、「六月をかきるへきか年中有之用るといへ共取分夏中を新牛房とて賞翫たるへし」とある。すなわち、「新牛房」は四月から六月までのものだけでなく、年中用いるけれども、夏中のものを新ごぼうとしておいしく味わえばよいと記してある。なかには、聞き書したごぼうの料理も紹介されていて、「ごぼう　賞くわん也　一大に物　一小に物　一にあへ　一あへ物　一本二ノ汁　一ふとに　一杉やき　一ひたし物　一にしめ　一めまき　一てんかく　一酢牛房　一黒に　一こゝり」と多種多彩の調理法が詳細に示されている。さらには、「つけ午房　生よりは猶賞くわん也」とあって、漬けたごぼう（「漬牛房　但甘酒漬」）は生のものより味がよいとある。

ごぼうの擬《もど》き料理

先にあげた『古今料理集』には、「かわ牛房　こんふもとき」があり、ごぼうの皮を昆布に似せた擬《もど》き料理も登場する。

『当流節用料理大全』（1714）にも、くじらに見立てた「くじらごぼう」という料理があり、「ごぼうをゆにして右のごぼうにかまぼこにかきたるうを（魚）のかわをまきしやうゆだしにてあぶり切也に物のもよし」がある。また、「精進　かばやき　ごぼうのかわをあぶらあげにしてあぶり山椒みそ付る」とあり、ごぼうの皮をかばやきに似せた料理もある。

庶民向け料理書に登場するごぼう料理

料理が文化として成熟した時代においては、料理書も読み手が専門の料理人ではなく、素人すなわち一般庶民を対象にした実用書も出版されている。

『料理山海郷』（1750）は地方名の付いた料理が多い書である。そのなかに「八幡茎《やはたぐき》　午《ママ》房の根葉を去葉の軸のかはを取粕へしほつよくして其儘つける」とある。文字通りであれば、これは京都の八幡ごぼうの茎の粕《かす》漬けである。そうであれば八幡ごぼうは茎を賞味するごぼうでもあったのだろう。江戸時代の料理書のなかで八幡ごぼうが登場するのは数少ない。

『料理珍味集』（1764）には、「一日予に序を乞に至て屢《しばしば》是を熟覧するに信に珍製美味也　且未食ずして口に殆《ほとんど》余味《あぢはひ》を生ず　漸《やゝ》津液《しんえき》を拭ひ舌打して書すと云爾《しかいふ》」とあり、この作者は、珍味の料理を熟覧するだけでよだれが出て、それを拭きながら書いているというから、料理の妄想でいっぱいになっているに違いない。その書のごぼう料理には、山椒みそで和えた「信楽和《しがらきあえ》」、掘川ごぼうの「砂糖牛房　（葛壱合砂糖半合入醤油にて解暖てかける）」、ごぼうとごまめを醤油で和えた「田《た》作《づくり》和《あえ》」、「揚牛房」「白牛房」「敲《たたき》牛房」「ふくさ和　（ごまみそにて和る）」などがある。

『精進献立集』（1818）の跋文には、「料理たんれんの人へ備ふとの書にあらず誠に素人手細工りやうの便りともなれかしとおもふのみなれば」とあるように、これも素人向けに書かれた料理書である。「狂言綺語はさらなり飲食にも時々はやりことありて古への料理の書も今時の人気にあはぬ物から爰《ここ》に當世流行の献立をあつめ」とあり、飲食にも流行があって「昔の料理の書も今どきの人気に合わないものがあるから、ここに当世流行の献立を集め」とある。その流行のごぼうの料理をあげてみると、「大はら木ごぼう」、「小原木ごぼう」、「松まへごぼう」、「ほり川牛房」、「くだごぼう」、「こんぶまきごぼう」、「べにごぼう」、

「たゝみごほう」、「ほりかはごぼう」など十数種ほどあり、なかには、源氏、富士見、うきななどの風変わりな名が付いたものもあるが、その調理法はほとんど同じもので、料理名で遊んでいるとしか思えないものが多い。この書に登場するのは堀川ごぼうのみであり、八幡ごぼうを用いた料理は見あたらない。

『素人庖丁』（1803〜20）は、大坂で刊行された実用書であり、着物の袖の中に入るくらいコンパクトな本である。「此書は百姓家、町家の素人に通じ、日用手りやうりのたよりともなるべきかと、献立のしなじなをわかち、俄客《にわかきゃく》のおりから、台所の友ともなるべきといさゝか心を用ゆれども」と断り書きがあるように、日常の手料理の手本となるように献立を品別にあげ、四季の珍しい料理などを紹介している。手料理とはいえ、「玉子」や「鯛」、「きんこ」、「いせゑび」、「松たけ」など高価な食材も用いられ、折からのお客にも、もてなし料理ができるようにとの配慮から日常ではめったに用いない食品もあがっている。

庶民の料理書といわれるように、魚貝類や野菜類、豆腐の料理が多く掲載されていて、調理法も煮ものが多い。野菜の料理には、四季それぞれに旬のものが用いられ、多彩である。ごぼう料理には京坂の地域性がうかがえ、春には「新ごぼうの葉」や「牛房しんば（新葉）」、夏には「新牛房」や「若ごぼう」、秋冬には「大ごぼう」や「太き牛房」を用い、ごぼうの独得の香りと歯ごたえを味わう料理が紹介されている。

ごぼうが主役になる料理には、これまで細長いごぼうを用いた「たゝき牛房」や「酢牛房」があがっていたが、この時代になると太いごぼうを用いた「青海苔掛」、「葛《くず》煮」、「紅葛溜」、「甘煮」、「太煮」、「大銭煮」、「吸物」など、煮もの類が多くなり、太い堀川ごぼうも「みりん煮」、「くず溜《たま》り」、「あをのりかけ」の料理で登場する。ごぼうの煮ものには、「葛」や「青海苔」を用いた調理法が多いのもこのころの特徴である。「大銭煮」は「是はいやしき仕やうなれども酒席の興ありてよし」と宴席における余興になる料理も記してある。

揚げものには、「けんちん牛房　太いごぼうの皮を用いてひしき（ひじき）、椎たけ、銀杏、みつばを巻いて油であげ、小口切」があり、そのほか、「笹がき寄　さゝがきのごぼうをうどん粉などにかきまぜ柏《かや》の油で揚げる」など、現代の調理法にある「かき揚げ」もある。焼きものには、「鱧《はも》のかわ牛房巻　はむ（はも）の皮の背方を内へして巻付五つ六つ串にさしてさんせうじやうゆう（山椒醤油）ニてつけやきにすべし」があり、また、「若牛房」の「紫蘇巻」「海苔巻」「奈良漬」などもあって、ごぼうも多種多彩の料理法が記されている。

京坂の番菜《ばんさい》「わかごぼう」

京坂では惣菜のことを「番菜《ばんさい》」という。その「番菜」を書名にした『年中番菜録』（1849）は「嫁入したる女」を対象にした料理書である。書の筆頭には「番菜は日用のことなれば」とあり、「ありふれたる献立」の食材として一一九品目があがっている。「大かたは精進《しょうじん》の番菜は上品なり　魚《ぎょ》るいのばんさいは下品になりやすきものなり　此心をよくよくわきまふべし」とあって、「下品にて御客用になりがたし上品にて御客に出してよし」とあることをみると、番菜であっても精進物はお客のもてなし料理になるらしい。この書の「四季青物之部」をみると、まず春季の献立に「若牛房」があがっている。料理として「汁　まれにはすつることあり」と「平　油あげ取合せてよし　じくともににしめるもよし　随分上品なり」があり、煮ものには油揚げが合い、茎との煮〆もよく、この料理は「上品」になるらしい。また、秋冬季の献立として「牛房」は、汁には「さゝかきまた銭切り」にし、吸口には「干さんせう青さんせうなどよし」という。煮ものは、「一寸（三センチ）ばかりに切りあふらたき（油焚き）又はじき（削り）かつをにてもよし胡麻をいれて煮ることもありいづれも上品なり」とあり、身くじらや皮くじらの汁、煮もののなどとの取り合わせにもごぼうが用いられている。

　先にあげた『素人庖丁』においても「日用手りやうり」として、「新ごぼうの葉」は浸しものに、「新牛房」や「若ごぼう」は汁ものになっている。

　以上、『年中番菜録』および『素人庖丁』から番菜として用いられたごぼう料理をみてきた。これら料理書は、いずれも著者が大坂のひとであり、とくに『年中番菜録』の著者は「浪花津さこはてふあたりに住居して遠き国々の水珍海錯より山殽野蔌の小品にいたるまで博く窮め明しめて」とあって、浪花港の雑喉場《ざこば》（雑喉場魚市場や青物市場のある地域）あたりに住み、各地の水産物や農産物を広く、深く研究した博学の人であったらしい。番菜として、新ごぼうの葉やごぼうを早いうちに収穫した若ごぼう、また、その茎の利用などがあり、ごぼうの葉や茎を利用する食文化は、上方ならではの地域性がうかがえる。現代においても葉や茎を利用する葉ごぼうの生産地は関西圏であり、消費するのも関西が主流である。

江戸の惣菜「きんぴらごぼう」

　現代でもごぼうの惣菜といえば、真っ先にあがるのは「きんぴらごぼう」であり、「きんぴら」だけでも通用するごぼう料理の定番である。しかし、これまでに掲げた料理書には、多くのごぼう料理が紹介されているにもかかわらず、「きんぴらごぼう」はみあたらない。唯一、調理法が類似したものに『料理通』（1820）の「金糸牛房」があるが、「きんぴら牛房」の名称で登場するのは、江戸で刊行された『臨時客応接《りんじきゃくあしらい》』（1820）が初見である。『不時珍客即席包丁』（1836）にも記されているが、その後は、明治時代に入り、名古屋で刊行された『素人料理年中惣菜の仕方』（1893）まで登場しない。

　このように「きんぴらごぼう」は、江戸時代も末ころに江戸で登場した料理であり、上方においてはこの料理は発達しなかったといえる。

実際に、後で述べる「食物番付にみる江戸庶民のおかず」には、「きんぴらごぼう」が江戸では人気のある惣菜としてあがっていることをみると、「きんぴらごぼう」は江戸の食文化であり、地域性のある食べ物であったといえる。

以上、江戸時代の料理書を通して、この時代におけるごぼう料理を、専門の料理人を対象にした書、また、高級料理屋の献立を記した書、さらには素人を対象にした書などからみてきた。

ごぼうという野菜が主役になる料理は、太くてりっぱなごぼうの「太煮」、「甘煮」、「葛煮」などの煮ものであるが、基本的には、ごぼうは料理の一食材であり、脇役に扱われ、つけ合わせ、あしらいの存在である。江戸時代の料理書にも、ごぼうは汁もの、和えもの、煮もの、焼きものなどの副次的な食材であり、添えものとして用いられることが多かった。添えものではあるが、その切り方をみると、「けつり（削り）ごぼう」、「はり（針）ごぼう」、「ごぼうたんさく（短冊）」、「牛房ささかし（ささがき）」、「わりごぼう」、「牛房せん」、「松葉ごぼう」、「しらが牛房」、「ごぼうこぐち（小口）」、「さき牛房」、「たたきごぼう」などがあり、多種多様に料理することができる万能の食材がごぼうなのである。

料理名のなかには、ごぼうの種類が一目でわかるものもあり、「はりまこはう」（播磨牛房）、「八幡茎」、「わかこはう（若牛房）」、「しんごぼう（新牛房）」、「大こはう（大牛房）」、「京牛房」、「ほり川ごぼう」、「太牛房」、「くらま牛房」、「大梅田牛房」、「梅田」、「山牛房若ぢく」、「真土ごぼう（大浦ごぼうのことであろうか。大浦ごぼうの栽培には真土の土壌が絶対条件といわれる）」があった。

江戸時代、ごぼうは土地の名産品として、上方を中心に播磨や八幡、堀川ごぼうの料理が賞翫され、一方、江戸を中心に梅田や真土ごぼうなど、太いごぼうの料理が珍重された。

さらに、この時代、地域性のある料理としてあげられるのが、京坂の「新ごぼうの葉」や「若ごぼうの漬けもの・煮もの」であり、江戸の「きんぴらごぼう」であった。

京坂で「ごぼうの葉」や「若ごぼう」が普及したのは、「葉ごぼう」の産地が近くにあったことや京坂の土性にもよるものであろう。しかし、江戸で「きんぴらごぼう」が普及したのはいかなる理由によるものであろうか。江戸で人気のおかずになったわけを次に考えてみたい。

三 「食物番付」にみる人気のおかず——小結「きんぴらごぼう」

石川（1994・1995）は、江戸時代の庶民の食生活を明らかにするために、数少ない庶民資料のひとつとして江戸〜明治時代に刊行された「食物番付」類を取り上げ、「おかず番付」と命名し、日常食のなかで飯のおかずがどのようなものであったのかを検討している。ここでは、石川の研究報告を基にして、江戸に居住した庶民のおかずのなかで人気のあったごぼう料理をあげてみよう。

すでに述べたように、江戸時代も後半の文化・文政期になると、その日暮らしの長屋住まいの庶民でも日常食の献立は、精米した米の飯が主食として食べられ、それに汁、香の物におかずが一〜二品つく食事が普通になっていた。庶民が食を外部に求めることが一般化し、そばやすし、てんぷら、うなぎなどを屋台で楽しむことが日常的になり、料理茶屋（料亭）も繁盛し、高級化していった。

文政七（一八二四）年の『江戸買物独案内』には茶問屋、卵問屋、飴菓子問屋をはじめ、御料理、寿《す》し、奈良茶、め川（女川）菜飯、餅、しるこ、だんごなどの商店が計二六二二店も記載されており、当時の江戸では経済力があれば、生活に必要な品はほとんど購入できるしくみが確立していたのである。

『志んぱん青物ずくし八百屋ざんげ』（年代不明、天保のころか）によると、当時の八百屋は、「野菜、果物、海藻、きのこ、粉もの（くずのこ、きなこ）」などのほか、「にしめ」や「きんぴらごぼう」など即おかずになるものまで販売していた。

『守貞謾稿』（1853）には、「今世、江戸にありて京坂にこれなき生業」と、江戸にしかない景物との前置きがあり、「菜屋　江戸諸所往々これあり。生鮑《あわび》・するめ・刻《きざみ》するめ・焼豆腐・蒟《こん》にゃく・くわひ・蓮根・牛蒡・刻牛蒡等の類を醤油の煮染《にしめ》となして、大丼鉢に盛り、見世棚にならべこれを売る」とある。

この当時の江戸では、菜屋すなわち調理済みのおかずを商いにする店（現代のテイクアウトができる店）も登場し、そのなかに、ごぼうや刻みごぼうが煮しめにして売られていたことがうかがえる。この「刻みごぼうの煮しめ」とは「きんぴらごぼう」のことである。当時の「きんぴらごぼう」は醤油で煎り付けたものであり、惣菜として油炒めになるのは、明治時代になってからである。

このように、商品経済の発達した時代背景のなかで、高級料理屋の料理を番付した『魚鳥料理仕方角力番附』（年代不記）や全国各地から集められた高級食品を番付した『包丁里山海見立角力』（1840）が誕生するが、その後は、日々の食事づくりに役立つ情報をという要望が発端となり、安上がり料理を掲載した一連の「おかず番付」がつくられていく。

ここでは、さらに石川の調査報告を基にして、『日用倹約料理仕方角力番附』（年代不記。天保のころか）（図8―1）から江戸庶民のおかずのなかで人気のあった料理をあげてみよう。

『日用倹約料理仕方角力番附』には、東西の相手を「精進方」（野菜など植物性食品を用いたおかず）と「魚類方」（魚介類など動物性食品を用いたおかず）に分けてあり、最上位は大関、次いで関脇、小結、前頭の順にあげてある。

精進方に記載された野菜のおかずで出現回数の多かった食材は、なす、ごぼう、にんじん、だいこん、な、ふき、みつばの順であり、これらは日常のおかずとしてよく用いられたといえる。精進方の料理として、最上位の大関にあがったのは「八はいどうふ」(とうふを主体としたすまし汁)であり、次いで、関脇には「こぶ(昆布)あぶら(あ)げ」があがり、小結には「きんぴらごぼう」があがっている。これら上位三種は年間を通して江戸庶民に人気のおかずとして食卓にのぼり、好んで食べられたといえる。

野菜のおかずのなかでも「きんぴらごぼう」が上位にあがるのはなぜであろうか。周知のように「きんぴらごぼう」のおいしさは食材であるごぼうの香りであり、適度の油で炒りあげた歯ごたえのある調理法にある。食がすすむ惣菜の一品であり、現代人にとって、「きんぴら」といえば「きんぴらごぼう」を指すくらいおふくろの味として知られている。

しかし、江戸時代において、庶民の日常の調理法は汁や煮もの、あえものが主流であり、当時の「きんぴらごぼう」は油で炒めたものではなかったようで、煮物や煎り煮であったらしい。

油炒めの「きんぴらごぼう」が登場するのは、明治時代もなかごろになってからであり、『おかづのはや見』(1884)には「きんぴらごぼう油いため」の料理名で初めて登場する。その後に刊行された『不時珍客即席包丁』(1885)や『素人料理年中惣菜の仕方』(1893)、『日用便利おかづの早見』(明治時代)には「きんぴら牛房」や「きんぴらごぼう」と記してあるのみで、油炒めであるかはわからないが、『日本料理法大全』(1898)にある「きんぴらごぼう」は「ごまの油を入れ、熱してからごぼうをいれ、かきまぜ、酒、醤油、砂糖、とうがらしをいれ、いりあげる」とあり、「客にすすめるには白ごまをいって、ぱらりとふりかけてだす」と調理法が明確に記してある。さらに、同年に大阪で刊行された『ばんざいせわいらず　おかずの早見』(1898)には「若ごぼう油だき」や「ごぼう油だき」が日常食の献立として登場する

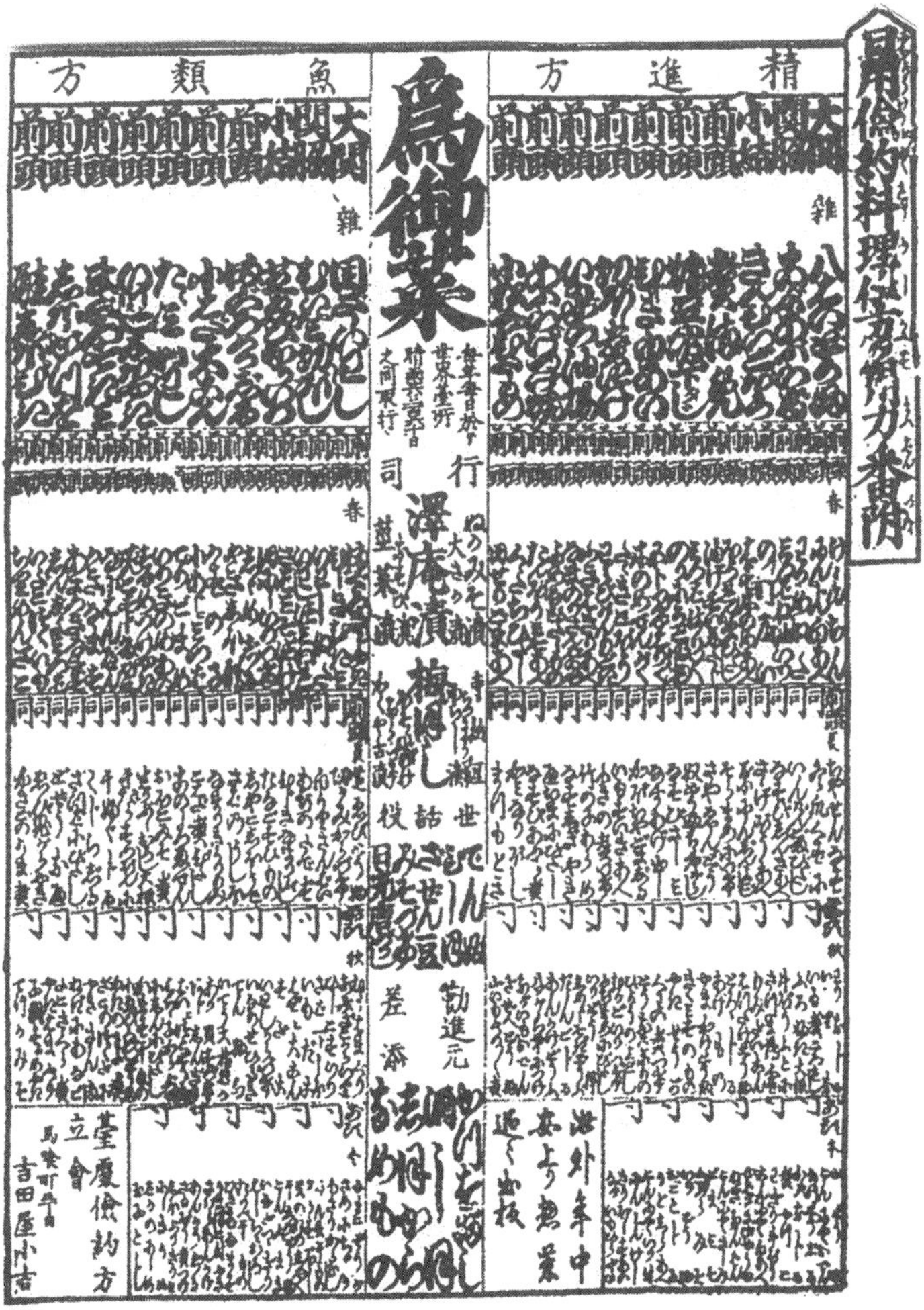

図８－１　『日用倹約料理仕方角力番附』（年代不記）に載る小結「きんぴらごぼう」（東京都立中央図書館加賀文庫所蔵）

が、これらはすでに江戸時代の『年中番菜録』(1849)にもあった料理で、ごぼうを「一寸(三センチ)ばかりに切りあふらたき」したものであり、きんぴらごぼうの油炒めとは異なったものである。

以上、これら史料を概観すると、現代のような油炒めの「きんぴらごぼう」になったのは明治時代もなかごろになってからであることがわかる。

はたして、江戸時代における油炒めなしの「きんぴらごぼう」は、人気のおかずの上位になるほどおいしいものであったかと疑問であるが、このごぼう料理名の由来になった「きんぴら」の意味をひも解いてみると、どうやらおかず番付の上位になるなぞが解けてきそうである。

それは江戸時代初期、人形浄瑠璃の主人公として登場する架空の人物、坂田金平《きんぴら》が人気者になったことにある。坂田金平は、坂田金時の倅《せがれ》であり、金時とは源頼光の四天王の一人で幼名は金太郎といい、「♪鉞《まさかり》担いだ金太郎、熊に跨《また》がりお馬の稽古♪」の人物である。その息子の金平も勇ましい豪傑の名で知れわたったのである(川上2006)。このように強い心象《イメージ》の名をもつ「きんぴらごぼう」を食べればからだも強くなれると思われ、このおかずが番付の上位にあがったことがうなずけるのである。

石川は、番付のおかずは実際食べたものの記録ではなく、庶民の食べたいと思う願望までをも含んだものであったことも考えられるという。この時代は庶民が食を外部に求めることが一般化していたことを思うと、「きんぴらごぼう」は八百屋などで調理済みの惣菜として手軽に調達できたことなども人気のおかずに拍車をかけたと考えられる。いずれにしても、「きんぴらごぼう」は二〇〇年余の時代を経て今もなお日本人には人気のある惣菜であり、「おふくろの味」になっているのである。

こうして、ごぼうのおかずは小結の「きんぴら」を頂点に、次の前頭からは季節ごとにいろいろなごぼうの料理があがっている。春には「たたきごぼう」、夏には「ささげごぼうあへ」、秋には「牛ぼうふとに」や「ごぼうのからに」、冬には「わぎり牛ぼう」や「梅田ごぼふの煮附け」などである。この時代になると、正月には「たたきごぼう」が行事食として、夏には旬の野菜と和えものにして、秋冬には太いごぼうをやわらかく煮含めてなど、「おかず番付」からはそれぞれの季節に合ったごぼうの料理を庶民が楽しんでいた様子がうかがえる。

第九章　ごぼう料理の地域的分布と食文化

ごぼうが料理の食材として利用されたのは、平安貴族をもてなす饗応料理の一品として供されたのが初めてであり、鎌倉時代になると、ごぼうと山ごぼう（アザミ属）は貢納物になり、蔬菜として利用されていたことは、すでに第二章で述べた通りである。

江戸時代には、各地に固有の形質をもったごぼうの栽培品種が見られるようになり、「武州（武蔵）の岩附（岩槻）ごぼう、下野《しもつけ》の因幡（稲葉）ごぼう、上野《こうずけ》の上州ごぼう、梅田ごぼう、下総の大浦ごぼう、八幡の八幡ごぼう、鞍馬ごぼう、堀川ごぼう、豊後の伊予ごぼう」などが名産品として記録されるようになる。これらごぼうの品種を大別すると、根が土中に長く生える滝野川群と太くて短形の大浦群、さらに白茎群に分けられる。

現在、関東・東北を中心に全国的に栽培されているのは滝野川群が主流であるが、千葉の大浦群や福井の越前白茎群など各地に名産地もあり、土着種もあるが、日本における品種の基本は滝野川群であるといえる。

また、日本各地には、ごぼうと根部の形状が類似することから、山ごぼうと称するオヤマボクチ（キク科ヤマボクチ属）やモリアザミ（キク科アザミ属）があり、一方、海岸の砂地に自生する浜あざみ（キク科アザミ属）を浜ごぼうと称して利用している地域もある。

これらヤマボクチ属、アザミ属などは、日本原産の食用植物として古くから日常的に利用されてきたとはいえ、外国原産であるごぼうが渡来してからも、ごぼうと同じように野菜として利用してきたのである。

このように、日本でごぼうと称して食材に利用してきた植物の種類については、すでに第三章（表3―2）に示したので参照されたい。

本章では、日本においてごぼうを食用野菜として独自に利用しながら、種々の料理を発達させ、普及させた、それぞれの地域の伝統的なごぼう料理をみていくことにしよう。

一　ごぼう料理の地域性

日本の各地域において伝承されているごぼうを用いた料理を『聞き書　日本の食生活全集』（全四八巻）（この資料は、大正から昭和初期頃に主婦であった人にその当時の食生活を聞き取り、実際に伝えられてきた食生活を県ごとにまとめたものであり、地域の自然環境、生業、日常食、非日常食などを記述したものである）および著者の聞き取り調査を資料にして、次にあげてみよう。

ハレ食のごぼう料理――東の「きんぴらごぼう」と西の「たたきごぼう」

日本の伝統的な行事である正月、盆、祭り、行事、儀礼（慶事、仏事）などに伝承されているごぼうの料理を調理法別に分類したものを表9―1に示した（冨岡 2001）。

ごぼうの料理は煮もの、けんちん汁、たたきごぼう、きんぴらごぼうの順に多く伝承され、これらは正月料理として供するものが多かった。このほか、各地の正月の伝統食である高盛り飯（岐阜）、きゃの汁

表9-1　日本各地に伝承されているごぼうの料理（ハレ食）

調理法	正月	盆	祭り・行事	儀礼		
				慶事	仏事	厄除け
ごはんもの	ごんもくまま（山形） 炊きこみ飯（山梨） 高盛り飯（岐阜） うずめ飯（島根）		ごんぼの味ごはん（岐阜）			
かゆ	きゃの汁（秋田） 七草がゆ（岩手）		七草がゆ（青森）			
すし	なれずし（山形） こぶ巻きずし（三重） まけ（巻き）ずし（広島） 角ずし（山口）		混ぜごはん（三重） 五目ずし（滋賀）			
めん類	てんぷら（埼玉）	ひもか（岩手）				
もち	雑煮（北海道、宮城、山形、山梨、福井、宮崎、長崎） くるみ雑煮（岩手） けんちゃん（山梨）		雑煮もち（秋田）			
汁もの なべもの	つぼ汁（北海道） けの汁（北海道、青森） のっぺ汁（茨城、熊本） 豆ふ汁（岩手） 塩びきのあら汁（福島） 豆腐入りうさぎ汁（秋田） みみ（山梨） ぼっかけ汁（福井） けんちん汁・けんちん、けんち（群馬、神奈川、滋賀2、山梨） 運のそば（大分） 斉菜（神奈川） 鴨のひきずり（愛知）	けんちん汁（群馬） 五色汁（岐阜）	けえの汁（岩手） 豆ふ汁（岩手） しゃべこと汁（岩手） けんちん汁（茨城2、群馬2、神奈川3、埼玉、富山、山梨、岡山2、広島、島根） いもきり（大分） おけんちゃん（山梨） おけんちん（神奈川） どじょう汁（栃木、鳥取2、香川、佐賀） すき焼き（滋賀） ひきずり（愛知）	ぼっかけ汁（福井）		

煮もの 炊きもの	煮もの・煮しめ（28道府県34） ごぼうのたんころ（石川） ごぼう煮（岩手） にざえ（秋田） 田作りとごぼうの煮物（岩手） こくしょう（愛媛） いもかん（栃木） 煮豆（愛知、兵庫、和歌山、香川、徳島、山口） ふなの尾頭の付け合わせ（石川） ぼうだらの付け合わせ（石川） 切いこん（鹿児島） がめ煮（大分、福岡）	煮しめ（岩手2）	煮しめ（青森、岩手、秋田、千葉、岐阜、三重2、福井） 田作りとごぼうの煮物（岩手） 煮もん（新潟） 七日焚きごぼう（石川） こおりもん（鹿児島） 串つなぎ煮しめ（福岡） ごぼうの太煮（奈良）	田作りごぼう（山形）	煮もの（千葉、滋賀）	煮もの（大阪） ごぼうの太煮（山形）
あえもの 酢のもの	たたきごぼう（大阪、奈良、滋賀2、京都） 子あえ（新潟） ごぼうのはりはり（奈良、鳥取） 酢ごぼう（兵庫、奈良2）		からごんぼ（福井） 味噌あえごぼう（福井） ごぼうのおひたし（滋賀） くるみごぼう（滋賀、奈良5） 大豆の汁をかけたごぼう（奈良） きな粉をまぶしたごぼう（奈良2） ごぼうのハリハリ（奈良） 味ごんぼ（三重）	たたきごぼう（滋賀） ごぼうのおひたし（滋賀2） 酢ごぼう（山形、高知） ごぼうのはりうち（福井）	たたきごぼう（滋賀3） ごぼうのおひたし（滋賀2） ごぼうの白あえ（福井）	酢ごぼう（高知）
炒りもの 炒めもの	ごぼう炒り（宮城、福島） きらず炒り（青森） きんぴらごぼう（福島2、東京、栃木、群馬、千葉、長野、福井） ごんぼのでんぶ（青森、秋田）		きんぴらごぼう（栃木、千葉4、岐阜、福井、島根） いりごんぼ（福井） からごんぼ（福井） 丸揚げごぼう（福井）	きんぴらごぼう（千葉3、東京）	きんぴらごぼう（青森、埼玉、神奈川、静岡、滋賀、岡山、広島、熊本） ごぼうのいりつけ（山形）	
揚げもの		飛竜頭（島根）	かき揚げ（岐阜）			
蒸しもの	蒸しごぼう（大阪南河内）					
焼きもの			おかやつめ（山形）			
巻きもの	ふなのこぶ巻き（東京、千葉）					
包みもの	め巻き（奈良）					

（　）は料理が伝承されている県、数字はその県において伝承されている料理の数
（『日本の食生活全集』全48巻（農山漁村文化協会）および著者の現地・聞き取り調査により作成）

（秋田）、けの汁（北海道、青森）、七種《ななくさ》がゆ（岩手）、雑煮（北海道、秋田、岩手、宮城、山形、山梨、宮崎、長崎）にもごぼうが用いられていた。

　ごぼうが田作りや大豆と組み合わされた煮ものが、正月や行事に伝承されているのは岩手県であり、この組み合わせは関西の正月料理の祝肴（三ッ肴）である田作り、黒豆、たたきごぼうと類似のものであるといえる。

　正月にごぼうの煮ものや煮しめを供するのは全国的であるが、たたきごぼうやごぼうのはりはり、酢ごぼうを供するのは近畿地方（大阪、奈良、滋賀、京都、兵庫、鳥取）であり、また、ごぼう炒り（宮城、福島）やきんぴらごぼう（福島、栃木、群馬、東京、長野）を供するのは関東地方およびその以北である。

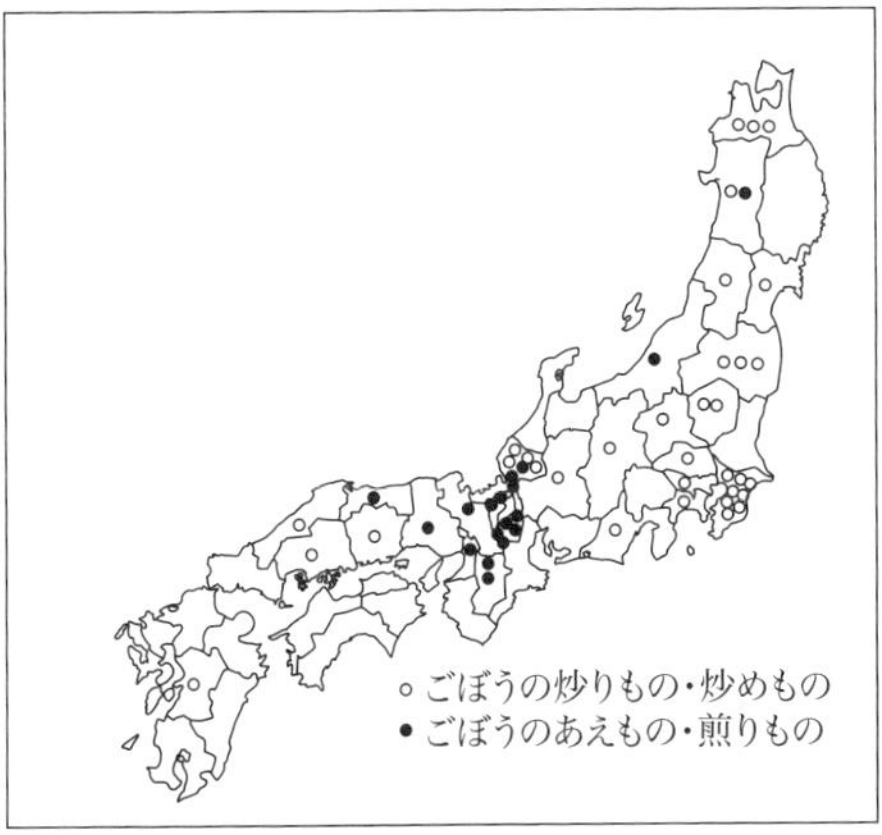

図9-1　ごぼうの「炒めもの」と「あえもの」の伝承地域（ハレ食）

　慶事・仏事の儀礼食として、ごぼうの料理はあえものおよび炒りものが多く供されるが、儀礼においてもきんぴらごぼうが関東およびその以北（青森、千葉、埼玉、東京、神奈川、静岡）に、たたきごぼうやごぼうのあえものが近畿地方周辺（滋賀、福井）に伝承されている。とくに滋賀県においては慶事・仏事のいずれにもたたきごぼうやきんぴらごぼうが供されることが多い。

　これら伝承されている料理を図9―1に示してみると、ハレ食として供される「きんぴらごぼう」と「たたきごぼう」は東と西を代表するごぼう料理といえるであろう。

「たたきごぼう」の料理が文書史料に初めて登場するのは室町末期の『多聞院日記』（奈良興福寺塔頭《たっちゅう》のひとつである多聞院の院主の日記）であり、次いで、『北野社家日記』（京都北野天満宮の社家の歴代の日記）、『山科家礼記《やましなけらいき》』（京都山科の荘園・山科東荘における記録）である（第二章参照）。一方、「きんぴらごぼう」は江戸末期の『臨時客応接《りんじきゃくあしらい》』（江戸で刊行）が初見であり、『守貞謾稿』（江戸・京坂の社会風俗書）にも記されている（第八章参照）。これら史料からみると「たたきごぼう」は京坂地方において、「きんぴらごぼう」は江戸近在において普及した料理であり、これら料理は成立した時代背景が異なることにより、それぞれ地域性のある食べ物になったといえる。

そして、ごぼうを料理に利用した沿革をみると、その初見は、平安時代の『類聚雑要抄』にある「宇治平等院御幸御膳」の干物（削りもの）に「牛房」があり、次いで、『祇園執行日記』には正月の七種菜《ななくさ》に「牛房」があることを考えると、ごぼうの料理は近畿地方から発達したといえよう。

それを示す民俗資料として、奈良県を中心に、福井県、滋賀県、三重県の「ごぼう祭り」がある。とくに正月祭事において、ごぼうが神饌の中核として供えられる（第四章参照）事例をみると、古い時代に近畿地方を中心に、神饌としてごぼうが供えられたことが、ごぼう料理の発達を促したと考える。すなわち、正月祭事に不可欠の供物として供えられたごぼうは、直会《なおらい》においてそのお下がりを神酒とともに供したことが、その後、正月のお節料理に欠かすことのできない食べ物になり、「ごぼうの煮もの・煮しめ」「たたきごぼう」に発展し、その後に「きんぴらごぼう」が登場したと推論することができる。

日常食のごぼう料理

ごぼうは日本の各地において日常食としても種々の料理に利用されている。大正から昭和初期頃は主に汁もののやなべものの食材として、けんちん汁やすき焼きに多く使われ、ごぼうの香り、歯ごたえ、風味を賞味し、だし汁として利用されていたのが特徴といえる。

東北地方の岩手県においては日常食の各種汁もの（いわし、うさぎ、がに＝もずくがにの芋の子、さが＝めぬけのあら、なまずなどの汁）にごぼうはなくてはならない食材であり、保存食としては味噌漬けなどの漬けものにすることが多い。

こうしただし汁の利用として、『聞き書アイヌの食事』のなかには、山ごぼうについての報告もある。アイヌ民族による山ごぼうの利用をみると、居住地周辺の道端に生えている径一寸（約三センチメートル）くらいの太さのごぼうを掘り採り、けずって醤油で炒めたり、ルル（汁もの）に入れたりする。ごぼうを入れると特別のだしが出ておいしくなるというのである。

二　日本各地に伝承されるごぼう料理

日本の各地域において伝承されているごぼう料理の中でも、とくに正月料理として供されるものに「ごぼうの煮しめ」、「たたきごぼう」、「きんぴらごぼう」がある。

以下は、その伝統的な調理法が現代においても伝承されている料理である。

「七日焚きごぼう」（石川県）

ハレ食として伝承されているごぼう料理の筆頭は全国的に煮もの・煮しめであるが、なかでも石川県七尾市沢野の「七日焚きごぼう」は煮しめ料理の原型ともいえる調理法である。

毎年一二月二八日の「報恩講」(真宗の宗祖親鸞上人の忌日に仏恩報謝のための仏事を斎行する。本願寺三代覚如が一二九四年報恩講式と名づけてから全国的に広まった行事――『奈良県史』)に供されるごぼうは崎山半島の丘陵部一帯で穫れる太さ四~五センチメートルの香りのよいごぼうであり、「沢野牛蒡」と呼ばれる。その起源について、『七尾市史』には「往昔沢野小字上沢婆谷神社の神主京都より牛蒡の種子を取寄せ之を村民に培養せしめたるを以てはじめとし品質甚だ良しと云ふ。旧藩時代は毎年藩主へ貢献すべき恒例なり、加賀藩又徳川将軍家へ献上の恒例となり居れり。其の外村より大谷派法主へ献ずる例なりしが明治維新に至り廃絶せりといふ。現今も盛に培養し七尾市へ鬻《ひさ》ぐもの多し」と記録されている。土地の人からの聞き取りによると、上記の伝承に加えて、このごぼうの種子は京都より三粒取寄せたものを栽培したのが始まりと伝わっている。

現代においても伝承されている「七日焚きごぼう」の料理を七尾市殿《との》の真証寺住職酒井恵照氏の調理法からみていこう。

ごぼうは洗った後、アク抜きをしないで、味噌の汁(水に味噌を溶いたものを調理の前に作って置く)を少量ずつ加えながら煮込む。汁が煮詰まってくると、さらに味噌の汁を少量ずつ加え、煮汁のアクを取りながら約七日間煮込むのである。この間、加熱と冷却(鍋を火から下ろし、室温にて冷ます)を繰り返しながら、ごぼうに味噌の味が染み込み、醤油のようにあめ色になった状態を仕上がりとする。文字通り七日間焚きあげたごぼう料理(図9―2)である。醤油がぜいたく品であり、まだ、一般に普及していない時代の調理法であると伝わっている。

「七日焚きごぼう」が、「報恩講」が始まったころからの行事に供せられた料理であるとするならば、その起源は鎌倉時代であり、南北朝時代の『庭訓往来』に記述のある「煮染牛房」は、この「七日焚きごぼう」と同じ調理法であると考えられる。

昭和四〇（一九六五）年頃から、七尾市殿および沢野地区にはふる里創生の行事として、一〇月末〜一一月に「ごぼう祭り」が開催され、祭りの料理として「七日焚きごぼう」が継承されている。

「からごんぼ」（福井県）

福井県今立郡今立町国中《くんなか》と勝山市北谷町河合および杉山には「からごんぼ」（図9—3）と呼ばれる料理（現在、杉山では一般的には「たたきごぼう」という）がそれぞれの地域で伝承されている。

以下は、今立町国中の白崎三兵衛氏、勝山市北谷町河合の竹原佳太郎氏、北山町杉山の織田清三氏に伝わる調理法である。

図9-2　「七日焚きごぼう」は報恩講の料理（石川県七尾市沢野地区）

図9-3　正月・祭り・報恩講の料理「からごんぼ」（福井県勝山市北谷町地区）

まず、今立町国中に伝わる調理法は、アク抜きした千切りのごぼうを油で炒め、醤油、砂糖で味つけしたもので、きんぴらごぼうと同じ調理法であり、正月や祭りには欠かせない料理である。一方、勝山市北谷町河合および杉山に伝わる調理法は、拍子木に切ったごぼうをアク抜きし、うすい塩水でゆでた後、かるくすりこぎでたたき、それに味噌と煎《い》ってすり鉢ですったえい（えごま）でごぼうをあえ、上からなんば（唐辛子）の粉をふりかける。ごぼうを味噌であえたこの料理は「報恩講」に供される。このように「からごんぼ」は地域により油で炒めるものと味噌であえるものとがあり、これらは調理法が異なるが、共通することは唐辛子をたくさん使うことから、「からごんぼ」の名称になったと伝わる。

この「からごんぼ」の調理法について、すでに第四章で紹介した今立町国中の「ごぼう講」（一七〇五年起源、毎年二月一七日斎行）に神饌として供えられた「丸揚げごぼう」と「味噌あえごぼう」の調理法を比べてみると、今立町国中の「からごんぼ」には「丸揚げごぼう」が、勝山市河合の「からごんぼ」には「味噌あえごぼう」の調理法がそれぞれ伝わっていることが明らかであり、神饌の調理法が、これらの地域のハレの日である正月や祭り、報恩講の料理に発展し、供されているのである。

図9－4　正月料理の祝肴「黒豆」「田作り」「ごぼうのはりはり」（右）（奈良県域一帯）

「ごぼうのハリハリ（たたきごぼう）」（奈良県）

正月料理の祝い肴として、全国的に「数の子、田作り、黒豆」が、関西圏では「数の子、ごまめ、黒豆、たたきごぼう」が伝承されている。

奈良県では、「たたきごぼう」のことを「ごぼうのハリハリ」（図9－4）とも呼び、「ごぼうのように真っ直ぐ深く根を下ろして仕事に励み、細くとも長く堅実な家庭生活を願う」と伝わって、正月には欠かせない一品となっている。

　奈良県中南部にある宇陀山間部地域に伝承される「ごぼうのハリハリ」は、「宇陀金ごぼう」と呼ばれるごぼうで調理される。この宇陀から桜井地域の一帯は古くからごぼうの産地であり、すでに、大正時代には宇陀地方は「大和ごぼう」の名産地として知られていた（下川 1926）。

　桜井市忍阪《おつさか》のごぼうは、江戸時代には特産物として多く栽培され、大正時代まで、堺や大阪に歳暮の贈答品や正月の食品として送られていた（『桜井町史続』）。しかし、この忍阪のごぼう畑は、第二次大戦中の食糧増産の時期には腹の足しになるさつまいもに転作されてしまい、今はごぼうの生産地であったことなど知る由もない。

　一方、宇陀地域のごぼう栽培は消滅することなく続き、現在は、大和野菜に認定されている。宇陀地域では、太さが五センチメートルほどもある長くてりっぱなごぼうを「宇陀金ごぼう」（第三章参照）と呼んで珍重する。山間部を開墾したごぼう畑は、雲母質を多く含んだ土壌であり、そこに育ったごぼうは、肉質の軟らかさと香りのよさに加えて、根部の表面に付着した雲母がきらきら光って、まさに金粉の輝きがあるところから「金ごぼう」の名が付いたという。

　ごぼうを栽培する畑は、「水はけがよい」、「障害物がない」、「土の粒子が細かい」などが条件であるといわれるが、宇陀山間地の土壌は保水性に優れ、粒子が細かいことが特長であるから、まさに風土が生み出した正月の縁起物である。近世においては、ごぼうが贈答品や献上物として用いられた記録が『年中恒例記』(1544)、『梵舜記』(1596)、『官中秘策』(1775) にあるが、「宇陀金ごぼう」を初めて目にしたとき、献上物とはこのような美しい品物であったのかと実感したものである。

　この「宇陀金ゴボウ」を産する宇陀地域に正月料理として伝わる「ごぼうのハリハリ」を生産農家であ

る上西進氏の調理法から紹介しよう。

まず、ごぼうの皮をこそげて長さ六センチメートル、太さは小指ほどに切り揃え、水にさらしてあくをとってから、沸騰した湯に酢を少し入れて硬めにゆでる。ゆでたごぼうを熱いうちに酢、砂糖、醬油、塩の調味料を合わせた中に入れて半日〜一日漬けておく。盛り付ける時に、粗擂《あらず》りした白ゴマをふって供する。この料理は、ごぼうを硬めにゆでることがポイントであり、「ハリハリ」感がでるのである。

料理の名称である「ハリハリ」とは、口中での歯応えの音であり、食感である。かの高名な料理人であった辻嘉一氏は、NHKの「きょうの料理　正月料理」の放映中に「たたきごぼうは音の味」と表現したが、まさに、この表現がぴったりの料理である。日本人の嗜好のひとつともいえる歯ごたえのある食感は「音を食べる」という醍醐味があり、この「ごぼうのハリハリ」はそれが凝縮された料理なのである。

「でんぶごぼう」（秋田県、青森県）

東北地方の青森県と秋田県の正月には「ごぼうのでんぶ」または「でんぶこぼう」と称するごぼう料理が伝承されている。以下は、秋田県の藤田秀司氏、黒沢京子氏、青森県の高橋みちよ氏が伝える調理法である。

秋田県雄物川および玉川の流域にある横手盆地は砂質土壌で育つごぼうの特産地である。この地域の中仙町には正月三品の料理として欠かせないものに「にざえ大根、でんぶごぼう、大根なます」が伝わる。この「でんぶごぼう」の調理法はごぼうの皮をむいて一寸五分（約四・五センチメートル）くらいの長さの拍子木切りにし、米のとぎ汁につけておいたものを油で炒めてから（家によっては油で炒めない）、水と煮干し、出し昆布を入れて蒸すように一五分ほど煮込む。仕上げに醬油（たまり）と砂糖を加えて味をつけ、汁気がなくなるまで煎《い》り、赤なんばんを加える。この「でんぶごぼう」は小正月および祝い膳、念仏講の料理にも供され、農繁期の保存食としてもつくられる。また、田沢湖町にも正月膳（年取りの膳）には「でんぶごぼう」が欠かせない料理であり、秋田市内においても「でんぶごぼう」は正月料理として伝承されている。

料理の名称である「でんぶ」の由来については「主に川魚をゆでて細かく裂き、油で味付けして煎りあげたものをでんぶというが、魚の代わりにごぼうを裂いたものがでんぶごぼうになった」との謂われがある。また、一方で、「でんぶ」は「田夫」と記述し、イワシの焼き干しすなわち田作りのことである。「イワシが大漁の時代には田畑の肥料にもなり、土をつくるものであった。土は食物をつくるもとであり、生命のもとである。ごぼうは縁起物であり、土中に根が入っていることは太く長い柱を意味し、家が繁栄することの象徴である。すなわち、ごぼうの田夫とはごぼうにイワシの焼き干しがたくさん入った正月料理のこと。焼き干しは高級品であるが、形がくずれてそのままでは使えない焼き干しをごぼうと一緒に煎り煮したものがこの料理になった」と伝わっている。

三　「山ごぼう」と「浜ごぼう（浜あざみ）」の利用

滋賀県の山間部に位置するマキノ町では、山ごぼう（オヤマボクチ）（図9―5）の葉の利用があった。池田武治氏によると、「今日はゴホウ取り」といって山へ出掛けるのはおばあさんの仕事であり、おじいさんは炭焼きの仕事をしていた。山ごぼうの葉は炭焼き用の木を切ったあとよく採れたらしい。採集する時期はわらびやぜんまいが出終わった五月末から六月ころであり、やわらかい葉を採って乾燥して置く。

図9−5　オヤマボクチの花（上）と葉
（石川県七尾市白馬・能登島）

これをいり粉にして餅に搗《つ》き込んだ「やまごぼう団子」や輪形ののし餅にして囲炉裏の火で干した「団子の花びら」に利用していた。山ごぼうの入った餅は囲炉裏《いろり》があった時代の保存食である。スギ、ヒノキなどの植林が増え、雑木林が減少すると山ごぼうも姿を消してしまったという。

これと同じ利用は、『聞き書　日本の食生活全集』にもあり、東北と北陸地方で多くの事例が挙げられ、山ごぼう（オヤマボクチ）の濃緑色の葉を搗《つ》き入れた餅は「ごぼっ葉もち」、「葉もち」「けっぱれもち」「やまごっぽ入り草もち」と称される。山ごぼうの葉は心臓形をしており、葉の裏側が白い毛で覆われていて、ごぼうの葉とよく似ている。この若い葉を摘みとり、熱湯にサッとくぐらせてから乾燥させておいて、冬になったらこれを水にもどし、よもぎ餅のように餅に搗き込んで食べる。もとは餅米を節約するために入れられたものであるというが、増量材的な意味合いがなくなってからも、香りのあるごぼうの葉は季節を問わず利用することができる。山ごぼうの葉を入れた餅はしなみ（伸び）が出ておいしいという。

また、山ごぼうといっても、アザミ属の植物である菊ごぼう（モリアザミ）については、岐阜県中津川市の菊ごぼう栽培農家である丸山靖志氏の利用からみると、菊ごぼうの料理は、「松前漬け」「味噌漬け」

「しょうゆ漬け」「きんぴら」「すき焼き」「味ご飯」など多種多彩に用いられている。中津川市の料理屋では、味噌味のかき鍋にうす切りの菊ごぼうを添えた季節の鍋ものは、かきとの相性がことさらよく、今も好評であるという。

一方、菊ごぼうと同じアザミ属の植物である浜ごぼう（浜あざみ）の利用もある。高知県室戸岬町椎名の田中稔泰氏・英子氏は、春先になると室戸岬の海岸一帯の砂地に自生する若葉の浜あざみを日常よく食べる。土地のひとは葉をあざみ、根茎をごぼうと称して、若葉は和えもの、天ぷら、鍋ものに、根茎は叩いたり、けずったりしてきんぴら、煮もの、鍋ものなどに料理し、年間を通してよく利用する。若葉にはあざみの葉のような鋭い刺があるが、その茎は淡桃色を帯びた白い茎で、天ぷら（図9－6）にするとその刺も口に触らず食べられる。余った大量の葉茎は塩漬けにしておいて保存食にする。初秋に採れる根茎は芯が硬いのですりこぎで叩いて皮を剝ぎ、その皮を刻んだり、削ったりして、きんぴら、煮もの、鍋もの、みそ汁、生食（もろみ添え）、魚の煮付けなど、ごぼうの根と同じように料理して利用する。根茎はごぼうの食感そのものであり、わずかにごぼうの香りがする。

図9-6　浜あざみの若葉の「天ぷら」（右）と「きんぴら」（高知県室戸岬町椎名）

高知市内の料理屋では、早春の香りを賞味する料理として若葉の天ぷらはなくてはならない季節の定番となり、郷土の味として親しまれている。

本章では、ごぼうが料理の食材として定着し、日本各地に普及していく過程をみてきた。

日本におけるごぼう利用の初見は「薬用」であるが、平安時代には料理として供応されるようになり、その最初は「干物（削り物）」として登場し、次いで中世になると「煮染牛房」、「タタキ牛房」の料理が出現した。さらに、ごぼうの料理は江戸時代初期には成熟期を迎え、料理として、「汁　あえもの　煮物　餅　香の物　茶菓子　其外いろいろ」に用いられ、後期になると「きんぴらごぼう」が普及し、その歯応えと香りを賞味する調理法が種々工夫され、発展したといえる。

現代において、ごぼう料理の原点とも考えられる調理法が伝承されている石川県の「七日焚きごぼう」、福井県の「からごんぼ」、奈良県の「ごぼうのハリハリ」、青森県・秋田県の「でんぶごぼう」など日本各地に事例があり、現代においても正月および伝統的な行事の料理として受け継がれている。

また、とくに正月の節日の食物として、全国的に「ごぼうの煮物・煮しめ」があるが、関東以北を中心に「きんぴらごぼう」があり、近畿地方を中心に「たたきごぼう」が普及しているといえよう。

以上、古い時代より奈良県および福井県、三重県のムラの正月祭事においてごぼうが神饌の中核として供えられ、不可欠であったことを考えると、正月祭事に儀礼食物として供されたごぼうは、その後、正月の節日になくてはならない食物となり、お節料理に発展したと推論することが出来る。

そして、外国原産の植物であるごぼうが日本の食生活に受け入れられ土着化したのは、ごぼうによく似た日本原産の野生植物アザミ属やヤマボクチ属の食習が古くからあったことが、世界に類例のない日本固有のごぼう食文化を形成させた一要因であると考える。

第十章　ごぼうの薬効と栄養

福井県および滋賀県、奈良県、三重県においては古くから、五穀豊穣と子孫繁栄を祈念して、「ごぼう講」「ごんぼ祭り」「牛蒡喰行事」「牛蒡祭」などが正月祭事や秋祭りとして斎行され、祭りの名称でもあるごぼうが、神事の中枢を成して、ハレの日の最上の食物として大量に消費される事例を第四章で紹介した。畑作物のごぼうが古い時代において、きわめて重要な食糧であったことを窺い知る事例であり、それは日本人固有の食文化と考えることが出来る。

これら事例をみると、年の始めにごぼうを大量に食べる習俗のなかには、五穀豊穣と子孫繁栄を願うとともに、この一年、病気を予防し、健康を維持するという栄養・薬用としての効用を得る目的があったことが考えられる。さらに、民間に伝承されているごぼうの食習慣のなかには、ごぼうを病気の治療や滋養のあるものとして日常の食事のなかで利用する事例もある。

すでに、第八章において、ごぼうが日本料理の食材として発達・普及し、日本固有のごぼうの食文化を形成していく過程について明らかにしたが、ごぼうが中国から薬用として導入された植物であることを考えれば、食物としてのごぼうの利用だけでなく、薬用として、どのような利用があったのかについても考えてみたい。

本章では薬効をもつ食物としてのごぼうの食品価値について考えるとともに、現代の食生活におけるごぼうの有効利用について注目してみたいと思う。

一　薬用としての「悪實《あくじつ》」

日本におけるごぼう利用の歴史については第二章で述べたように、その記録の初見は『新撰字鏡』(898〜901)であり、その木部に「悪實　支太支須乃弥《キタキスノミ》」と記載されていることから、ごぼうは最初、種実を「薬用」に利用したと思われる。その後の史料である『本草和名』(918)および『倭名類聚抄』(931〜38)には山野に繋る「野菜(山菜)」として記載されている。

このように、古代より中国の本草学を取り入れて、食と健康の指針にしてきた日本では、薬用であったごぼうをいち早く野菜として利用したものと推察される。

中国明代の李時珍が著わした本草書である『本草綱目』が日本に伝来したのは、一六〇七(慶長十二)年のことである。日本の本草学はこの書から多大な影響を受けて江戸時代に発達した。その『本草綱目』に、ごぼうは「悪實」と記述され、釈名(別名)は「鼠粘　牛蒡　大力子　蒡翁菜　便牽牛　蝙蝠刺」とある。「悪實」の名称について、「(李)時珍曰く、その実の形状が悪くして、刺鉤《しこう》が多いものだから呼んだ名称だ。根も葉も皆食料になり、一般には牛菜と呼び、方術家では、隠語で大力と呼び、賊俗の間では便牽牛《べんけんご》といひ、河南地方では夜叉頭《やしゃとう》と呼ぶ」とある。「悪實」の名称の由来はその実の形状が悪く、刺が多いことから名づけたと記述されている。また、「頌曰く、実の殻に刺が多く、鼠がその上を走ると忽ち粘り付いて脱《のが》れなくなる。それで鼠粘子《そねんし》と謂ふ」とあり、「悪實、即ち牛蒡の子だ。處々にある。葉は芋の葉ほどの大きさで長く、実は葡萄の核に似て褐色だ。外殻は栗のいがに似て小さく、指頭ほどのもので刺が多い。根は極めて大なるものがあって、菜にして食へば健康を益する。秋後に子を採って薬に入れる」とあり、根は菜として滋養があり、子（種《たね》）は薬になると記してある。主治（効力を録する）を参考にすると、子は「目を明らかにし、中を補し、風傷（風熱）を除く」とあり、根茎は「久しく服すれば、身體を軽くし、衰老を防ぐ」「十二經脈を通じ、五臓の悪気を洗ふ。菜にして常に食へば身體を軽くする」とある。すなわち、ごぼうを日常よく摂れば年を取らない、長寿できる食品であるとその効用が記され、ごぼうは栄養・強壮のある食品として、その価値が高く評価されている。

高い価値のあるごぼうを、「悪実」という名称から考えてみると、この「悪」の意については「猛々しい、強い」という意味もあることから、「悪実」とは「強い実」との解釈が成り立ち、栄養・強壮の効用に繋がるものと考えることもできる。

それでは実際に、民間においてごぼうは食品としてどのように評価されてきたのであろうか。民間に伝承されているごぼうの利用法をみてみることにしよう。

二　民間に伝わるごぼうの薬効と利用法

日本人の伝統的な食生活が伝承されていたのは昭和初期ころまでであり、民間に伝わっていたごぼうの薬効と利用法は、そのような時代の生活のなかで明らかになると考える。

そこで、これまで福井県、滋賀県、奈良県、三重県の地域を中心に聞き取りを行ってきた調査から、ごぼうの利用法について実態を把握するとともに、加えて、日本各地に伝わるごぼうの民間療法については、『聞き書　日本の食生活全集』（全四八巻）を資料にして、その利用法を表10—1にあげてみた。

また、民間療法として伝承されてきたもののなかには、野生種と考えられる山ごぼう（オヤマボクチ *Synurus pungens* KITAM.、モリアザミ *Cirsium dipsacolepis* MATSUM.）があり、その根茎や葉がごぼうと同じような薬効を持つものとして利用されていることから、同様にあげた。

民間伝承では、ごぼうはさまざまな疾病や症状に効果があるとされている。ごぼう利用の多くは産婦の栄養をとるための食であり、妊婦・産婦の栄養食としてごぼうの根茎・種・葉のすべてが利用され、とくに奈良県・滋賀県・群馬県においては、産後にごぼうやごぼうの種を食べると「乳腺が開いて母乳の出がよくなる」と伝わっていた。その一方で、ごぼうを妊婦・産婦には禁忌の食品としてあげている茨城県・岡山県・長崎県では、ごぼうは「あくの多いもの」、「あくがあって身体が冷えるからいけない」などの事例もあり、妊婦・産婦の食としてごぼうは栄養食ばかりではなく、禁忌の食として伝わる地域もあった。

また、ごぼうの一般的な効用として奈良県では「身を軽くする」、「便秘の解消」、「整腸」など身体の調子を整えるものとして伝わり、福井県では薬用として、「利尿」、「腎臓病」、「急性腎炎」、「盲腸炎」などその多くは腎臓病の療法に用いられているが、日本各地には「腫れ物」、「風邪」、「冷え性」、「はしか」、「やけど」、「トラコーマ」、「寄生虫の駆除」などさまざまな民間療法に利用され、栄養・薬用としてのごぼうの食品価値は高く評価されていた。

また、民間には野生種の山ごぼうの利用があり、その根茎や葉の効用も伝わっていて、その多くは「腎臓病」の治療に用いられていた。腎臓病の治療例としては「小学生のころ（昭和初期）、やまごぼうの葉をゆでて、ゴマみそあえで食べたり、みそのオツ（みそ汁）の中に入れて食べた（岡山県）」という事例があり、「このやまごぼうの和名はキクバヤマボクチであり、葉も根もにおいはきつく、根は有毒」と記述されているが、そのほか「心臓病」「破傷風」「盲腸炎」「中風」など、特定の疾病や症状にごぼうと同じ

表10-1　ごぼう・山ごぼうの民間療法

薬効と利用法	根	種	葉
ごぼう			
栄養＊母乳の出がよくなる（奈良県、滋賀県、群馬県）	○	○	○
＊産後の食べ物—ごぼうの味噌汁（高知県）	○		
ごぼうの黒焼き（岐阜県）	○		
ごぼうの味噌漬（富山県）	○		
ごぼう（大阪府）	○		
＊産後の髪の毛が抜けない（佐賀県）	○		
＊子孫繁栄（秋田県、三重県）	○		
効用＊身を軽くする（奈良県）	○		
＊便秘、整腸作用（奈良県）	○		
＊精力強進（福井県、三重県）	○		
薬用＊腫れ物—種をかんで小麦粉と練り貼る（千葉県）		○	
種の煎汁（岡山県）、根の煮汁（愛知県）	○	○	
＊利尿－種（煎）（福井県）		○	
＊腎臓病—種（煎）（福井県）		○	
＊急性腎炎—種の煎汁（福井県）		○	
＊盲腸炎—ごぼうの汁（生）（福井県）	○		
＊風邪—すりごぼう（岩手県）	○		
＊冷え症、冷え予防—ごぼうの葉（山梨県）			○
＊はしか—種の煎汁（静岡県）		○	
＊やけど—ごぼうをすり卸し、食用油で練り貼り付ける（千葉県、石川県）	○		
＊ぼろ眼（トラコーマ）－種を用いる（愛知県）		○	
＊寄生虫の駆除（愛知県）	○		
禁忌＊妊婦—ごぼう（茨城県）	○		
＊産婦—ごぼう（岡山県、長崎県）	○		
山ごぼう			
薬用＊腎臓病—根の煎汁を飲む（宮崎県、長崎県、高知県、岡山県、埼玉県）	○		
〃　—葉をゆでてごま味噌あえや味噌汁（岡山県）			○
＊腎臓病・利尿－根・茎（福井県）	○		
＊心臓病—根の煎汁を飲む（埼玉県）	○		
＊便秘—ヘビごぼうの根（大分県）	○		
＊脚気—根のすりおろし（長崎県・秋田県）	○		
〃 —葉のおひたし（滋賀県）			○
＊破傷風—ひなすび（やまごぼう）（長崎県）	○		
＊盲腸炎—根・茎を陰干しして煎用（福井県）	○		
＊中風（高血圧）（秋田県）	○		

（日本の食生活全集編集委員会編『聞き書　日本の食生活全集』全48巻　農山漁村文化協会（1984-92）および著者の現地調査により作成）

ように利用されていた（鶴藤・竹内 1994）。

このように、ごぼうの根茎・種・葉のすべてが栄養および薬用として、また、山ごぼうもごぼうと同じ効用のある植物として、いずれも日本各地においては民間療法によく利用されていたといえる。

すでに述べてきたが、古くから継承される利用法として、年中行事や特別の儀礼・儀式の食物にもごぼうが用いられた。つまり、祈りや願いを込めるという精神分野にも取り入れられたと思う。

例えば、日本の伝統的な年中行事である正月の節日には、たたきごぼうが数の子・黒豆・田作りとともに祝い肴の膳にのぼり、宮中の正月節会には味噌入りの白あんにごぼうをはさんだ「菱葩《ひしはなびら》」が供せられる。また、全国各地の正月および祭り・行事、盆の食物として、さらには、慶事、仏事、厄除けの儀礼に、ごぼうは餅、汁もの、煮もの、和えもの、炒りものに調理されて膳部の料理になる（第九章参照）。なかでも、ごぼうが祭りの名称になり、神饌の中核として供えられ、ムラの祭りになくてはならないもの、ハレの日の最上の食物として大量に消費されている（第四章参照）。

これらの事例を考えると、日本人にとってごぼうは単なる食物であるというより象徴《シンボル》的意味合いの強いものであり、薬効のあるごぼうに健康および万病予防の願いを込めて、行事や儀礼食物に供したことがうかがえる。

三　江戸時代の本草書にみるごぼうの薬効と利用法

ごぼうの食習慣は、長い年月をかけて形成および変容を繰り返しながら伝承されてきたものである。その食習慣のなかでも、民間に伝承されているごぼうの薬効とその利用法を明らかにするための史料として、江戸時代に刊行された本草書がある。
その本草書をあげると『宣禁本草』、『本朝食鑑』、『閲甫食物本草』、『日用食性』、『庖厨備用倭名本草』、『食用簡便』などがあり、これらの多くは中国の書である『本草綱目』の影響を受け、日本で刊行されたものである。すなわち、これら本草書は近世における日本の日常の食品や食物、さらには習俗をもとに、その薬効と利用法が記され、日本独自に発展した書であるといえる。近世においては、これら本草書が参考になり、多くの食物に薬効が期待された。表10―2は、その本草書に記されているごぼうの薬効をあげたものである。

本草書にはごぼうの根茎・葉・種のそれぞれについて、その用法と成分を利用した方法が記載され、民間伝承と同じように、ごぼうの成分が病気の治療や症状の軽減に有効と考えられていた例があげられている。また、用法のなかには、「夢遺精滑（夢精）」、「宿食（消化不良）」、「歯痛」、「下疳（性感染症による局所性リンパ節腫大）」などの症状に根茎は禁忌とある。

本草書にある症例をみると、まず、あげられるのは腫れ物の炎症を治すことや、頭痛・腹痛・顔・眼などの一切の痛みを和らげる効用である。その用法とは、頭痛を始めとする腫れ物には、ごぼうの根茎や葉を搗《つ》いて膏薬にして塗ることにより、腫れや痛みを和らげ、搾り汁は痛みのあるところに擦り込む方法である。歯痛には種を煎じた汁を口に含むことにより痛みを和らげるなど、ごぼうの根茎、葉、種のすべてに炎症を抑える効果が認められていた。さらに、日常的にごぼうを食べることにより、手足を丈夫にして老化を防ぐ、利尿作用、月経不通を治すなどの効用もあると記されている。

また、ごぼうの種を呑むことにより乳腺が開いて母乳の出がよくなるなどの効用は種の成分というより、種の物理的な作用（乳の道が開く）による効果を期待するようで興味深い。現代において、この効用は奈

表10-2　本草書にみるごぼうの薬効

ごぼうの薬効	根茎	種	葉
傷寒寒熱で汗の出るものの治療	○		
消渇（糖尿病）を治す	○		
風腫（風邪を受けて腫れるもの）によい	○		
諸風で脚の弱ったものによい	○		
水腫を排除する	○		
炎症を消し去る	○		○
経脈（身体にある十二の血液の通路）を通す	○		○
牙歯痛を止める	○	○	○
咽喉熱腫の治療	○	○	○
労瘧（慢性のマラリヤのため疲労困憊すること）を治す	○		○
疝瘕（仮性腫瘤で発作性疼痛のあるもの）を治す	○		
中風（風邪の体力の虚に乗じて入るもの・真中風・類中風・卒中風）を治す	○		
老人の中風	○		
老人の風濕	○		
頭部・面部・耳などの突然の腫痛を治す	○	○	
頭痛を治す	○	○	○
吐血	○		
下血	○		
小児の咽腫	○		
項下の癭疾（首筋のこぶ）	○		
利尿作用	○	○	○
化膿性炎症の治療	○	○	○
月経を通す	○		
久しく食すると身体を軽くし、老衰を防ぐ	○		○
五臓の悪気を治す	○		○
夏季におこる皮膚の間を虫が歩くような気がする病気を治す	○		○
肺の病気によい	○		○
腹中のしこりや痛みを治す			○
気持を落ち着かせる	○		
血液の循環をよくする	○		○
顔や眼の痛みを除く			○
脚・腰を丈夫にする		○	○
頭風白屑（フケ）を除く	○		
風傷（風熱）を除く		○	
目を明らかにする		○	
麻疹で発疹がでないときの治療		○	
身体浮腫し、骨節疼痛あるときの治療		○	
諸種の結節		○	
諸関節や筋骨の煩熱の毒を散らす		○	
小児の痘瘡を治す		○	
婦人の吹乳（母乳の出がよくなる）		○	
毒蛇・毒虫の解毒		○	

ごぼうの薬効	根茎	種	葉
蠱毒（腹の中の虫）を瀉す			○
水蠱の腹大（腹が大甕のようになった時）			○
関節炎を治す			○
夢遺精滑（夢精）	●		
宿食（消化不良）	●		
歯痛	●		
下疳（性感染症による局所性リンパ節腫大）	●		

○は効用　●は禁忌
(『宣禁本草』『本朝食鑑』『閲甫食物本草』『日用食性』『庖厨備用倭名本草』『食用簡便』『國譯本草綱目』より作成)

良県、滋賀県、大阪府の民間に伝わり、母乳の出がよくなるようにと、産婦にごぼうの種を煎じた汁やごぼうの根茎・葉を食べさせるなど、その効果が期待されている。

四　『食用簡便』にみるごぼうの料理

『食用簡便』にはごぼうの料理が詳細に示され、それぞれ調理法別による効用も記されている（表10—3）。

ごぼうの料理には、「煮《ニル》」、「太煮《フトニ》」、「和《アエル》」、「扣牛蒡《タタキゴボウ》」、「醋牛蒡《スゴボウ》」、「炙《アブリ》牛蒡《ゴボウ》」の六種があり、いずれの料理についてもごぼうはきれいに洗い、皮を取ってから茹でてアク抜きをすることなど、下処理の仕方が記されている。

「煮」（煮もの）には味噌汁の具や魚・鳥との焚き合わせなどがあげられる。「太煮」とはごぼうを太く切ったものを薄い醤油味でよく煮ることや、葛《くず》醤油をかけて供するなどが記されている。葛醤油とは葛でとろみをつけたあんかけであろう。太煮は「気持ちを落ち着かせる、胃の調子を整える」「極めて体力・気力を補う効あり」などの効用が示され、「病者にも用いてよい」とある。

「和（和えもの）」には茹でたごぼうを胡麻味噌や山椒味噌で和えて用

表10-3　『食用簡便』に記されたごぼうの料理

料　理	調　　理　　法	効　　　用	禁　　　忌
「煮《ニル》」	根茎をきれいに洗い、皮を取ってから茹でてアクを抜き、味噌汁の具に用いる 魚や鳥との焚き合わせがよい		多食すると消化しにくい、腹が張る 醤油で煮たものは病人によくない
「太煮《フトニ》」	根茎をきれいに洗い、皮を取ってから太く切り、茹でてアクを抜き、薄く醤油味をしてよく煮るかあるいは葛醤油をかける	気持ちを落ち着かせる、胃の調子を整える 極めて体力・気力を補う効あり	
「和《アエル》」	根茎をきれいに洗い、皮を取ってから茹でてアクを抜き、茹でて胡麻味噌あるいは山椒味噌で和える		多食すれば気持ちが重くなる 病人にはよくない 小児が食すれば虫を生ず
「扣牛蒡《タタキゴボウ》」	洗って皮芯を取り、茹であげてから棒で叩き割き、山椒醤油に浸す	血液の流れをよくし、気持ちを落ち着かせる	病人は食べてはいけない
「醋牛蒡《スゴボウ》」	茹でて酢に浸す	胸による気分の悪さを取り、気分がよくなる	病人は食べないほうがよい 生のものを食すれば一層消化しがたい
「炙牛蒡《アブリゴボウ》」	皮芯を取り、ひろげて火にかざし、醤油に浸しながら炙る。あるいは山椒味噌をつくっておく		気持ちが重くなる、胃を患う、病人にとっては効用のないものである 寒《ひえ》ると消化しにくい

いるとあり、これを「多食すれば気持ちが重くなる。病人にはよくない。小児が食すれば虫を生ず」とある。「扣牛蒡（たたきごぼう）」とは茹でたごぼうを棒で叩いて割き、山椒醬油に浸したものであるが、この料理は「血液の流れをよくし、気持ちを落ち着かせる」などの効用がある一方で「病人は食べてはいけない」とある。

「酢牛蒡（酢ごぼう）」は茹でたごぼうを酢に浸すもので、この料理は「胸による気分の悪さを取り、気分がよくなる」とあるが、「病人は食べないほうがよい。生のものを食すれば一層消化しにくい」とある。「炙牛蒡（あぶりごぼう）」は醬油に浸けたごぼうを火にかざしてあぶったものである。山椒味噌をつくり、温かくして食べるともある。この料理は「気持ちが重くなる。胃を患う。病人にとっては効用のないものである。寒《ひえ》ると消化しにくい」とあり、この調理法による効用は期待できないものと記してある。

これらごぼうの料理をみると、症状を和らげるための食物となる一方で、調理法によっては効用のない食物になることが記されているが、その根拠については不明なものもあると云わざるを得ない。

五　ごぼうの栄養

民間伝承および本草書において、ごぼうは妊婦・産婦の滋養食として、さらに、身を軽くし、老衰を防ぐなど健康増進といった保健食としての役割があった。それではごぼうの栄養とは何であろうか。

『日本食品標準成分表 2010』にはごぼうの根茎の成分が記載されている。ごぼうには食物繊維が多く含まれるということは一般的に知られているが、大根や人参に比して多く、水に不溶性の繊維も豊富であり、無機質のマグネシウム、鉄、亜鉛、銅、マンガンなども多く含まれている。

また、『中薬大辞典』、『新編日本食品事典』、『日本薬草全書』、『薬になる植物と用い方』にはごぼうの成分特性（表10—4）が示されている。ごぼうの根茎にはイヌリンが多く含まれ、これは腎臓機能を強化する成分であるとの記述がある。さらに、アミノ酸としてアルギニンおよびアスパラギンが含まれていることも示されている。ごぼうの独特の香気はアルクチン酸、その他五〇種以上の成分が混合して生じるものである。調理上で生じる黒変はタンニン酸、コーヒー酸、クロロゲン酸というポリフェノールであり、なかでもクロロゲン酸はその抗酸化作用が糖尿病の発症抑制に働く可能性があるといわれる。

ごぼうに豊富に含まれる食物繊維は消化されないものであるが、便通を整える効果のあることは周知のことであり、また、後述する最近の研究成果により、抗菌および抗真菌作用、降血糖作用、抗腫瘍物質を含むなどの薬理作用をもつものとして、その価値が再評価されつつあるとともに、腎臓機能を強化する成分のイヌリンをはじめ、アルギニン、アスパラギンなど種々の栄養素を豊富に含んでいる野菜であることがわかる。

このように、ごぼうの成分特性をみると、民間に伝承されていたごぼうの利用法の一つである妊婦・産婦の滋養食として、また、身を軽くし、老衰を防ぐなど健康増進のための保健食として、その栄養はごぼうに含まれる鉄分をはじめとする無機質が豊富なこと、アミノ酸としてアルギニン、アスパラギンを含んでいることにあるといえる。

一方、『本朝食鑑』には「我が国は俗に牛蒡根を強陽滋腎（男性強精剤）の薬とし、世人は多くこれを嗜《たしな》んでいるが、まだその効を詳らかにしていない。その外表が色黒なため、腎に入るとするのであろうか。性、寒冷というなら、助陽（男性器を強める）の理はない。但、諸風・諸瘡の主薬だけとするべきである」とあり、滋養強壮や健康増進のための効用については否定的である。しかし、その成分からみて、ごぼう

表10-4　ごぼうの成分特性

ごぼう根	成分	炭水化物	イヌリン セルロース ヘミセルロース
		アミノ酸（100 g 中　700 mg）	アルギニン アスパラギン
	香気	アルクチン酸 酢酸 プロピオン酸 イソ酪酸 アセトアルデヒド プロピオンアルデヒド n-ブチルアルデヒド など 50 種以上の成分が混合して生ずる	
	黒変	タンニン酸 コーヒー酸 クロロゲン酸 イソクロロゲン酸	
ごぼうの種	成分	リグナン類（アルクチイン、アルクチゲニン、マタイレシノール） セスキリグナン類（ラパオール A、B） 精油（セスキテルペノイド：デヒドロフキノン、アルクチオール） 脂肪酸（パルミチン酸、ステアリン酸、オレイン酸） ゴボウステリン	
ごぼうの葉		ビタミン C が多い	

（『中薬大辞典』（上海科学技術出版社・小学館編 1998 年）、『新編日本食品事典』（森雅央著、医歯薬出版 1994 年）、『日本薬草全書』（田中俊弘編、新日本法規出版 1995 年）、『薬になる植物と用い方』（木村雄四郎著、主婦と生活社 1966 年）より作成）

には滋養強壮や健康増進のための食として肯定的な成分が多く含まれていることから、ごぼうの薬効については、今後、さらに研究が進み、詳細が明らかになると考える。

ごぼうを用いた料理は江戸時代の初期から詳細な記録が残されており、その効用および利用法は昭和初期ごろの伝統的な食生活のなかで継承されていた。ごぼうの利用は病気を治療するとともに、健康増進のための食べ物として、江戸時代から現代まで伝わっている食習慣であり、現代における機能性食品といっても過言ではない。本調査において、本草書と民間に伝承されていたごぼうの薬効とその使い方に類似性が高かったこと

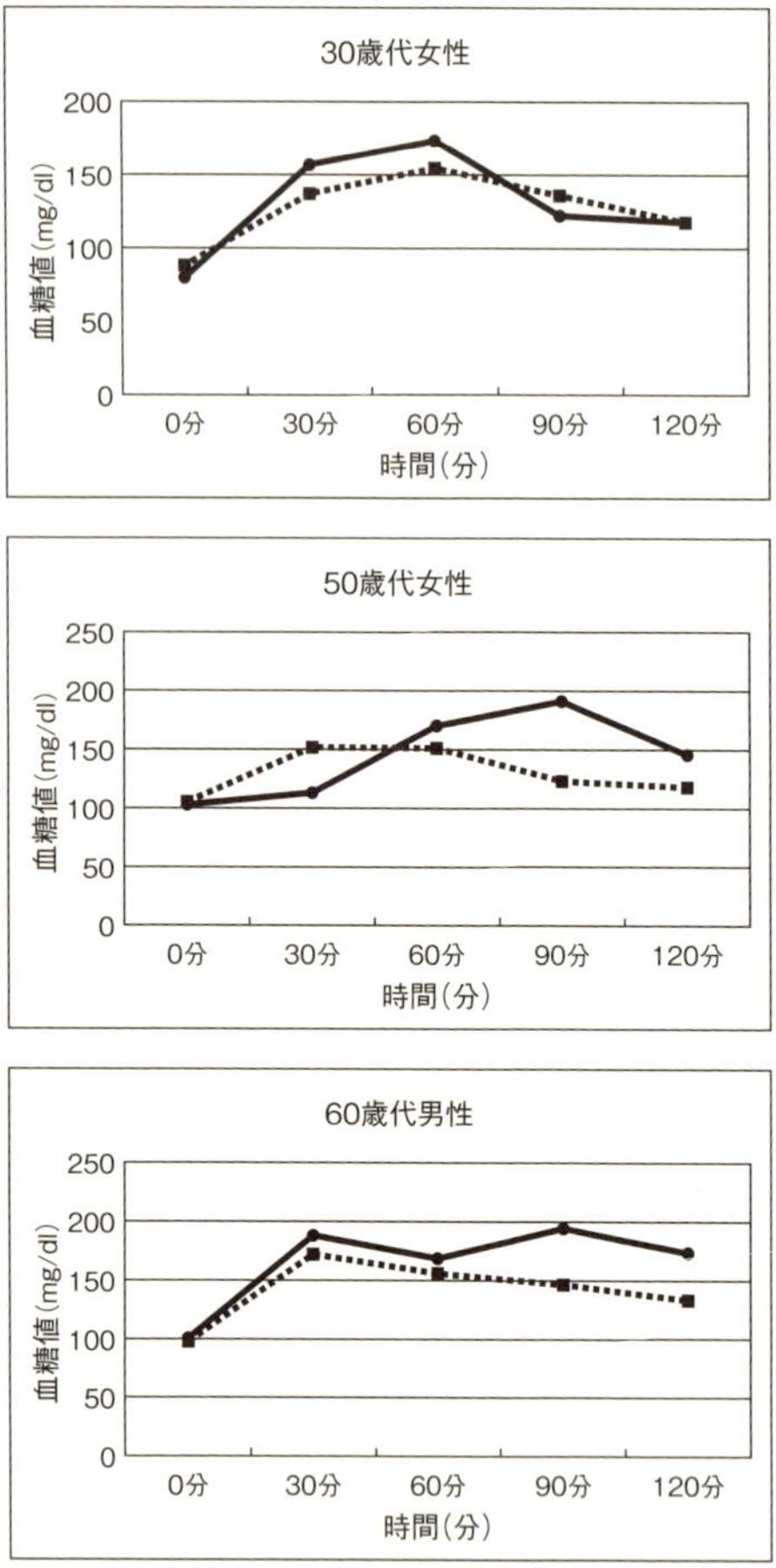

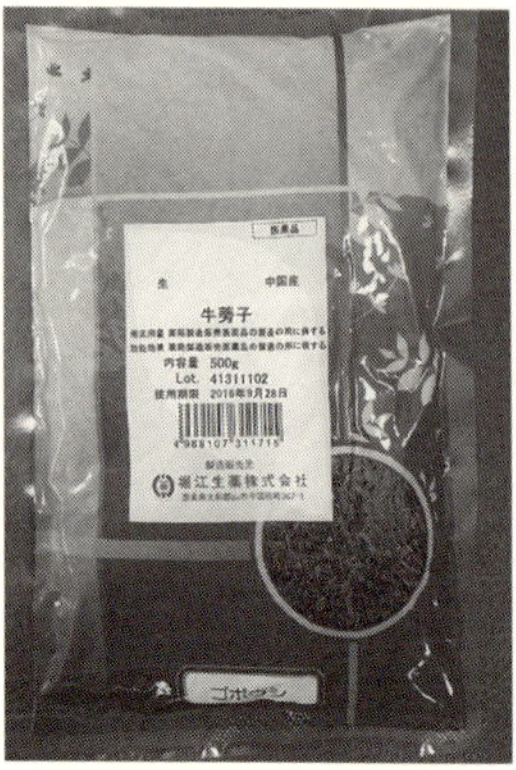

図10-1　日本の漢方薬店で販売される牛蒡子（ごぼうの種）

図10-2　ごぼう摂取の血糖曲線への影響
実線は握り飯だけを摂取したとき、点線は握り飯とごぼうを同時に摂取したときの血糖値の変動を示す。握り飯は白米 90 g、握り飯＋ごぼうは白米 80 g＋ごぼう 60 g で炭水化物量をほぼ等しくした。
（資料：冨岡典子他「宇陀ゴボウ食が健常者の血中脂質および血糖値へ及ぼす影響」『畿央大学紀要』第 7 号（2008 年））

からも、本草の知識が長年の間に民間に広まり、ごぼうの食習慣と合致したものが薬効をもつ食べものとして定着し、広く普及した可能性が高いと思われる。

医学や薬学、栄養学が発達し、急速に進歩している現代においては、ごぼうの薬用としての食習慣も衰退したかに思えるが、いまなお民間療法が根強く伝承されているものもある。その療法のひとつに、「産婦の母乳の出がよくなるように」と神戸や大阪、奈良市内の漢方薬店では、「牛蒡子（ごぼうの種子）」（図10―1）を買い求める人がいまでも時々あり、それを求める地域は昭和初期ごろにごぼうの民間療法が伝わっていた奈良県をはじめ、大阪府、福井県、富山県などであるという。先人の知恵が現代に生きているのである。

そして、現代におけるごぼうの食品価値も、民間に伝承されてきた薬効をもつ食べ物として再評価され、科学的な効果も実証されつつある。先人が永い歴史の中で培ってきた生活文化、日本の野菜を代表し、日本固有の食文化を創り上げたごぼうの食習慣を今一度見直し、日常食として大いに利用するとともに、さらに、機能性食品としての有効利用についても注目したいものである。

六　機能性食品としてのごぼうの未来

大陸から渡来してきたごぼうは、日本人にとっては魅力のある食用植物であった。ごぼう特有の香りとカリカリとした歯ごたえは日本人の嗜好によく合い、日本の食文化を代表する地位を獲得したのである。そして、その価値をより高めたのは薬用としての導入であったろう。江戸時代においては、本草学の影響もあり、ごぼうは病気の治療や滋養のあるものとして、民間療法に大いに利用され、種・根茎・葉のすべてが用いられた。ごぼうは蔬菜としてだけではなく、薬草としても期待できる食物であった。

このように、近世において薬効が注目され、盛んに食べられるようになったごぼうは、昭和初期の戦中、戦後の時代においては腹の足しにもならない食物として生産量は減少した。しかし、民間療法においては薬用としての価値が認められ続けたのである。

これら先人の知恵は、最先端の医学、薬学が発達した現代においても見直され、伝統食や加工技術のなかで再びクローズアップされている。

伝統の野菜として注目されているごぼうの食品としての価値のひとつに、高繊維の食品であることが挙げられる。空腹の時代に腹の足しにもならなかった食物繊維は、飽食の時代を迎えると一変してそれにスポットがあてられ、ごぼうに含まれる難消化成分が、生活習慣病である肥満や直腸がんの予防に効果があると注目されている。

生活習慣病のなかでも糖尿病の予防にあげられるのは、ごぼうに含まれる脂肪酸のメチルエステルである。この物質は、α-グルコシダーゼ活性を顕著に阻害するという Miyazawa（2005）らの研究報告がある。

この Miyazawa らの報告を参考にして、冨岡（2008）らは、炭水化物食とともにごぼうを摂取すれば、糖尿病患者における摂取後の急激な血糖値の上昇を防止できる可能性が期待できるであろうと仮定した。ここでは、食後の血糖値の上昇を減少させることができるかということに着目して、ごぼうの機能性食品としての有効性をヒト（健常者）実験で実証した。

炭水化物食のみ摂取したときと、炭水化物食とごぼうを一緒に摂取したときの血糖曲線を比較（図10―2）すると、炭水化物食とごぼうを同時に摂取することにより、血糖値の減少開始の時間は早くなり、最高値も低下した。その傾向は年齢が高くなり、耐糖能（血糖値を正常に保つための、グルコース＝ブドウ糖

表10－5　ごぼう同時摂取による血糖値への影響

	握り飯のみ	握り飯＋ごぼう	％＊
30歳代女性	116.8	92.8	79.4
50歳代女性	99.0	61.3	61.9
60歳代男性	142.3	101.5	71.4

Glycemic index 計算法に準じて計算した血糖曲線下の面積（血糖値×時間）
握り飯は白米 90 g、握り飯＋ごぼうは白米 80 g＋ごぼう 60 g で炭水化物量をほぼ等しくした。
＊握り飯のみの値に対する握り飯＋ごぼうの％
（資料：冨岡典子他「宇陀ゴボウ食が健常者の血中脂質および血糖値へ及ぼす影響」『畿央大学紀要』第 7 号（2008 年））

の処理能力）が低下するほどはっきりと見られ、ごぼうの同時摂取により血糖値の上昇は六〇〜八〇パーセントに減少したのである（表10－5）。

このように、ごぼうと炭水化物食を一緒に摂取することは、食後の血糖値の上昇が軽減され、予想通りの結果が得られたのである。少数例ではあるが、急激な血糖値の上昇防止効果は耐糖能が低下している高齢者に大きいので、糖尿病患者の血糖値上昇の防止に有効ではないかと思われる。

現在、ごぼうの薬学的効用を実証する研究も進んでいる。伝統医薬学に特化した研究所である富山大学和漢医薬学研究所（富山市）の門田（2011）は、ごぼうの種子に含まれるアルクチゲニンという成分が膵臓がんの縮小に効果があることを発見した。ごぼうの種子は、解熱や鎮痛効果があり、漢方生薬として使われているものである。すでに、臨床試験が始まり、治療法が少ない膵臓がんの治療薬として実用化が期待されている。

さらに、ごぼうにはポリフェノール類（アク――味として好ましくないものの総称――の成分であるタンニン、クロロゲン酸、イソクロロゲン酸など）が豊富に含まれ、この成分が、高い抗酸化能を示すことに着目した Takebayashi（2010）らの報告がある。ごぼうの抗酸化成分は、ごぼうを焙煎および加熱処理（蒸すなど）をすることにより、高い抗酸化能を維持できることが明らかになった（井上ほか2010・村上ほか2013）。焙煎したごぼうをティーバッグ型にした「ごぼう茶」の商品はまたたく間に普及し、琥珀色でほんのりごぼうの香りのするお茶は市場で人気の商品になっている。

また、佐藤（2011）らも、ごぼうに含まれているポリフェノール類の抗酸化能に着目し、「抗酸化能を高める和食献立の食事設計法」を試みている。献立の副菜としてきんぴらごぼうを設定し、ごぼうの下処理でアク抜きをしたものとしないものとで、抗酸化能を比べてみると、アク抜きをしないで調理したきんぴらごぼうは抗酸化能が高い結果を得たことが明らかになり、抗酸化能を高くした料理は栄養・健康機能面からも望ましいことを示唆している。

第十一章　ごぼうを通してみる日本食文化の特徴

一　ユネスコ無形文化遺産になった「和食」

二〇一三年一二月四日、「和食」がユネスコ無形文化遺産に登録された。登録では、「和食　日本人の伝統的な食文化」と題し、「和食」を料理そのものではなく、「食材、料理、栄養、そしておもてなし」など食事の場や食べ方も「和食」の大切な要素であり、日本人の気質に基づいた「食」に関する「習わし」と位置付けている。

「和食」が日本文化である理由として、「自然の尊重」「家族や地域を結ぶ」「健康長寿の願い」「和食の多様性」をあげているが、これらは日本人が長い歴史の中で育てあげてきたものであり、これからも日本人が守るべき「文化」であるといえる（農林水産省 2013）。

「和食」を育てた日本の自然環境をみると、国土は南北におよそ三〇〇〇キロメートルと細長く、亜熱帯から温帯、亜寒帯の地域を含む地形であり、周りは海に囲まれ、山地が国土の七五％を占めている。平均の年間雨量は一八〇〇ミリメートルと多く、山に降り注いだ雨は地下にしみこんで湧き水となり、きれいで、おいしく、豊富な水は口当たりがやわらかく、まろやかな軟水（ＷＨＯ基準でカルシュウムとマグネシュウムの量が一二〇ミリグラム／リットル未満）である。この豊かな水は、日本食文化の特長ともいえる「水の文化」を育み、酒や豆腐、アク抜きの技術などを発達させ、季節の食材の持ち味を生かし、見た目を尊ぶという調理を工夫してきた（石川 2009）。

さらに、日本食文化が形成される上で忘れてならないのは、古代・中世においては中国や朝鮮半島、近・現代においては欧米諸国などさまざまな異文化と接触し、それらの先進文化を取捨選択して取り入れ、「和食」という日本固有の食文化に発展させたことである。

その「和食」を構成する要素のひとつである食材の代表にあげられるのはなんといっても「ごぼう」であろう。大陸育ちの「ごぼう」が「たたきごぼう」や「きんぴらごぼう」など日本固有の料理文化を生んだ。これらの料理は二〇〇〜五〇〇年の歴史をもつ伝統食として、現代に受け継がれる日本の食文化遺産といえるものである。

二　日本食文化の本質

日本食文化の成り立ちは、中国や朝鮮半島、欧米諸国など、これら外来あるいは渡来文化が共存・融合して形成されたのが特性といえるが、そのもとを辿れば、縄文時代まで遡ることができる。

日本人の祖先である縄文人の起源について、南方あるいは北方の起源であるというさまざまな研究がなされるなかで、縄文時代前期の人々の生活の遺物のなかには、栽培植物として緑豆、ヒョウタン、シソ、エゴマの南方系のものがある一方で、ゴボウ、アサ、アブラナ類の北方系のものもあって、縄文人の生活は早い時期から南方系と北方系が混在しているのである。

縄文人のルーツが南方系であっても北方系であっても、生活圏が列島内に限定されていれば、その食文化には北方系のゴボウ、アブラナ類は本来、存在しないはずである。にもかかわらず、これら植物は縄文時代の早い時期からすでに日本にもたらされている事実をみると、縄文時代草創期にはすでに大陸の文化を受容し、それを共存させた縄文文化が形成されていたといえよう。

日本の伝統的な食文化は儀礼食や行事食に代表されるように、稲作物が優先するようにみえるが、その特別な日の食物には米・餅とともに南方系のさといも、こんにゃく、大豆などや、北方系のごぼう、大根などがそれぞれ混在して供されている。

このような日本食文化の特質は、多様な外来あるいは渡来文化を基盤とし、これら文化が共存・融合して発展したものである。世界に類例をみない日本のごぼう食文化も、まさに、この外来文化の上で成立し、日本固有の食文化に育てあげたものである。

三 「神饌」から発展した料理文化

古代において、日本人は神まつりを重要な行事と考え、自然現象や天体、祖先や偉人など、すぐれた霊力をもつと認めたものをすべて神とあがめた。神まつりには神饌としてまず最初に酒を献じ、酒に次いで飯や餅、魚、海菜、野菜、果物などを力の許す限り調製・調理して供えた。まるで生きた人をもてなすのと同じ扱いをしたのである。

古くから伝わる神まつりには、これらを調理した神饌すなわち「熟饌」が各共同体により固有の形態でお供えされ、信仰のもとに秘事として扱われて、古式のままの調理・調製法、供え方、供し方が伝わっている。そこには日本古来のハレの日の最上の食物と調理法が現存している。

このように、神に献じる「熟饌」を注目すると、日本料理がいかにして発達してきたのか、その原初が見えてくる。ここでは、ごぼう祭りに「熟饌」として供えられるごぼうを通して、日本料理の成り立ちをまとめてみよう。

神饌となるごぼうは、各共同体により、固有の形態で供えられるが、共通することは、ごぼうが大豆と組み合わされて供えられるということである。

ごぼうと大豆を組み合わせた調理法をみると、それぞれの季節に最も多く収穫できた食材をより美味しく調理し、加工したものと考えるが、ごぼうに「くるみ（茹でた大豆を潰したもの）を塗り付ける」「大豆の汁をかける」「きな粉をまぶす」など、これら一連の大豆利用の調理法は、象徴的《シンボリック》、呪術的ともいえるような儀礼作法であり、意図的に何かの記号を付したとも思えるような行為である。

このような神饌における大豆利用を観察すると、日本料理の大豆食文化や味噌・醬油の伝統的な使い方に類似している。最初は、大豆を「鎮魂」（『延喜式』）や「鬼毒を消す」（『医心方』）などの儀礼作法に利用したものが、時代を経て、「味噌をつける」「味噌あえ」「醬油煮」などになり、大豆から味噌へ、さらに醬油へと移行したと考える。日本における大豆や大豆調味料の食文化はこうした神饌の調理・調製法からはじまり、それが日本料理の基底になったと思われるのである。田楽料理の成立こそまさに神饌にはじまるものであり、ごぼう・さといも・こんにゃくを串にさし、大豆を塗って供物とする焼畑農耕の習俗はこれら大豆の儀礼作法が出発点にあるといえる。

四　「音を食べる」日本人

日本人の食文化には食物の堅さ、弾力などのテクスチャー（堅さ、弾力、なめらかさ、砕けやすさなどの総合された刺激＝口あたり）を重視するものが多い。これらは料理による違いはあるが、料理のおいしさの五〇％以上はテクスチャーによって占められていて、なかには、かまぼこやてんぷら、ご飯などのように、おいしさのうちテクスチャーが七〇～八〇％も占めている食物もある（河野友美 1984）くらいである。

「ごぼう」のおいしさもまた例外ではない。食材が持っている堅さを自然のまま生かし、その歯ごたえこそがおいしさを倍増させる。おいしさのほぼ一〇〇％はテクスチャーによるものといっても過言でなかろう。かの高名な料理人であった辻嘉一氏は「ごぼうは音の味」と的確な表現をした。

まさにそうなのである。日本人が食物をおいしいと感じる範疇には「音を食べる」ことも条件に入るのである。ごぼうを口に入れたときの「カリッカリッ」「シャキシャキ」という音は脳を刺激しておいしさの満足感に到達する。「たたきごぼう」や「きんぴらごぼう」は日本人の食の記憶のなかに摺りこまれた味であり、二〇〇〇～六〇〇〇年間も継承されてきた日本の食文化を代表する食物なのである。

五　健康と長寿を願う「ごぼう祭り」

日本の祭りには、五穀豊穣と子孫繁栄を祈念して、「ごぼう講」、「ごんぼ祭り」、「牛蒡喰行事」、「牛蒡祭」などが正月祭事や秋祭りとして斎行され、祭りの名称でもあるごぼうが、神事の中枢を成して、ハレの日の最上の食物として大量に消費されている。畑作物のごぼうが古い時代において、きわめて重要な食糧であったことを窺い知る事例であり、それは日本人固有の食文化と考えることが出来る。

これらの祭りをみると、年の始めにごぼうを大量に食べる習俗のなかには、五穀豊穣と子孫繁栄を願うとともに、この一年、病気を予防し、健康を維持するという栄養・薬用としての効用を得る目的があった。

ごぼう祭りの由来をみると、「強壮薬といわれたごぼうを食べて精力強進作りをすることにより、家族の繁栄を願う」とあり、また、「直会《なおらい》で、器にこぼれんばかりに高く盛り上げた一人前一・五キログラムのごぼうを食べきれないと物笑いになった」、「牛蒡の膳（ごぼう約四一三グラム）」をその場で全部平らげるのが作法で、万一食べ切れないと講員一同から物笑いの種になった」などの逸話は、ごぼうを供することとは病気の予防や健康を維持するとともに精力を強め、子孫繁栄を願う習俗であるとともに、五穀の豊穣を祈るものであり、その五穀を生産する農民の健康と長寿の願いがこめられて「ごぼう祭り」が斎行されているといえる。

その一方で、民間に伝承されているごぼうの食習慣の中にも、ごぼうを病気の治療や、滋養のあるものとして日常の食事のなかで利用することがある。

栽培種のごぼうは最初、薬用として中国から渡来した植物であることを考えれば、健康を維持するための食物としての利用が大きかったと思われる。

江戸時代には中国の本草書である『本草綱目』の影響を受け、日本でも多くの本草書が刊行され、近世においてはこれら本草書は医学書や薬学書として参考になり、多くの食物に薬効が期待された。

その本草書に、ごぼうは、その根茎・葉・種のそれぞれが栄養および病気の予防や治療としての利用法が記載されているが、これらが日本各地の民間に伝わり、いずれも民間療法として利用されてきたのであろう。ごぼうの民間療法の多くは妊婦・産婦の滋養食であり、産後にごぼうやごぼうの種を食べると「乳腺が開いて母乳の出がよくなる」と伝承され、その効用は現代においても群馬県、福井県、奈良県、滋賀県に伝わっている。

また、ごぼうの効用として、奈良県では「身を軽くする」、「便秘の解消」、「整腸」など身体の調子を整えるものとして伝わり、福井県では薬用として、「利尿」、「腎臓病」、「急性腎炎」、「盲腸炎」など、その多くは腎臓病の療法に用いられているが、日本各地には「腫れ物」、「風邪」、「冷え性」、「はしか」、「やけど」、「トラコーマ」、「寄生虫の駆除」などさまざまな民間療法に利用され、栄養・薬用としてのごぼうの食品価値は高く評価されてきたのである。

さらに、ごぼうのもうひとつの利用法は、日本の伝統文化として継承されてきた年中行事や特別の儀礼・儀式の食物として用いられていることである。

正月の節日には、「たたきごぼう」が祝い肴の膳にのぼり、宮中の正月節会にはごぼうをはさんだ「菱葩《ひしはなびら》」が供せられる。日本各地には、正月および祭り・行事、盆の食物として、さらには、慶事、仏事、厄除けの儀礼食として、ごぼうは膳部の料理になっている。

このように、ごぼうは病気を治療するとともに、健康増進のための食物として、近世から現代まで伝わっている食習慣であり、機能性食品としての役割を合わせ持った食物といっても過言ではない。本草書と民間に伝承されていたごぼうの薬効とその使い方には類似性が多く、本草の知識が長年の間に民間に広まり、ごぼうの食習慣と合致したものが、薬効をもつ食物として定着し、広く普及した可能性が高い。

西洋医学や薬学、栄養学が発達した近代においては、ごぼうに薬効を求める必要もなくなってきたが、その間も民間療法が根強く伝承されてきた地域もあり、今もなお先人の知恵が生かされている。

最近は、ごぼうの食品価値がさらに評価され、クローズアップされている。ごぼうの薬理作用や機能性食品としての研究が進み、科学的にも効果があると実証されつつある。

先人が永い歴史の中で培ってきた生活文化、日本の野菜を代表し、日本固有の食文化を創り上げたごぼうの食習慣を今一度見直し、日常食として大いに有効利用したいものである。

あとがき

　私の研究の出発は、一般民衆が営んできた日本料理の起源を、神饌を通して明らかにすることであった。奈良県桜井市三輪のご出身である故樋口清之先生（元国学院大学学長）は日本文化発祥の地として桜井市域の伝統的な祭りに伝承されている神饌を精査することにより、古代の食饌と調理法が明らかになるかも知れないと説かれた。その説に意を強くし、なによりも現地調査を第一にと、奈良盆地東南部桜井市域のムラ祭りの調査を始めたのが一九九一年のことであった。

　桜井市脇本の新頭屋のマツリを拝見した時のことである。直会《なおらい》の食物として、御神酒に次いで供された雑煮に強いカルチャーショックを受けた。その雑煮は味噌仕立の関西風であるが、丸餅（忌火《いみび》＝清らかな火で焼いた餅）を椀から取り出し、きな粉をつけて食べるのである。石川県の雑煮（澄し仕立てに丸餅）で育った私にとっては驚きであり、なんとも不思議な食べ方であった。この謎解きこそが「ごぼう」を研究するはじまりになったのである。

　謎解きの手掛りは桜井市域のムラ祭りにあった。正月祭事の供物のなかで、ごぼうは「きな粉」をまぶし、また、「大豆の汁」をかけて供えられる。秋祭りには「くるめ」（潰した枝豆）をつける。これら象徴的《シンボリック》、呪術的ともいえる儀礼作法を目の当たりにしたとき、直感であるが、ひらめいた。そういえばこの地域には正月の雑煮餅だけでなく、半夏生《はんげしょう》の小麦餅や亥《い》の子のくるみ餅にもきな粉や大豆をつける、これら節日の餅にきな粉や大豆をつける儀礼は古くから伝わる供物としてのごぼうが原点ではなかろうかと。「ごぼう」の畑作儀礼が「餅（米）」の稲作儀礼に移行しているのである。これまで『イモと日本人』（坪井洋文著）で論じられてきたように、畑作儀礼の代表は「さといも」であったが、「ごぼう」も決して見逃すことができないと思った。

その後、福井の若狭湾から滋賀、奈良を経て三重の伊勢湾に至る線上の地域には「ごぼう講」「ごんぼ祭」「牛蒡喰行事」「牛蒡祭」など、さまざまな「ごぼう祭り」が展開されていることを知るのである。シベリアがルーツの北方系作物である「ごぼう」が、奈良をはじめとする近畿圏周辺において日本独自の生活文化として発達している。これら、世界に類例を見ない日本固有のごぼう食文化はいかにして形成されてきたのであろうか。奈良の桜井に居住する私としては、「ごぼう」を研究のテーマにすることが課せられた使命《ミッション》のように強く感じたのである。

本書は一九九七〜二〇〇七年までの一〇年間余りの研究成果と、二〇一一〜一三年にごぼうの生産農家などを現地調査したものを加え、まとめたものです。研究を続けるなかで数えきれないほど多くの方々にご指導、ご教示、ご協力をいただきました。

故石川松太郎先生（元日本教育史学会会長・元日本女子大学教授）には本研究の当初より、ずっとご指導を賜り、現地調査と一次史料を重視することの大切さをお教えいただきました。研究を継続することができたのは、ひとえに先生のご指導と温かい励ましが終始あったことが心の支えとなり、大きな力になったことを忘れることができません。心より感謝を申し上げます。

本書をまとめるにあたり、的場輝佳先生（元奈良女子大学名誉教授）には、これまでの研究過程を研究成果として定着させる際の方向性について、懇篤なご指導を賜りましたことに感謝申し上げます。

食文化の分野に研究を進めるなかで、日本家政学会食文化研究部会に参加する機会を得て、石川寛子先生（元武蔵野女子大学教授・元日本家政学会食文化研究部会会長）をはじめ、江原絢子先生（東京家政学院大学名誉教授・元日本家政学会食文化研究部会会長）からは、折にふれての温かい励ましと本研究についての力強いご支援、ご教示をいただき、今日までの私の研究の大きな支えになりました。

本研究を進めていくなかで、儀礼研究については倉林正次先生（儀礼文化学会理事長・国学院大学名誉教授）に、民俗学の文献資料は奥野義雄氏（元奈良県立民俗博物館館長）に有益なご教示とアドバイスをいただきました。また、傍島善次先生（元共栄学園短期大学学長）には学長という重責のなかをごぼうの植物分類について細部にわたり、懇切、丁寧にご指導を賜りました。ロシアおよび日本の野生ごぼうの存在については山田悟郎氏（元北海道開拓記念館学芸部長）にご教示いただき、北海道大学構内の野生ごぼうの調査もご案内していただきました。現代（二〇一四年）におけるごぼうの品種分類については森下正博氏（元大阪府立食とみどりの総合技術センター主任研究員）のご教示によるものであります。さらに、ごぼうを健康食としてヒト実験で検証することができたのは栁進先生（元奈良県立医科大学看護短期大学部教授）のご指導によるものであり、ごぼうは炭水化物食との同時摂取により食後の血糖値の上昇を軽減させるという結果を得、ごぼうは健康増進に寄与する食物であることを実証できました。ここに記して厚く御礼申し上げます。

石川尚子先生（元東京都立短期大学教授・元日本家政学会食文化研究部会会長）には近世の史料として「食物番付」などをご教示いただき、秋山照子氏（香川県明善短期大学名誉教授）、今田節子氏（ノートルダム清心女子大学名誉教授）をはじめとする日本家政学会食文化研究部会会員の諸先生方からは研究大会や研究例会など、折に触れてご助言と励ましをいただきましたことは有難く、大きな心の支えになりました。

ごぼうおよび菊ごぼうの現地調査においては、生産農家である荒木稔氏（京都市）をはじめ、上西進氏（奈良県）、椎名晴子氏（千葉県）、竹内真之栄氏（福井県）、三上香代子氏（福井県）、丸山靖志氏（岐阜県）、八尾農協（八尾市）には栽培・収穫時のお忙しい中をご協力いただき、ご懇切なお話を伺うことができましたとともに、浜ごぼうの現地調査では田中稔泰・英子氏（高知県）にご同行いただき、福島県農業振興課、沖縄県八重瀬町役場の方々には写真資料などを提供していただきました。また、ごぼう祭りなど、祭りの現地調査（奈良県・石川県・福井県・滋賀県・京都市・三重県）においては氏子の方々に多大なるご協力をいただきましたことに感謝し、ここに厚く御礼申し上げます。そして、研究活動では全国各地のほとんどの現地調査に同行し、適切な助言をしてくれた夫（泉）と研究と家庭生活の両面で協力し、励ましてくれた娘（愛）にも心よりお礼を言いたいと思います。

本研究を進めていく上で、（財）日本食生活文化財団より、一九九二年（「大和の民間祭祀に伝承される食饌――奈良盆地東南部の秋祭を中心に」）および一九九六年（「大和の民間祭祀に伝承される食饌（2）――祭りの日の牛蒡料理」）、二〇〇三年（「でんがく（田楽）料理の発達――奈良県・三重県の食習俗を中心に」）の三回にわたり研究助成を受けたこと、また、『日本家政学会誌』（「奈良県桜井市の神饌に伝承される祭りのごぼう料理」二〇〇〇年、「日本におけるごぼうを食材とした料理の地域的分布と食文化」二〇〇一年）および『風俗史学』（「儀礼食物としてのゴボウ」二〇〇四年）に投稿できたことなど、これら研究助成および論文の投稿は大きな力になりました。

最後になりましたが、本書の出版にあたり法政大学出版局の松永辰郎氏にはご尽力いただき、編集・校正など終始ご指導をいただきましたことに心より感謝申し上げます。また、奥田のぞみ氏には煩雑な仕事をお世話いただき御礼申し上げます。

二〇一五年四月二七日

冨岡典子

参考文献

第1章

青葉高『野菜　在来品種の系譜』（ものと人間の文化史 43）法政大学出版局　1996

池田次郎『日本人のきた道』朝日新聞社　1998

小畑弘己「マメを育てた縄文人」（工藤雄一郎／国立歴史民俗博物館編『ここまでわかった！　縄文人の植物利用』所収）新泉社　2014

尾本惠市『分子人類学と日本人の起源』裳華房　1996

笠原安夫「鳥浜貝塚（第6次発掘）の植物種子の検出と同定について」『鳥浜貝塚——縄文前期を主とする低湿地遺跡の調査3』福井県教育委員会　1983

笠原安夫「埋蔵種子分析による古代農耕の検証（2）」古文化財編集委員会編『古文化財の自然科学的研究』同朋舎　1984

笠原安夫「栽培植物の伝播」『季刊考古学』15　雄山閣出版　1986

高橋正勝編『江別太遺跡』江別市教育委員会　1979

寺沢薫・寺沢知子「弥生時代植物質食料の基礎研究——初期農耕社会研究の前提として」『考古学論攷』橿原考古学研究所　1981

中尾佐助『中尾佐助著作集1　農耕の起源と栽培植物』北海道大学図書刊行会　2004

中尾佐助「北方からの農耕文化」（青葉高『野菜　在来品種の系譜』（ものと人間の文化史 43）所収）朝日新聞　1970

南木睦彦「農耕は行われていたか？　三内丸山遺跡の栽培植物」『縄文文明の発見』PHP 研究所　1995

西田正規「縄文時代の食料資源と生業活動——鳥浜貝塚の自然遺物を中心として」『季刊人類学』11-3　京都大学人類学研究会　1980

埴原和郎『日本人の誕生　人類はるかなる旅』吉川弘文館　1997

飛高義雄「ゴボウ」（『野菜園芸大百科』12　所収）農山漁村文化協会　1989

宝来聰『岩波科学ライブラリー 52　DNA 人類進化学』岩波書店　1997

矢野牧夫「忍路土場遺跡から出土した植物遺体」『小樽市忍路土場遺跡・忍路5遺跡』4　北海道埋蔵文化財センター　1989

山田悟郎「ゴボウ考」『北海道開拓記念館研究紀要』28　北海道開拓記念館　2000

第２章

荒川須賀子・小寺比出子『冷泉家の歳時記』京都新聞社　1987
石川松太郎（校注）『庭訓往来』平凡社　1973
岩崎灌園『本草図譜』（岩崎常正著『本草図譜』13　所収）本草図譜刊行会　1916
엄희자『괜찮은 반찬 다 들어있어요（使えるおかずすべて入っています)』반찬가게　2012
小野蘭山『本草綱目啓蒙』1　平凡社　1991
貝原益軒『大和本草』（益軒会（編纂）『益軒全集』六　所収）益軒全集刊行部　1911
川上行蔵（著）・小出昌洋（編）『完本日本料理事物起源』岩波書店　2006
菊岡沾凉（纂）『続江戸砂子一』　1735　大阪府立図書館所蔵
木村康一『新注校定国訳本草綱目』5　春陽堂書店　1979
久須美祐雋『浪花の風』（日本随筆大成編輯部編『日本随筆大成　第三期 5』所収）吉川弘文館　1995
熊倉功夫（解題）・宮坂正英（翻刻・翻訳）『フォン・シーボルトが記録した「1826 年江戸の価格付き主要食品リスト」』（『vesta』27　所収）味の素食の文化センター　1997
古島敏雄『古島敏雄著作集 6　日本農業技術史』東京大学出版会　1979
近藤瓶城（編輯）『嘉元記』近藤活版所　1902
桜井町史編纂委員会（編纂・発行）『桜井町史続』桜井市役所　1957
佐藤潤平『家庭で使える薬になる植物』1　創元社　1972
佐藤信淵（著）・瀧本誠（校訂）『経済要録　四』岩波書店　1928
篠田統『中国食物史』柴田書店　1993
下川義治『下川蔬菜園芸』中　成美堂　1926
新村出（校閲）・竹内若（校訂）『毛吹草』岩波書店　2000
関根真隆『奈良朝食生活の研究』吉川弘文館　1969
曾槃（占春）など『成形図説』23　1804　大阪府立図書館所蔵
竹内秀雄校訂『北野社家日記』2　続群書類従完成会　1972
田中静一・小川久恵、西澤冶彦（編著）『中国食物事典』柴田書店　1991
竹内理三（編）『増補續史料大成』38　（多聞院日記 1）臨川書店　2002
知里真志保『分類アイヌ語辞典』1　植物編　日本常民文化研究所　1953
鄭大聲『朝鮮の食べもの』築地書館　1984
土居水也『清良記（親民鑑月集)』（『日本農書全集』10　所収）農山漁村文化協会　1998
土井忠生・森田武・長南実（編訳）『邦訳日葡辞書』岩波書店　1995

東京帝国大学（編纂）『東寺百合文書』（『大日本古文書』家わけ第10東寺文書之一所収）東京帝国大学文学部史料編纂掛　1925
徳川斉昭『北方未来考（抄）』（高須芳太郎（編著）『水戸義公・烈公集』（水戸学大系5　所収）水戸学大系刊行会　1941
豊田武・飯倉晴武（校訂）『史料纂集　山科家禮記4』続群書類従完成会　1972
豊田武・飯倉晴武（校訂）『史料纂集　山科家禮記5』続群書類従完成会　1973
冨岡典子「日本におけるごぼうを食材とした料理の地域的分布と食文化」『日本家政学会誌』52　511-521　2001
西山元文『官中秘策20』1775　早稲田大学図書館所蔵
畔田伴存『古名録』15　田中芳男（出版）　1886
堀日享（編）『新編日蓮大聖人御書全集』創価学会　1975
飛高義雄「ゴボウ」（『野菜園芸大百科』12　所収）農山漁村文化協会　1989
人見必大（著）・島田勇雄（訳注）『本朝食鑑』1　平凡社　1992
平瀬徹斎（著）・長谷川光信（画）『日本山海名物図会』4　1754　大阪府立図書館所蔵
深根輔仁『本草和名』上（塙保己一編『続群書類従』30下　雑部　所収）続群書類従完成会　1959覆刻
福羽逸人『蔬菜栽培法全』（『明治農書全集』6　所収）農山漁村文化協会　1984
梵舜『梵舜記』江戸時代末期　京都府立総合資料館所蔵
昌住『新撰字鏡』（塙保己一編『群書類従』28　雑部　所収）群書類従完成会1959覆刻
正宗敦夫（編）『覆刻日本古典全集延喜式』3（37典薬寮）現代思潮社　1978
松屋久政他『松屋会記』((熊倉功夫・原田信男編『日本料理秘伝集成』11　所収）同朋舎出版　1985
源順編『倭名類聚抄』（興謝野寛編纂『日本古典全集本草和名下巻』所収）日本古典全集刊行会　1926覆刻
宮崎安貞『農業全書』4（『日本農書全集』12　所収）農山漁村文化協会　2001
宮負定雄『農業要集』（『日本農書全集』3　所収）農山漁村文化協会　1997
八坂神社社務所（編纂・発行）『祇園執行日記』（『八坂神社記録』上巻所収）1942
山田悟郎「ゴボウ考」『北海道開拓記念館研究紀要』28　北海道開拓記念館2000
著者不詳『食物知新』首　1726　国立公文書館所蔵
撰者不詳『名医別録』（上海科学技術出版社小学館編『中薬大事典』2　所収）小学館　1998
著者不詳『料理物語』（吉井始子編『翻刻江戸時代料理本集成』1　所収）臨川

書店　2007
編者不詳『類聚雑要抄』（塙保己一編『群書類従』26　雑部　所収）続群書類従完成会　1960 覆刻
編者不詳『執政所抄』（塙保己一編『続群書類従』10 上　公事部　所収）続群書類従完成会　1958 覆刻
編者不詳『年中恒例記』（塙保己一編『続群書類従』23 下　武家部　所収）続群書類従完成会　1959 覆刻

第３章

青葉高『野菜　在来品種の系譜』（ものと人間の文化史 43）法政大学出版局　1996
青葉高『日本の野菜』八坂書房　1993
井上頼寿『京都民俗志』平凡社　1973
岩崎灌園『本草図譜』（岩崎常正著『本草図譜』12・13　所収）本草図譜刊行会　1916
大谷英夫「野生植物の根を食べるヤマごぼう（山牛蒡）」（農耕と園芸編集部編『ふるさとの野菜』所収）誠文堂新光社　1979
小野蘭山『本草綱目啓蒙』1　平凡社　1991
菊岡沾凉纂『続江戸砂子一』 1735　大阪府立図書館所蔵
京都府教育会綴喜郡部会（編纂）『山城綴喜郡誌』臨川書店　1984（1908 復刻版）
近畿農政局計画部資源課作成「宇陀ゴボウ――特産物の復活をめざして」大和高原南部地区営農体系確立調査推進協議会　1994
黒川道祐（著）・宗政五十緒（校訂）『雍州府志』6（図書刊行会代表者市島謙吉（編輯・発行）『続々群書類聚』所収）　1906
佐藤信淵（著）・瀧本誠（校訂）『経済要録　四』岩波書店　1928
下川義治『下川蔬菜園芸』中　成美堂　1926
新村出（校閲）・竹内若（校訂）『毛吹草』岩波書店　2000
芹沢暢明「ゴボウアザミ（ヤマゴボウ）」（『野菜園芸大事典』所収）養賢堂　1985
曾槃（占春）など『成形図説』23　1804　大阪府立図書館所蔵
高山市（編輯兼発行）『高山市史』上巻　1952
高嶋四郎（編著）『京の伝統野菜と旬野菜』トンボ出版　2003
瀧井治三郎『種苗七十年』タキイ種苗（株）　1964
タキイ種苗（株）出版部（編）『都道府県別地方野菜大全』農山漁村文化協会　2002

千葉県匝瑳郡教育会『千葉県匝瑳郡誌』臨川書店　1987
千葉県野菜園芸発達史（編纂・発行）『千葉県野菜園芸発達史』 1985
東京帝国大学（編纂）『東寺百合文書』（『大日本古文書』家わけ第 10 東寺文書之一所収）東京帝国大学文学部史料編纂掛　1925
中津川市（編集・発行）『中津川市史』中巻　1979
浪華屈江鬼瓦漁人題『五畿内産物図会』山城之部　1811　大阪府立図書館所蔵
成田山新勝寺　神崎照恵（編纂兼発行者）『新修成田山史』大本堂建立記念開帳奉修事務局　1968
西貞夫（編著）『野菜の地方品種』野菜試験場育種部　1980
日本種苗研究会（編集・発行）『大阪特産蔬菜品種解説』 1956
日本の食生活全集沖縄編集委員会『聞き書沖縄の食事』農山漁村文化協会 2002
畑明美「調理学から見た京の食文化――とくに京野菜の利用について」（京都文化博物館　大塚活美・土橋誠（編）『京の食文化展――京料理・京野菜の歴史と魅力』所収）京都文化博物館　2006
飛高義雄「ゴボウ」（『野菜園芸大百科』12　所収）農山漁村文化協会　1989
人見必大（著）・島田勇雄（訳注）『本朝食鑑』1　平凡社　1992
福井県農会（編）『福井県農会報』福井県農会　1919～1942
福羽逸人『蔬菜栽培法全』（『明治農書全集』6 所収）農山漁村文化協会　1984
ふるさと野菜の会（編）『ふくいの伝統野菜』福井新聞社　1998
牧野富太郎『牧野植物混混録』13　北隆館　1952
正宗敦夫（編纂）『五畿内志』上巻（『覆刻日本古典全集』五畿内志上　所収）現代思潮社　1978
正宗敦夫（編纂）『五畿内志』下巻（『覆刻日本古典全集』五畿内志下　所収）現代思潮社　1978
宮崎安貞『農業全書』4（『日本農書全集』12　所収）農山漁村文化協会　2001
宮負定雄『農業要集』（『日本農書全集』3　所収）農山漁村文化協会　1997
森下正博「八尾の若牛蒡についての一考察」 2014
森銑三『明治東京逸聞史 1』平凡社　1969
森永卓郎『明治・大正・昭和・平成　物価の文化史事典』展望社　2011
著者未詳『百姓伝記』12（『日本農書全集』17　所収）農山漁村文化協会　2003

第 4 章

岩井宏實・日和裕樹『神饌　神と人との饗宴』（ものと人間の文化史 140）法政大学出版局　2007
今立町誌編さん委員会『今立町誌』第 2 巻　史料編　今立町役場　1981

川西町史編集委員会『川西町史』本文編　川西町　2004
倉林正次（編）『日本料理秘伝集成』18　同朋舎出版　1985
桜井市史編纂委員会『桜井市史』下　桜井市役所　1979
佐々木高明『稲作以前』日本放送出版協会　1990
信樂町史編纂委員会・滋賀県立甲賀高等学校社会部編『信樂町史』臨川書店　1986
澁沢敬三『澁沢敬三著作集』1　平凡社　1992
月ヶ瀬村史編集室『月ヶ瀬村史』月ヶ瀬村村長久保田清　1990
辻本好孝『和州祭禮記』天理時報社　1944
冨岡典子「奈良県桜井市の神饌に伝承される祭りのごぼう料理」『日本家政学会誌』51　933-942　2000
樋口清之「日本の食生活史　日本人の食べ物原始から現代まで」（主婦の友社編『愛用版定本日本料理　様式』所収）主婦の友社　1979
福井県（編）『福井県史』資料編　15　民俗　福井県　1984
正宗敦夫（編）『覆刻日本古典全集延喜式』3（37 典薬寮）現代思潮社　1978
美杉村史編集委員会『美杉村史』史料編　美杉村　1981
柳田國男『定本柳田國男集』10　筑摩書房　1981
著者不詳『富貴寺の由来』清涼山富貴寺　刊行年不詳

第５章

青葉高『野菜　在来品種の系譜』（ものと人間の文化史 43）法政大学出版局　1996
石井治兵衛（著）・石井泰次郎（校）・清水桂一（訳補）『日本料理法大全』第一出版　1965
岩井宏實・日和裕樹『神饌　神と人との饗宴』（ものと人間の文化史 140）法政大学出版局　2007
桜井市史編纂委員会『桜井市史』下　桜井市役所　1979
佐々木高明『稲作以前』日本放送出版協会　1990
坪井洋文『イモと日本人』未来社　1984
冨岡典子 a「大和朝倉新頭屋の正月祭事の「献立テ」『日本調理科学会誌』27　321-325　1994
冨岡典子 b「大和の民間祭祀に伝承される食饌――奈良盆地東南部の秋祭を中心に」『日本食生活文化調査研究報告書 10――平成 4 年度助成対象』11-25　1994
冨岡典子「奈良県桜井市の神饌に伝承される祭りのごぼう料理」『日本家政学会誌』51　933-942　2000

冨岡典子『大和の食文化　日本の食のルーツをたずねて』奈良新聞社　2005
中尾佐助「北方からの農耕文化」（青葉高『野菜　在来品種の系譜』（ものと人間の文化史 43）所収）朝日新聞　1970
西之京瑞饋御輿保存会作成『西之京瑞饋御輿』　刊年不詳
本間トシ「儀礼食物としての芋」『史論』18　所収　東京女子大学歴史学研究室　1967
水谷令子『三重の祭と食文化』中部経済新聞社　1999
著者不詳『大和名所図会　6 乾』寛政 3 年版　1791　桜井市立図書館所蔵

第 6 章

荒川須賀子・小寺比出子『冷泉家の歳時記』京都新聞社　1987
今立町誌編さん委員会『今立町誌』2　史料編　今立町役場　1981
江原絢子・東四柳祥子・石川尚子『日本食物史』吉川弘文館　2009
川村渉『日本食文化大系 10　味噌醤油の百科』東京書房　1984
瀬川清子『食生活の歴史』講談社　1971
竹内理三（編）『増補續史料大成』38（多聞院日記 1）臨川書店　2002
竹内理三（編）『増補續史料大成』39（多聞院日記 2）臨川書店　2002
竹内理三（編）『増補續史料大成』40（多聞院日記 3）臨川書店　2002
竹内理三（編）『増補續史料大成』41（多聞院日記 4）臨川書店　2002
丹波康頼『医心方』（望月学（現代訳）『医心方・食養篇』）出版科学総合研究所　1976
月ヶ瀬村史編集室『月ヶ瀬村史』月ヶ瀬村村長久保田清　1990
辻本好孝『和州祭禮記』天理時報社　1944
坪井洋文『イモと日本人』未来社　1984
奈良県史編集委員会（編）『奈良県史』12　民俗上　名著出版　1988
原田信男『和食と日本文化　日本料理の社会史』小学館　2005
樋口清之・沼部春友「神饌」（主婦の友社編『愛用版定本日本料理　様式』所収）主婦の友社　1979
藤原時平他（撰）『延喜式』（『覆刻日本古典全集延喜式 3』）現代思潮社　1978
室生村史編集委員会『室生村史』室生村役場　1966
編者不詳『厨事類記《ちゅうじるいき》』（塙保己一編『群書類従』19　飲食部　所収）続群書類従完成会　1959 覆刻
著者不詳『大和名所図會　6 乾』寛政 3 年版　1791　桜井市立図書館所蔵
著者不詳『山内料理書』（倉林正次編『日本料理秘伝集成』18 所収）同朋舎出版　1985

第７章
小倉久米雄（代表・編纂）『語源・由来日本料理大事典』下巻　ニチブン　2000
大塚民俗学会編『日本民俗学事典』弘文堂　1979
京都相国寺鹿苑院蔭涼軒主『蔭涼軒日録』（竹内理三編『増補続史料大成』21 所収）臨川書店　1995
源三郎他『人倫訓蒙図彙』4　平楽寺　1690　京都大学図書館所蔵
蔀関月（画）・秋里湘夕（撰）『伊勢参宮名所図会　巻之二』出版書写塩屋忠兵衛　大坂　1797　早稲田大学図書館所蔵
志の島忠・浪川寛治『料理名由来考』三一書房　1990
醒狂道人何必醇『豆腐百珍』（吉井始子編『翻刻江戸時代料理本集成』5　所収）臨川書店　2007
醒狂道人何必醇『豆腐百珍続編』（吉井始子編『翻刻江戸時代料理本集成』5 所収）臨川書店　2007
多田鐵之助『日本の食文化体系 16　とうふ通』東京書房社　1984
辻本好孝『和州祭禮記』天理時報社　1944
都祁村史刊行会編『都祁村史』都祁村史刊行会　1985
月ヶ瀬村史編集室『月ヶ瀬村史』月ヶ瀬村村長久保田清　1990
土井忠生・森田武・長南実（編訳）『邦訳日葡辞書』岩波書店　1995
豊田武・飯倉晴武（校訂）『史料纂集　山科家禮記 2』続群書類従完成会　1968
豊田武・飯倉晴武（校訂）『史料纂集　山科家禮記 4』続群書類従完成会　1972
豊田武・飯倉晴武（校訂）『史料纂集　山科家禮記 5』続群書類従完成会　1973
奈良県史編集委員会編『奈良県史』13　民俗下　名著出版　1988
中野典子・馬場景子「天竜川周辺の田楽・田遊びの食」『日本食生活文化調査研究報告集 14――平成 8 年度助成対象』1–31　1997
日本の食生活全集三重編集委員会編『聞き書　三重の食事』農山漁村文化協会　1987
西角井正慶『年中行事辞典』東京堂出版　1992
室生村史編集委員会『室生村史』室生村役場　1966
本山荻舟『飲食事典全 1 巻』平凡社　1966
渡辺信一郎『食の風俗民俗名著集成 18　川柳江戸食物誌』東京書房社　1985
著者不詳『節用集』（室町末期）国会図書館デジタル資料

第８章
（東京）浅田是次郎『日用便利おかづの早見』 明治時代　東京都立中央図書館所蔵

浅野高造『素人庖丁』(吉井始子編『翻刻江戸時代料理本集成』7　所収) 臨川書店　2007
石井治兵衛(著)・石井泰次郎(校)・清水桂一(訳補)『日本料理法大全』第一出版　1966
石川尚子「「おかず番付」にみる江戸庶民の日常食」(石川寛子編著『論集江戸の食——くらしを通して』所収) 弘学出版　1994
石川尚子「江戸後期から明治・大正にかけて刊行された食物番付について——食文化教育からみた庶民食生活への影響」味の素食の文化センター研究助成　1995
石原于城『不時珍客即席包丁』兎屋誠　1885　東京都立中央図書館所蔵
遠藤元閑『茶湯献立指南』(吉井始子編『翻刻江戸時代料理本集成』3　所収) 臨川書店　2007
川上行蔵『日本料理事物起源』岩波書店　2006
喜田川守貞(著)・宇佐美英機(校訂)『近世風俗志(守貞謾稿)』5　岩波書店　2010
喜田川守貞(著)・宇佐美英機(校訂)『近世風俗志(守貞謾稿)』1　岩波書店　2011
(かきがら丁六丁め) 倉田太助『おかづの早見』1884　東京都立中央図書館所蔵
児玉又七『おかづの早見』　明治時代　東京都立中央図書館所蔵
四条家高嶋(撰者)『当流節用料理大全』(吉井始子編『翻刻江戸時代料理本集成』3　所収) 臨川書店　2007
醒狂道人何必醇『豆腐百珍』(吉井始子編『翻刻江戸時代料理本集成』5　所収) 臨川書店　2007
醒狂道人何必醇『豆腐百珍続編』(吉井始子編『翻刻江戸時代料理本集成』5　所収) 臨川書店　2007
千馬源吾(撰者)『年中番菜録』(吉井始子編『翻刻江戸時代料理本集成』10　所収) 臨川書店　2007
醍醐山人『料理早指南』(吉井始子編『翻刻江戸時代料理本集成』6　所収) 臨川書店　2007
西岡庄造(編)『ばんざいせわいらず　おかずの早見』1898　東京都立中央図書館所蔵
博望子『料理山海郷』(吉井始子編『翻刻江戸時代料理本集成』4　所収) 臨川書店　2007
博望子『料理珍味集』(吉井始子編『翻刻江戸時代料理本集成』4　所収) 臨川書店　2007
橋爪伸子「「萬菓子作様并香物漬物薬酒造様之吏」について2——くわすり、

牛蒡餅、玉子素麵、博多練酒」『香蘭女子短期大学研究紀要』47　2005
花の屋胡蝶『素人料理年中惣菜の仕方』静観堂　1893　近代デジタルライブラリー
無名子（編）『合類日用料理抄』（吉井始子編『翻刻江戸時代料理本集成』1　所収）臨川書店　2007
八百善主人『料理通』（全四編）（吉井始子編『翻刻江戸時代料理本集成』10　所収）臨川書店　2007
山音亭『精進献立集』（吉井始子編『翻刻江戸時代料理本集成』9　所収）臨川書店　2007
吉岡（等）『和漢精進料理抄』（吉井始子編『翻刻江戸時代料理本集成』2　所収）臨川書店　2007
（馬喰町三丁目）吉田屋小吉『志んぱん青物ずくし八百屋ざんげ』（年代不記）東京都立中央図書館加賀文庫所蔵
（馬喰町三丁目）吉田屋小吉『日用倹約料理仕方角力番附』（年代不記。天保の頃か）　東京都立中央図書館加賀文庫所蔵
和田信定『臨時《りんじ》客《きゃく》応接《あしらい》』（吉井始子編『翻刻江戸時代料理本集成』8　所収）臨川書店　2007
著者不詳『続飛鳥川』（『日本随筆大成第二期 10』所収）吉川弘文館　1974
著者不詳『料理物語』（吉井始子編『翻刻江戸時代料理本集成』1　所収）臨川書店　2007
著者不詳『耳底知恵袋』（倉林正次編『日本料理秘伝集成』18　日本料理の起源／食物・食事雑篇所収）同朋舎出版　1985
著者不詳『食物知新』首　1726
著者不詳『南蛮料理書』（奥村彪生編『日本料理秘伝集成』13　異国風料理所収）同朋舎出版　1985
著者不詳『古今料理集』（吉井始子編『翻刻江戸時代料理本集成』2　所収）臨川書店　2007
中川芳山堂（撰）・葛飾為一（画）『江戸買物独案内』　大坂中川芳山堂　1824　早稲田大学図書館所蔵
著者不詳『包丁里山海見立角力』　1840
著者不詳『魚鳥料理仕方角力番附』泉永堂　（年代不記）

第９章

石川松太郎（校注）『庭訓往来』平凡社　1973
喜田川守貞（著）・宇佐美英機（校訂）『近世風俗志（守貞謾稿）』1　岩波書店　2011

桜井市史編纂専門委員会（編）『桜井町史続』桜井市役所　1957
下川義治『下川蔬菜園芸』中　成美堂　1926
竹内秀雄（校訂）『北野社家日記』2　続群書類従完成会　1972
竹内理三編『増補續史料大成』38（多聞院日記1）臨川書店　2002
冨岡典子「日本におけるごぼうを食材とした料理の地域的分布と食文化」『日本家政学会誌』52　511-521　2001
豊田武・飯倉晴武（校訂）『史料纂集　山科家禮記4』続群書類従完成会　1972
豊田武・飯倉晴武（校訂）『史料纂集　山科家禮記5』続群書類従完成会　1973
七尾市史編纂専門委員会（編）『七尾市史』資料編6　石川県七尾市役所　1972
奈良県史編集委員会（編）『奈良県史』13　民俗下　名著出版　1988
西山元文『官中秘策20』1775　早稲田大学図書館所蔵
日本の食生活全集編集委員会編『聞き書　日本の食生活全集』全48巻　農山漁村文化協会　1984〜92
梵舜『梵舜記』江戸時代末期　京都府立総合資料館所蔵
八坂神社社務所（編纂・発行）『祇園執行日記』（『八坂神社社記録上巻』所収）1942
和田信定『臨時客応接』（吉井始子編『翻刻江戸時代料理本集成』8所収）臨川書店　2007
著者不詳『年中恒例記』（塙保己一編『続群書類従』23下　武家部　所収）続群書類従完成会　1959覆刻
編者不詳『類聚雑要抄』（塙保己一編『群書類従』26　雑部　所収）続群書類従完成会　1960覆刻

第10章

井上淳詞・原田和樹・原浩一郎・木下芳一・加藤範久「腸内環境と血圧を改善する「ごぼう」の焙煎」日本調理科学会平成22年度大会研究発表要旨集　2010
科学技術庁資源調査会（編）『日本標準食品成分表2010』国立印刷局　2010
門田重利他「ゴボウの種で膵臓がん縮小」富山大学和漢医薬学研究所（北国新聞　2011年12月9日）
木村康一『新注校定国訳本草綱目』5　春陽堂書店　1979
木村雄四郎『薬になる植物と用い方』主婦と生活社　1996
曲直瀬道三『宜禁本草』（吉井始子編『食物本草本大成』1　所収）臨川書店

1977
曲直瀬道三・玄朔『日用食性』（吉井始子編『食物本草本大成』1　所収）臨川書店　1977
佐藤久美・粟津原理恵・原田和樹・長尾慶子「抗酸化能を高める和食献立の食事設計法の提案」『日本調理科学会誌』44．323–330　2011
上海科学技術出版社・小学館（編）『中薬大辞典』2　小学館　1998
Takebayashi, J., Oki, T., Chen, J., Sato, M., Matsumoto, T., Taku, K., Tsubota-Utsugi, M., Watanabe, J., Ishimi, Y. : Estimated average daily intake of antioxidants from typical vegetables consumed in Japan: a preliminary study, *Biosci. Biotechnol. Biochem*., 74, 2137–2140　2010
田中俊弘（編）『日本薬草全書』新日本法規出版　1995
鶴藤鹿忠・竹内平吉郎『岡山の民間療法』（上）日本文教出版　1994
冨岡典子・栁進・冨田晉・伊藤明子「宇陀ゴボウ食が健常者の血中脂質および血糖値へ及ぼす影響」『畿央大学紀要』7　27–29　2008
名古屋玄医『閲甫食物本草』（吉井始子編『食物本草本大成』4　所収）臨川書店　1977
農山漁村文化協会（編）『日本の食生活全集』全48巻　農山漁村文化協会　1984～92
人見必大『本朝食鑑』（吉井始子編『食物本草本大成』9　所収）臨川書店　1977
Miyazawa, M., Yagi, N., and Taguchi, K.: Inhibitory compounds of α-glucosidase activity from *Arctium Lappa* L. *J. Oleo Sci*., 54, 589　2005
向井元升（編纂）『庖厨備用倭名本草』（吉井始子編『食物本草本大成』7　所収）臨川書店　1977
村上宗幸・井上淳詞「ごぼうの抗酸化成分と加熱による保護」『日本調理科学会誌』46　405–406　2013
森雅央『新編日本食品事典』医歯薬出版　1994
盧桂洲編『食用簡便』（吉井始子編『食物本草本大成』6　所収）臨川書店　1977

第11章

石川尚子「日本の食文化形成と展開」（江原絢子・石川尚子編著『日本の食文化――その伝承と食の教育』所収）アイ・ケイコーポレーション　2009
河野友美『NHKきょうの料理　味のしくみ』日本放送出版協会　1984
農林水産省「和食　日本の伝統的な食文化」 2013

(年表)

日本におけるごぼう利用の歴史

和暦年	西暦年	用途	事　項
縄文時代草創期～前期後半			福井県の鳥浜貝塚遺跡から栽培種のごぼうの種子（未炭化）が出土
縄文時代前期～中期			青森県の三内丸山遺跡から栽培種のごぼうの種子（未炭化）が出土
縄文時代後期			北海道の忍路土場遺跡から栽培種のごぼうの種子（未炭化）が出土
縄文時代晩期			北海道の江別太遺跡から栽培種のごぼうの種子（未炭化）が出土
縄文時代晩期後半			佐賀県の菜畑遺跡から栽培種のごぼうの種子（炭化）が出土
昌泰1～延喜1	898～901	薬用	『新撰字鏡』に「悪實　支太支須乃弥」とあり、文書史料としてごぼうの初見
延喜18	918	薬用	『本草和名』に「悪實　一名牛蒡　一名鼠粘草　和名岐多伊須　一名宇末布々岐」
承平1～天慶1	931～938	野菜	『倭名類聚抄』に「牛蒡　本草ニ云フ、悪實一名牛蒡、和名岐多岐須　一ニ云フ宇末不々岐、今案ズルニ俗ニ房トナスハ非也」
久安6	1150	料理	藤原忠實が元永元年（1118）9月24日に宇治平等院を御幸した折の御膳に「三寸五分様器　干物五坏　海松、青苔、牛房、川骨、蓮根」が饗応される（『類聚雑要抄』）
寛元4	1246	料理	正月15日の「粥御節供事」に「御菜二前　一折敷　海松、青苔、牛房、河骨」が饗応される（『執政所抄』）
文永3	1266	貢納物	「牛房五十把」と「山牛房卅本」が丹波国大山庄の年貢として納められる（『東寺百合文書』）
11	1274	贈答品	日蓮聖人へ信徒から牛房1束が贈られる（『新編日蓮大聖人御書全集』）
建武5～貞治3	1338～64	料理	「三種御菜　牛房四フリワカメ四」「三種御菜　ハス牛房イモ」「三肴　ウキ牛房、タヒノナマス、エフナノスシ」など酒肴としてごぼうが登場（『嘉元記』）
正平7	1352	料理	（正月小）六日の七種菜に「ナツナ、クヽタチ、牛房、ヒシキ、芹、大根、アラメ」が登場（『祇園執行日記』）

和暦年	西暦年	用途	事　項
南北朝		料理	「煮染牛房」が登場（『庭訓往来』）
文明10	1478	料理	正月の料理に「タヽキ牛房」の初見（『多聞院日記』）
長享3	1489	料理	正月15日の料理に「タヽキコンハウ」の記録あり（『山科家礼記』）
延徳3	1491	料理	正月15日の料理に「タヽキコハウ」の記録あり（『山科家礼記』）
	1491	料理	正月10日の料理に「叩牛房」の記録あり（『北野社家日記』）
明応1	1492	献上品	7月、9月の進上物として「山コハウ」（山こはう）の記録あり（『山科家礼記』）
天文2	1533	料理	ごぼうが「ホウサウ（雑煮）、アケテ（揚げて）タヽキコホウ、汁、重引（牛房　タヽキタルモ、丸モアリ）、クワシ（菓子）」など種々の料理の食材になる（『松屋会記』）
13	1544	献上品	正月10日「扣牛房（たたきごぼう）一折」が若王子に献上（『年中恒例記』）
14	1545	料理	正月10日、「すこんはう」の記録あり（『高橋（宗国）家日記』）
文禄5	1596	贈答品	正月朔日、「大工平次郎瓶二ツ、并錫双牛房二把（略）、持参也」とあり（『梵舜記』）
慶長8	1603	野菜	『日葡辞書』に「Gobo　薊のようなある種の根で、食用になるもの」とあり、さらに「Acujit.　Gobo（牛蒡）という野菜の種子」も記載される
12	1607	薬用	「悪實　鼠粘　牛蒡　大力子　蒡翁菜　便牽牛　蝙蝠刺」とあり、薬用としての効用が記載される（『本草綱目』）
寛永15〜正保2	1638〜45	名産品	ごぼうの名産品として、初めて「山城畿内　八幡牛房」が登場する（『毛吹草』）
寛永20	1643	料理	初めて出版の料理書に、ごぼうの調理法が「汁　あへもの　に物　もち　かうの物　茶くはし　其外色々」と紹介される（『料理物語』）
貞享3	1686	名産品	「八幡山東園村之産」の名産品「八幡牛蒡」が紹介され、「北野」、「小山」、「堀河」などに産するごぼうにもよいものありと記す（『雍州府志』）
元禄9	1696	栽培法	「悪実《ごばう》」はねぎ類や葉菜類と同じに分類され、栽培に適した土性や太いごぼうを作る方法などが記される（『農業全書』）
10	1697	名産品・薬用	ごぼうは京都の鞍馬・八幡産は肥大でよい．関東では武州の忍の郷・岩築（埼玉県）の産のものは京都に劣らない．各地にもよいものが多く、このころからごぼうがよく食べられるようになる．諸風・諸瘡の主薬と説く（『本朝食鑑』）

和暦年	西暦年	用途	事　項
江戸初期		薬用	「牛蒡根　辛ク甘ク平ニシテ毒無シ　蒸脯食（略）四肢健不ルヲ十二経脈ヲ通シ五蔵ノ悪気ヲ洗フ常ニ作之ヲ菜ト食ス」とある（『宜禁本草』）
		栽培法	堀川ごぼうなど「秋播きごぼう」の栽培が始まる（『野菜園芸大百科』）
宝永 6	1709	野菜	ごぼうは「本邦には菜中の上品とす」とある（『大和本草』）
正徳 1	1711	献上品	佐倉城主のほか元城主の淀の稲葉家松平越後守、その他の諸大名へ「例年の通り大浦牛房五本」献上とあり、「大浦牛房」の初見（『新修成田山史』）
享保 2	1717	野菜	蝦夷の松前の地でごぼうが畑作物として栽培される（『松前蝦夷記』）
11	1726	名産品・薬用	滝野川型の特徴である長い根のあるごぼうの挿図あり．名産品として鞍馬、岩附、因幡、上州ごぼうがあがる（『食物知新』）
20	1735	名産品・薬用	岩槻ごぼう、大浦ごぼうが名産品にあげられ、大浦ごぼうは輪に切って平皿に盛ると器からはみ出るほど大きいごぼうであり、無類の佳蔬であると紹介．老人の中風にごぼうの根がよいとある（『続江戸砂子一』）
		名産品	渋川郡竹淵村（大阪府八尾市）の名産品にごぼうがあがる（『五畿内志』）
享保20～元文 4	1735～39	著名品種	ごぼうの品種に「尾張の夏牛蒡と細牛蒡」、「水戸の三年と白」がある（『享保・元文諸国産物帳』）
享保21	1736	名産品	山城国綴喜郡（京都府八幡市）の名産品に八幡の「牛蒡」があがる（『五畿内志』）
宝暦 4	1754	名産品	名物に「伊予牛房」があがる（『日本山海名物図会巻之四』）
安永 4	1775	献上物	「牛房」が諸大名の献上物になる（『官中秘策』）
享和 2	1802	名産品	京都の八幡、北山、堀川、相国寺、上野の行田、加州の井戸、下総の大浦、伯州の米子、江州の多賀、筑前、筑後久留米、武州の岩築、結城、忍、土州の大内、予洲の菅沢、大洲、そのほか諸国に名産あり（『本草綱目啓蒙』）
文化 1	1804	名産地	京都は山城の八幡鞍馬、関東は武蔵岩槻、下野因幡、常陸の土浦、筑紫は筑後の来目、大隅の麻尾、四国は伊予の菅沢、大隅、佐渡、陸奥など「金山に産するものは皆佳味なり」とある（『成形図説』）
6	1809	野菜	天満蔬菜市場の取り扱い蔬菜品目に「若牛蒡」がある（『天満蔬菜市場史』）
8	1811	名産物	京都は山城の名産物として「八幡牛蒡」の図の初見（『五畿内産物図会』）

和暦年	西暦年	用途	事　項
文政 3	1820	料理	「きんぴら牛房」(煎り煮) が初めて登場 (『臨時客応接』)
9	1826	野菜・栽培法	大浦ごぼうは最上の品として高値で売買、太いごぼうの作り方あり (『農業要集』)
		野菜	「1826 年江戸の価格付き主要食品リスト」に「ゴボー (十本) 百文」と価格が示される (フィリップ・フランツ・フォン・シーボルトの記録)
10	1827	野菜	ごぼうも最上のものは利益大なる野菜とある (『経済要録四』)
		香典	松前の地でごぼうが香典になる (『町年寄日記抜書』)
天保 1	1830	名産地	東国のごぼう名産地あり. 「おろしやごぼう」(鋸歯の葉の赤花・赤茎) の挿図あり (『本草図譜』)
		野菜	「紀州土州阿州等の海辺に多く産し、(中略) 牛房の如く土人はまごばう (浜ごぼう) と呼び菜となして食ふ」とある (『本草図譜』)
天保年間		生育地	「牛房には尺廻りの物、山にあるよしなれば、蝦夷是は土地合て大く成るのみならず」と野生のごぼうが蝦夷地に存在することを記す (『北方未来考』)
		料理	食物番付 (精進方) の小結に「きんぴらごぼう」があがる (『日用倹約料理仕方角力番附』)
安政 3	1856	品種 料理	「牛房も太きものあれども、江戸の如く長きものは絶えてなし、(略) 土性堅牢なる故なり」とごぼうに地域性があることを示し、「屠蘇肴は凡数の子、牛房、ごまめ、三種は一統に用ゆ」と浪花の祝い肴三種をあげている (『浪花の風』)
	1856	野菜	根室の非常時の食として山野に自生するごぼうがある (『協和使役』)
万延 1	1860	野菜	斜里では、和人、土夷も自生しているごぼうを採集して食べる (『加賀家文書』)
明治14	1881	作型	「河内国」(現在の大阪府東部) に春播き (3 月中旬) で夏収穫 (8 月中旬) するごぼうの作型がある (『日本帝国統計年鑑』)
17	1884	料理	油いためのの「きんぴらごぼう」が初めて登場 (『おかづの早見』)
26	1893	著名品種	「滝の川、大浦、梅田、大和 (一名　堀川)」の 4 種がごぼうの著名品種にあがる (『蔬菜栽培法全』)
明治中期		種子の買付け	タキイ種苗の瀧井治三郎が福井県春江村に「白茎ごぼう」の種子の買い付けに来る (『種苗七十年』)
明治42	1909	野菜	ごぼうの作付面積は、ダイコン、サトイモ、ツケナ、ナス、カボチャの次にあがり、野菜中第 6 位で 1 万 2400 ヘクタールとなる (「農林統計」)

和暦年	西暦年	用途	事　項
明治期		料理	京阪では、牛蒡の異名をやはたといい、「やはた巻」は牛蒡巻という（『明治東京逸聞史 1』）
大正期	1912～26	作型	滝野川ごぼうは、「春播きごぼう」の代表品種として全国的につくられる（『野菜園芸大百科』）
大正 15	1926	著名品種	「滝の川、砂川、札幌、千代島、大和、薊、堀川、梅田、大浦」が著名品種にあがる（『下川蔬菜園芸』）
昭和 1	1926	野菜	ごぼうの作付面積は 1 万 5800 ヘクタールと上位を占める重要な野菜になる（「農林統計」）
昭和初期		野菜	高速度栽培による「葉牛蒡」（白茎滝野川）栽培が始まる（『蔬菜高速度栽培法』）
昭和初期～20		作型	滝野川ごぼうの代表種として、「春播き」「秋播き」がつくられる（『野菜園芸大百科』）
昭和 7	1932	野菜	中央卸売市場内の蔬菜立売り取扱品目に「葉牛蒡」（大阪府下産）が登場（『大阪市農業誌』）
15	1940	野菜	ごぼうが青果物配給の統制品目になる（『大阪市農業誌』）
16～25	1941～50	野菜	戦中、戦後は、食料を確保するためにごぼう畑はさつまいも畑などになる（「奈良県の聞き取り」）
21	1946	野菜	「若ごぼう」の欲求がとくに高くなり、早生の品種である「渡辺早生」「山田早生」「山田秋蒔」「新田」「柳川理想」などを育成（『野菜園芸大百科』）
昭和20年代		野菜	福井県に「白茎ごぼう」の種子を斡旋する「ごんぼ商人」（仲買人）があらわれる（『ふくいの伝統野菜』）
昭和31	1956	野菜	「第 3 回全日本種苗研究会」で大阪府中河内特産の「白軸矢牛蒡」が紹介される（『大阪特産蔬菜品種解説』）
40	1965	野菜	ごぼうの作付面積は 2 万ヘクタール弱になる（「農林統計」）
41	1966	作型	愛知県の豊川地方で秋播きごぼうの「トンネル栽培」が始まる（『野菜園芸大百科』）
		野菜	「大浦ごぼう」が八日市場市（匝瑳市）の指定天然記念物になる
46	1971	作型	大分県でも 1 月中旬播きのごぼうの「トンネル栽培」が始まる（『野菜園芸大百科』）
55	1980	野菜	ごぼうの作付面積は 1 万 3900 ヘクタールで野菜中第 17 位に転落（「農林統計」）
60	1985	野菜	「白茎ごぼう」の葉もの野菜としての栽培が始まる
		野菜	「白茎ごぼう」を「越前白茎ごぼう」と名付け、福井県の伝統野菜に選定
61	1986	料理	業務用の惣菜として「ごぼうサラダ」（ケンコーマヨネーズ）を発売

和暦年	西暦年	用途	事　項
63	1988	野菜	「堀川ごぼう」が京都の伝統野菜に選定
平成 1	1989	野菜	ごぼうの短根種である「ダイエット」(サカタ種苗) の種子を発売
2	1990	料理	和食文化を生かした「モスライスバーガーきんぴら」(モスフードサービス) が登場
7	1995	野菜	ごぼうの短根種である「てがるごぼう」(柳川採種研究会) の種子を発売
9	1997	野菜	ごぼうの収穫高は約 25 万トンを前後し、平成 10 年には 20 万トンを切る (「農林統計」)
		野菜	ごぼうの短根種である「サラダむすめ (てがる)」(タキイ種苗) の種子を発売
17	2005	野菜	ごぼうに含まれる脂肪酸のメチルエステルが α-グルコシダーゼ活性を顕著に阻害すると発表 (『*J. Oleo Sci.*』)
18	2006	野菜	「宇陀金ごぼう」が大和の伝統野菜に選定
		加工	熊本県菊池市渡辺商店が「ごぼう茶」を発売
20	2008	野菜	宇陀ごぼうと炭水化物食の同時摂取により血糖値の上昇が緩和 (ヒト実験) されると発表 (『畿央大学紀要』)
22	2010	加工	ごぼうを焙煎することにより、腸内環境と血圧が改善されると発表 (『日本調理学会平成 22 年度大会要旨集』)
		野菜	ごぼうに含まれるポリフェノール類が高い抗酸化能を示すと発表 (『*Biosci. Biotechnol. Biochem.*』)
23	2011	料理	きんぴらごぼうが抗酸化能を高める惣菜であると発表 (『日本調理学会誌』)
	2011	薬用	ごぼうの種子に含まれる「アルクチゲニン」が膵臓がんの縮小に効果があることを富山大学和漢医薬学総合研究所の門田重利氏が発表 (「北国新聞」2011 年 12 月 9 日)
		加工	「ごぼう茶」が健康志向の食品素材として注目され、発売 (あじかんなど)
24	2012	野菜・生産地	ごぼうの作付面積は減少して 8810 ヘクタールになり、収穫高は約 16 万 7500 トンで野菜中第 17 位になる. 主産地は青森県と北海道で全体の約 49 パーセント、茨城、千葉、群馬の関東 3 県では全体の約 25 パーセントになり、ごぼうの生産地は関東圏から関東以北の東北・北海道に移行 (農林統計)
		加工	「ごぼう茶」がブームになり、各メーカー (あじかん、サントリー、石垣食品、オキス、小川生薬など) が発売

和暦年	西暦年	用途	事　項
25	2013	野菜	大阪府八尾市の葉ごぼうが「八尾若ごぼう」として「地域団体商標登録」を得る

著者略歴

冨岡典子（とみおか　のりこ）

1947年石川県生まれ。奈良教育大学大学院教育学研究科修士課程修了。博士（学術）。
畿央大学助教授、帝塚山大学非常勤講師、近畿大学非常勤講師を歴任。
著書：『大和の食文化　日本の食のルーツをたずねて』（2005年、奈良新聞社）
『出会い　大和の味』（共著）（2007年、奈良新聞社）
『まほろば巡礼』（共著）（2008年、小学館）
『基礎から学ぶ調理実習』（共著）（2006年、オーム社）
『日本の食文化　その伝承と食の教育』（共著）（2009年、アイ・ケイコーポレーション）
ほか。

ものと人間の文化史　170・ごぼう

2015年6月20日　初版第1刷発行

発行所　一般財団法人　法政大学出版局
〒102-0071　東京都千代田区富士見2-17-1
電話03(5214)5540／振替00160-6-95814
印刷／三和印刷　製本／誠製本

Printed in Japan

ISBN978-4-588-21701-2

ものと人間の文化史　★第9回梓会出版文化賞受賞

人間が〈もの〉とのかかわりを通じて営々と築いてきた暮らしの足跡を具体的に辿りつつ文化・文明の基礎を問いなおす。手づくりの〈もの〉の記憶が失われ、〈もの〉離れが進行する危機の時代におくる豊穣な百科叢書。

1 船　須藤利一編
海国日本では古来、漁業・水運・交易はもとより、大陸文化も船によって運ばれた。本書は造船技術、航海の模様の推移を中心に、漂流、船霊信仰、伝説の数々を語る。四六判３６８頁 '68

2 狩猟　直良信夫
人類の歴史は狩猟から始まった。本書は、わが国の遺跡に出土する獣骨、猟具の実証的考察をおこないながら、狩猟をつうじて発展した人間の知恵と生活の軌跡を辿る。四六判２７２頁 '68

3 からくり　立川昭二
〈からくり〉は自動機械であり、驚嘆すべき庶民の技術的創意がこめられている。本書は、日本と西洋のからくりを発掘・復元・遍歴し、埋もれた技術の水脈をさぐる。四六判４１０頁 '69

4 化粧　久下司
美を求める人間の心が生みだした化粧―その手法と道具に語らせた人間の欲望と本性、そして社会関係。歴史を遡り、全国を踏査して書かれた比類ない美と醜の文化史。四六判３６８頁 '70

5 番匠　大河直躬
番匠はわが国中世の建築工匠。地方・在地を舞台に開花した彼らの造型・装飾・工法等の諸技術、さらに信仰と生活等、職人以前の独自で多彩な工匠的世界を描き出す。四六判２８８頁 '71

6 結び　額田巌
〈結び〉の発達は人間の叡知の結晶である。本書はその諸形態および技法を作業・装飾・象徴の三つの系譜に辿り、〈結び〉のすべてを民俗学的・人類学的に考察する。四六判２６４頁 '72

7 塩　平島裕正
人類史に貴重な役割を果たしてきた塩をめぐって、発見から伝承・製造技術の発展過程にいたる総体を歴史的に描き出すとともに、その多彩な効用と味覚の秘密を解く。四六判２７２頁 '73

8 はきもの　潮田鉄雄
田下駄・かんじき・わらじなど、日本人の生活の礎となってきた伝統的はきものの成り立ちと変遷を、二〇年余の実地調査と細密な観察・描写によって辿る庶民生活史　四六判２８０頁 '73

9 城　井上宗和
古代城塞・城柵から近世代名の居城として集大成されるまでの日本の城の変遷を辿り、文化の各領野で果たしてきたその役割を再検討。あわせて世界城郭史に位置づける。四六判３１０頁 '73

10 竹　室井綽
食生活、建築、民芸、造園、信仰等々にわたって、竹と人間との交流史は驚くほど深く永い。その多岐にわたる発展の過程を個々に辿り、竹の特異な性格を浮彫にする。四六判３２４頁 '73

11 海藻　宮下章
古来日本人にとって生活必需品とされてきた海藻をめぐって、その採取・加工法の変遷、商品としての流通史および神事・祭事での役割に至るまでを歴史的に考証する。四六判３３０頁 '74

12 **絵馬** 岩井宏實

古くは祭礼における神への献馬にはじまり、民間信仰と絵画のみごとな結晶として民衆の手で描かれ祀り伝えられてきた各地の絵馬を豊富な写真と史料によってたどる。 四六判３０２頁 '74

13 **機械** 吉田光邦

畜力・水力・風力などの自然のエネルギーを利用し、幾多の改良を経て形成された初期の機械の歩みを検証し、日本文化の形成における科学・技術の役割を再検討する。 四六判２４２頁 '74

14 **狩猟伝承** 千葉徳爾

狩猟には古来、感謝と慰霊の祭祀がともない、人獣交渉の豊かで意味深い歴史があった。狩猟用具、巻物、儀式具、またけものたちの生態を通して語る狩猟文化の世界。 四六判３４６頁 '75

15 **石垣** 田淵実夫

採石から運搬、加工、石積みに至るまで、石垣の造成をめぐって積み重ねられてきた石工たちの苦闘の足跡を掘り起こし、その独自な技術の形成過程と伝承を集成する。 四六判２２４頁 '75

16 **松** 高嶋雄三郎

日本人の精神史に深く根をおろした松の伝承に光を当て、食用、薬用等の実用の松、祭祀・観賞用の松、さらに文学・芸能・美術に表現された松のシンボリズムを説く。 四六判３４２頁 '75

17 **釣針** 直良信夫

人と魚との出会いから現在に至るまで、釣針がたどった一万有余年の変遷を、世界各地の遺跡出土物を通して実証しつつ、漁撈によって生きた人々の生活と文化を探る。 四六判２７８頁 '76

18 **鋸** 吉川金次

鋸鍛冶の家に生まれ、鋸の研究を生涯の課題とする著者が、出土遺品や文献・絵画により各時代の鋸を復元・実験し、庶民の手仕事にみられる驚くべき合理性を実証する。 四六判３６０頁 '76

19 **農具** 飯沼二郎／堀尾尚志

鍬と犂の交代・進化の歩みとして発達したわが国農耕文化の発展経過を世界史的視野において再検討しつつ、無名の農民たちによる驚くべき創意のかずかずを記録する。 四六判２２０頁 '76

20 **包み** 額田巖

結びとともに文化の起源にかかわる〈包み〉の系譜を人類史的視野において捉え、衣・食・住をはじめ社会・経済史、信仰、祭事などにおけるその実際と役割とを描く。 四六判３５４頁 '77

21 **蓮** 阪本祐二

仏教における蓮の象徴的位置の成立と深化、美術・文芸等に見る人間とのかかわりを歴史的に考察。また大賀蓮はじめ多様な品種とその来歴を紹介しつつその美を語る。 四六判３０６頁 '77

22 **ものさし** 小泉袈裟勝

ものをつくる人間にとって最も基本的な道具であり、数千年にわたって社会生活を律してきたその変遷を実証的に追求し、歴史の中で果たしてきた役割を浮彫りにする。 四六判３１４頁 '77

23-I **将棋I** 増川宏一

その起源を古代インドに、我国への伝播の道すじを海のシルクロードに探り、また伝来後一千年におよぶ日本将棋の変化と発展を盤、駒、ルール等にわたって跡づける。 四六判２８０頁 '77

23-Ⅱ 将棋Ⅱ　増川宏一

わが国伝来後の普及と変遷を貴族や武家・豪商の日記等に博捜し、遊戯者の歴史をあとづけると共に、中国伝来説の誤りを正し、将棋宗家の位置と役割を明らかにする。四六判３４６頁　'85

24 湿原祭祀 第2版　金井典美

古代日本の自然環境に着目し、各地の湿原聖地を稲作社会との関連において捉え直して古代国家成立の背景を浮彫にしつつ、水と植物にまつわる日本人の宇宙観を探る。四六判４１０頁　'77

25 臼　三輪茂雄

臼が人類の生活文化の中で果たしてきた役割を、各地に遺る貴重な民俗資料・伝承と実地調査にもとづいて解明。失われゆく道具のなかに、未来の生活文化の姿を探る。四六判４１２頁　'78

26 河原巻物　盛田嘉徳

中世末期以来の被差別部落民が生きる権利を守るために偽作し護り伝えてきた河原巻物を全国にわたって踏査し、そこに秘められた最底辺の人びとの叫びに耳を傾ける。四六判２２６頁　'78

27 香料　日本のにおい　山田憲太郎

焼香供養の香から趣味としての薫物へ、さらに沈香木を焚く香道へと変遷した日本の「匂い」の歴史を豊富な史料に基づいて辿り、我国風俗史の知られざる側面を描く。四六判３７０頁　'78

28 神像　神々の心と形　景山春樹

神仏習合によって変貌しつつも、常にその原型＝自然を保持してきた日本の神々の造型を図像学的方法によって捉え直し、その多彩な形象に日本人の精神構造をさぐる。四六判３４２頁　'78

29 盤上遊戯　増川宏一

祭具・占具としての発生を『死者の書』をはじめとする古代の文献にさぐり、形状・遊戯法を分類しつつその〈進化〉の過程を考察。〈遊戯者たちの歴史〉をも跡づける。四六判３２６頁　'78

30 筆　田淵実夫

筆の里・熊野に筆づくりの現場を訪ねて、筆匠たちの境涯と製筆の由来を克明に記録しつつ、筆の発生と変遷、種類、製筆法、さらには筆塚、筆供養にまで説きおよぶ。四六判２０４頁　'78

31 ろくろ　橋本鉄男

日本の山野を漂移しつづけ、高度の技術文化と幾多の伝説とをもたらした特異な旅職集団＝木地屋の生態を、その呼称、地名、伝承、文書等をもとに生き生きと描く。四六判４６０頁　'79

32 蛇　吉野裕子

日本古代信仰の根幹をなす蛇巫をめぐって、祭事におけるさまざまな蛇の「もどき」や各種の蛇の造型・伝承に鋭い考証を加え、忘れられたその呪性を大胆に暴き出す。四六判２５０頁　'79

33 鋏（はさみ）　岡本誠之

梃子の原理の発見から鋏の誕生に至る過程を推理し、日本鋏の特異な歴史的位置を明らかにするとともに、刀鍛冶等から転進した鋏職人たちの創意と苦闘の跡をたどる。四六判３９６頁　'79

34 猿　廣瀬鎮

嫌悪と愛玩、軽蔑と畏敬の交錯する日本人とサルとの関わりあいの歴史を、狩猟伝承や祭祀・風習、美術・工芸や芸能のなかに探り、日本人の動物観を浮彫りにする。四六判２９２頁　'79

35 **鮫** 矢野憲一

神話の時代から今日まで、津々浦々につたわるサメの伝承とサメをめぐる海の民俗を集成し、神饌、食用、薬用等に活用されてきたサメと人間のかかわりの変遷を描く。四六判２９２頁 '79

36 **枡** 小泉袈裟勝

米の経済の枢要をなす器として千年余にわたり日本人の生活の中に生きてきた枡の変遷をたどり、記録・伝承をもとにこの独特な計量器が果たした役割を再検討する。四六判３２２頁 '80

37 **経木** 田中信清

食品の包装材料として近年まで身近に存在した経木の起源を、こけら経や塔婆、木簡、屋根板等に遡って明らかにし、その製造・流通に携った人々の労苦の足跡を辿る。四六判２８８頁 '80

38 **色** 染と色彩 前田雨城

わが国古代の染色技術の復元と文献解読をもとに日本色彩史を体系づけ、赤・白・青・黒等におけるわが国独自の色彩感覚を探りつつ日本文化における色の構造を解明。四六判３２０頁 '80

39 **狐** 陰陽五行と稲荷信仰 吉野裕子

その伝承と文献を渉猟しつつ、中国古代哲学＝陰陽五行の原理の応用という独自の視点から、謎とされてきた稲荷信仰と狐との密接な結びつきを明快に解き明かす。四六判２３２頁 '80

40-I **賭博I** 増川宏一

時代、地域、階層を超えて連綿と行なわれてきた賭博。——その起源を古代の神判、スポーツ、遊戯等の中に探り、抑圧と許容の歴史を物語る。全Ⅲ分冊の〈総説篇〉。四六判２９８頁 '80

40-II **賭博II** 増川宏一

古代インド文学の世界からラスベガスまで、賭博の形態・用具・方法の時代的特質を明らかにし、夥しい禁令に賭博の不滅のエネルギーを見る。全Ⅲ分冊の〈外国篇〉。四六判４５６頁 '82

40-III **賭博III** 増川宏一

聞香、闘茶、笠附等、わが国独特の賭博を中心にその具体例を網羅し、方法の変遷に賭博の時代性を探りつつ禁令の改廃に時代の賭博観を追う。全Ⅲ分冊の〈日本篇〉。四六判３８８頁 '83

41-I **地方仏I** むしゃこうじ・みのる

古代から中世にかけて全国各地で作られた無銘の仏像を訪ね、素朴で多様なノミの跡に民衆の祈りと地域の願望を探る。宗教の伝播、文化の創造を考える異色の紀行。四六判２５６頁 '80

41-II **地方仏II** むしゃこうじ・みのる

紀州や飛騨を中心に草の根の仏たちを訪ねて、その相好と像容の魅力を探り、技法を比較考証して仏像彫刻史に位置づけつつ、中世地域社会の形成と信仰の実態に迫る。四六判２６０頁 '97

42 **南部絵暦** 岡田芳朗

田山・盛岡地方で「盲暦」として古くから親しまれてきた独得の絵解き暦を詳しく紹介しつつその全体像を復元する。その無類の生活暦は、南部農民の哀歓をつたえる。四六判２８８頁 '80

43 **野菜** 在来品種の系譜 青葉高

蕪、大根、茄子等の日本在来野菜をめぐって、その渡来・伝播経路、品種分布と栽培のいきさつを各地の伝承や古記録をもとに辿り、畑作文化の源流とその風土を描く。四六判３６８頁 '81

44 つぶて　中沢厚

弥生投弾、古代・中世の石戦と印地の様相、投石具の発達を展望しつつ、願かけの小石、正月つぶて、石こづみ等の習俗を辿り、石塊に託した民衆の願いや怒りを探る。四六判338頁 '81

45 壁　山田幸一

弥生時代から明治期に至るわが国の壁の変遷を壁塗＝左官工事の側面から辿り直し、その技術的復元・考証を通じて建築史・文化史における壁の役割を浮き彫りにする。四六判296頁 '81

46 簞笥（たんす）　小泉和子

近世における簞笥の出現＝箱から抽斗への転換に着目し、以降近現代に至るその変遷を社会・経済・技術の側面からあとづける。著者自身による簞笥製作の記録を付す。四六判378頁 '82

47 木の実　松山利夫

山村の重要な食糧資源であった木の実をめぐる各地の記録・伝承を集成し、その採集・加工における幾多の試みを実地に検証しつつ、稲作農耕以前の食生活文化を復元。四六判384頁 '82

48 秤（はかり）　小泉袈裟勝

秤の起源を東西に探るとともに、わが国律令制下における中国制度の導入、近世商品経済の発展に伴う秤座の出現、明治期近代化政策による洋式秤受容等の経緯を描く。四六判326頁 '82

49 鶏（にわとり）　山口健児

神話・伝説をはじめ遠い歴史の中の鶏を古今東西の伝承・文献に探り、特に我国の信仰・絵画・文学等に遺された鶏の足跡を追って、鶏をめぐる民俗の記憶を蘇らせる。四六判346頁 '83

50 燈用植物　深津正

人類が燈火を得るために用いてきた多種多様な植物との出会いと個個の植物の来歴、特性及びはたらきを詳しく検証しつつ「あかり」の原点を問いなおす異色の植物誌。四六判442頁 '83

51 斧・鑿・鉋（おの・のみ・かんな）　吉川金次

古墳出土品や文献・絵画をもとに、古代から現代までの斧・鑿・鉋を復元・実験し、労働体験によって生まれた民衆の知恵と道具の変遷を蘇らせる異色の日本木工具史。四六判304頁 '84

52 垣根　額田巌

大和・山辺の道に神々と垣との関わりを探り、各地に垣の伝承を訪ねて、寺院の垣、民家の垣、露地の垣など、風土と生活に培われた生垣の独特のはたらきと美を描く。四六判234頁 '84

53-Ⅰ 森林Ⅰ　四手井綱英

森林生態学の立場から、森林のなりたちとその生活史を辿りつつ、産業の発展と消費社会の拡大により刻々と変貌する森林の現状を語り、未来への再生のみちをさぐる。四六判306頁 '85

53-Ⅱ 森林Ⅱ　四手井綱英

森林と人間との多様なかかわりを包括的に語り、人と自然が共生するための森や里山をいかにして創出するか、森林再生への具体的な方策を提示する21世紀への提言。四六判308頁 '98

53-Ⅲ 森林Ⅲ　四手井綱英

地球規模で進行しつつある森林破壊の現状を実地に踏査し、森と人が共存する日本人の伝統的自然観を未来へ伝えるために、いま何が必要なのかを具体的に提言する。四六判304頁 '00

54 **海老**（えび）　酒向昇

人類との出会いからエビの科学、漁法、さらには調理法を語り、めでたい姿態と色彩にまつわる多彩なエビの民俗を、地名や人名、詩歌・文学、絵画や芸能の中に探る。四六判４２８頁　'85

55-I **藁**（わら）I　宮崎清

稲作農耕とともに二千年余の歴史をもち、日本人の全生活領域に生きてきた藁の文化を日本文化の原型として捉え、風土に根ざしたそのゆたかな遺産を詳細に検討する。四六判４００頁　'85

55-II **藁**（わら）II　宮崎清

床・畳から壁・屋根にいたる住居における藁の製作・使用のメカニズムを明らかにし、日本人の生活空間における藁の役割を見なおすとともに、藁の文化の復権を説く。四六判４００頁　'85

56 **鮎**　松井魁

清楚な姿態と独特な味覚によって、日本人の目と舌を魅了しつづけてきたアユ——その形態と分布、生態、漁法等を詳述し、古今のアユ料理や文芸にみるアユにおよぶ。四六判２９６頁　'86

57 **ひも**　額田巌

物と物、人と物とを結びつける不思議な力を秘めた「ひも」の謎を追って、民俗学的視点から多角的なアプローチを試みる。『結び』、『包み』につづく三部作の完結篇。四六判２５０頁　'86

58 **石垣普請**　北垣聰一郎

近世石垣の技術者集団「穴太」の足跡を辿り、各地城郭の石垣遺構の実地調査と資料・文献をもとに石垣普請の歴史的系譜を復元しつつ石工たちの技術伝承を集成する。四六判４３８頁　'87

59 **碁**　増川宏一

その起源を古代の盤上遊戯に探ると共に、定着以来二千年の歴史を時代の状況や遊び手の社会環境との関わりにおいて跡づける。逸話や伝説を排して綴る初の囲碁全史。四六判３６６頁　'87

60 **日和山**（ひよりやま）　南波松太郎

千石船の時代、航海の安全のために観天望気した日和山——多くは忘れられ、あるいは失われた船舶・航海史の貴重な遺跡を追って、全国津々浦々におよんだ調査紀行。四六判３８２頁　'88

61 **篩**（ふるい）　三輪茂雄

臼とともに人類の生産活動に不可欠な道具であった篩、箕（み）、笊（ざる）の多彩な変遷を豊富な図解入りでたどり、現代技術の先端に再生するまでの歩みをえがく。四六判３３４頁　'89

62 **鮑**（あわび）　矢野憲一

縄文時代以来、貝肉の美味と貝殻の美しさによって日本人を魅了し続けてきたアワビ——その生態と養殖、神饌としての歴史、漁法、螺鈿の技法からアワビ料理に及ぶ。四六判３４４頁　'89

63 **絵師**　むしゃこうじ・みのる

日本古代の渡来画工から江戸前期の菱川師宣まで、時代の代表的絵師の列伝で辿る絵画制作の文化史。前近代社会における絵画の意味や芸術創造の社会的条件を考える。四六判２３０頁　'90

64 **蛙**（かえる）　碓井益雄

動物学の立場からその特異な生態を描き出すとともに、和漢洋の文献資料を駆使して故事・習俗・神事・民話・文芸・美術工芸にわたる蛙の多彩な活躍ぶりを活写する。四六判３８２頁　'89

65-Ⅰ **藍**（あい）**Ⅰ** 風土が生んだ色　竹内淳子

全国各地の〈藍の里〉を訪ねて、藍栽培から染色・加工のすべてにわたり、藍とともに生きた人々の伝承を克明に描き、風土と人間が生んだ〈日本の色〉の秘密を探る。四六判４１６頁　'91

65-Ⅱ **藍**（あい）**Ⅱ** 暮らしが育てた色　竹内淳子

日本の風土に生まれ、伝統に育てられた藍が、今なお暮らしの中で生き生きと活躍しているさまを、手わざに生きる人々との出会いを通じて描く。藍の里紀行の続篇。四六判４０６頁　'99

66 **橋**　小山田了三

丸木橋・舟橋・吊橋から板橋・アーチ型石橋まで、人々に親しまれてきた各地の橋を訪ねて、その来歴と築橋の技術伝承を辿り、土木文化の伝播・交流の足跡をえがく。四六判３１２頁　'91

67 **箱**　宮内悊

日本の伝統的な箱（櫃）と西欧のチェストを比較文化史の視点から考察し、居住・収納・運搬・装飾の各分野における箱の重要な役割とその多彩な文化を浮彫りにする。四六判３９０頁　'91

68-Ⅰ **絹Ⅰ**　伊藤智夫

養蚕の起源を神話や説話に探り、伝来の時期とルートを跡づけ、記紀・万葉の時代から近世に至るまで、それぞれの時代・社会・階層が生み出した絹の文化を描き出す。四六判３０４頁　'92

68-Ⅱ **絹Ⅱ**　伊藤智夫

生糸と絹織物の生産と輸出が、わが国の近代化にはたした役割を描くと共に、養蚕の道具、信仰や庶民生活にわたる養蚕と絹の民俗、さらには蚕の種類と生態におよぶ。四六判２９４頁　'92

69 **鯛**（たい）　鈴木克美

古来「魚の王」とされてきた鯛をめぐって、その生態・味覚から漁法、祭り、工芸、文芸にわたる多彩な伝承文化を語りつつ、鯛と日本人とのかかわりの原点をさぐる。四六判４１８頁　'92

70 **さいころ**　増川宏一

古代神話の世界から近現代の博徒の動向まで、さいころの役割を各時代・社会に位置づけ、木の実や貝殻のさいころから投げ棒型や立方体のさいころへの変遷をたどる。四六判３７４頁　'92

71 **木炭**　樋口清之

炭の起源から炭焼、流通、経済、文化にわたる木炭の歩みを歴史・考古・民俗の知見を総合して描き出し、独自で多彩な文化を育んできた木炭の尽きせぬ魅力を語る。四六判２９６頁　'93

72 **鍋・釜**（なべ・かま）　朝岡康二

日本をはじめ韓国、中国、インドネシアなど東アジアの各地を歩きながら鍋・釜の製作と使用の現場に立ち会い、調理をめぐる庶民生活の変遷とその交流の足跡を探る。四六判３２６頁　'93

73 **海女**（あま）　田辺悟

その漁の実際と社会組織、風習、信仰、民具などを克明に描くとともに海女の起源・分布・交流を探り、わが国漁撈文化の古層としての海女の生活と文化をあとづける。四六判２９４頁　'93

74 **蛸**（たこ）　刀禰勇太郎

蛸をめぐる信仰や多彩な民間伝承を紹介するとともに、その生態・分布・捕獲法・繁殖と保護・調理法などを集成し、日本人と蛸との知られざるかかわりの歴史を探る。四六判３７０頁　'94

75 曲物（まげもの） 岩井宏實

桶・樽出現以前から伝承され，古来最も簡便・重宝な木製容器として愛用された曲物の加工技術と機能・利用形態の変遷をさぐり，手づくりの「木の文化」を見なおす。四六判３１８頁 '94

76-I 和船 I 石井謙治

江戸時代の海運を担った千石船（弁才船）について，その構造と技術，帆走性能を綿密に調査し，通説の誤りを正すとともに，海難と信仰，船絵馬等の考察にもおよぶ。四六判４３６頁 '95

76-II 和船 II 石井謙治

造船史から見た著名な船を紹介し，遣唐使船や遣欧使節船，幕末の洋式船における外国技術の導入について論じつつ，船の名称と船型を海船・川船にわたって解説する。四六判３１６頁 '95

77-I 反射炉 I 金子功

日本初の佐賀鍋島藩の反射炉と精錬方＝理化学研究所，島津藩の反射炉と集成館＝近代工場群を軸に，日本の産業革命の時代における人と技術を現地に訪ねて発掘する。四六判２４４頁 '95

77-II 反射炉 II 金子功

伊豆韮山の反射炉をはじめ，全国各地の反射炉建設にかかわった有名無名の人々の足跡をたどり，開国か攘夷かに揺れる幕末の政治と社会の悲喜劇をも生き生きと描く。四六判２２６頁 '95

78-I 草木布（そうもくふ） I 竹内淳子

風土に育まれた布を求めて全国各地を歩き，木綿普及以前に山野の草木を利用して豊かな衣生活文化を築き上げてきた庶民の知られざる知恵のかずかずを実地にさぐる。四六判２８２頁 '95

78-II 草木布（そうもくふ） II 竹内淳子

アサ，クズ，シナ，コウゾ，カラムシ，フジなどの草木の繊維から，どのようにして糸を採り，布を織っていたのか——聞書きをもとに忘れられた技術と文化を発掘する。四六判２８２頁 '95

79-I すごろく I 増川宏一

古代エジプトのセネト，ヨーロッパのバクギャモン，中近東のナルド，中国の双陸などの系譜に日本の盤雙六を位置づけ，遊戯・賭博としてのその数奇なる運命を辿る。四六判３１２頁 '95

79-II すごろく II 増川宏一

ヨーロッパの鵞鳥のゲームから日本中世の浄土双六，近世の華麗な絵双六，さらには近現代の少年誌の附録まで，絵双六の変遷を追って時代の社会・文化を読みとる。四六判３９０頁 '95

80 パン 安達巖

古代オリエントに起ったパン食文化が中国・朝鮮を経て弥生時代の日本に伝えられたことを史料と伝承をもとに解明し，わが国パン食文化二〇〇〇年の足跡を描き出す。四六判２６０頁 '96

81 枕（まくら） 矢野憲一

神さまの枕・大嘗祭の枕から枕絵の世界まで，人生の三分の一を共に過す枕をめぐって，その材質の変遷を辿り，伝説と怪談，俗信と民俗，エピソードを興味深く語る。四六判２５２頁 '96

82-I 桶・樽（おけ・たる） I 石村真一

日本，中国，朝鮮，ヨーロッパにわたる厖大な資料を集成してその豊かな文化の系譜を探り，東西の木工技術史を比較しつつ世界史的視野から桶・樽の文化を描き出す。四六判３８８頁 '97

82-Ⅱ **桶・樽**（おけ・たる）**Ⅱ**　石村真一

多数の調査資料と絵画・民俗資料をもとにその製作技術を復元し、東西の木工技術を比較考証しつつ、技術文化史の視点から桶・樽製作の実態とその変遷を跡づける。　四六判372頁　'97

82-Ⅲ **桶・樽**（おけ・たる）**Ⅲ**　石村真一

樹木と人間とのかかわり、製作者と消費者とのかかわりを通じて桶樽と生活文化の変遷を考察し、木材資源の有効利用という視点から桶樽の文化史的役割を浮彫にする。　四六判352頁　'97

83-Ⅰ **貝Ⅰ**　白井祥平

世界各地の現地調査と文献資料を駆使して、古来至高の財宝とされてきた宝貝のルーツとその変遷を探り、貝と人間とのかかわりの歴史を「貝貨」の文化史として描く。　四六判386頁　'97

83-Ⅱ **貝Ⅱ**　白井祥平

サザエ、アワビ、イモガイなど古来人類とかかわりの深い貝をめぐって、その生態・分布・地方名、装身具や貝貨としての利用法などを豊富なエピソードを交えて語る。　四六判328頁　'97

83-Ⅲ **貝Ⅲ**　白井祥平

シンジュガイ、ハマグリ、アカガイ、シャコガイなどをめぐって世界各地の民族誌を渉猟し、それらが人類文化に残した足跡を辿る。参考文献一覧／総索引を付す。　四六判392頁　'97

84 **松茸**（まつたけ）　有岡利幸

秋の味覚として古来珍重されてきた松茸の由来を求めて、稲作文化と里山（松林）の生態系から説きおこし、日本人の伝統的生活文化の中に松茸流行の秘密をさぐる。　四六判296頁　'97

85 **野鍛冶**（のかじ）　朝岡康二

鉄製農具の製作・修理・再生を担ってきた農鍛冶の歴史的役割を探り、近代化の大波の中で変貌する職人技術の実態をアジア各地のフィールドワークを通して描き出す。四六判280頁　'98

86 **稲**　品種改良の系譜　菅　洋

作物としての稲の誕生、稲の渡来と伝播の経緯から説きおこし、明治以降主として庄内地方の民間育種家の手によって飛躍的発展をとげたわが国品種改良の歩みを描く。　四六判332頁　'98

87 **橘**（たちばな）　吉武利文

永遠のかぐわしい果実として日本の神話・伝説に特別の位置を占めて語り継がれてきた橘をめぐって、その育まれた風土とかずかずの伝承の中に日本文化の特質を探る。　四六判286頁　'98

88 **杖**（つえ）　矢野憲一

神の依代としての杖や仏教の錫杖に杖と信仰とのかかわりを探り、人類が突きつつ歩んだその歴史と民俗を興味ぶかく語る。多彩な材質と用途を網羅した杖の博物誌。　四六判314頁　'98

89 **もち**（糯・餅）　渡部忠世／深澤小百合

モチイネの栽培・育種から食品加工、民俗、儀礼にわたってそのルーツと伝承の足跡をたどり、アジア稲作文化という広範な視野からこの特異な食文化の謎を解明する。　四六判330頁　'98

90 **さつまいも**　坂井健吉

その栽培の起源と伝播経路を跡づけるとともに、わが国伝来後四百年の経緯を詳細にたどり、世界に冠たる育種と栽培・利用法を築いた人々の知られざる足跡をえがく。　四六判328頁　'99

91 珊瑚（さんご）　鈴木克美

海岸の自然保護に重要な役割を果たす岩石サンゴから宝飾品として知られる宝石サンゴまで、人間生活と深くかかわってきたサンゴの多彩な姿を人類文化史として描く。四六判370頁 '99

92-Ⅰ 梅Ⅰ　有岡利幸

万葉集、源氏物語、五山文学などの古典や天神信仰に表れた梅の足跡を克明に辿りつつ日本人の精神史に刻印された梅を浮彫にし、梅と日本人の二〇〇〇年史を描く。四六判274頁 '99

92-Ⅱ 梅Ⅱ　有岡利幸

その植生と栽培、伝承、梅の名所や鑑賞法の変遷から戦前の国定教科書に表れた梅まで、梅と日本人との多彩なかかわりを探り、桜との対比において梅の文化史を描く。四六判338頁 '99

93 木綿口伝（もめんくでん）第2版　福井貞子

老女たちからの聞書を経糸とし、厖大な遺品・資料を緯糸として、母から娘へと幾代にも伝えられた手づくりの木綿文化を掘り起し、近代の木綿の盛衰を描く。増補版　四六判336頁 '00

94 合せもの　増川宏一

「合せる」には古来、一致させるの他に、競う、闘う、比べる等の意味があった。貝合せや絵合せ等の遊戯・賭博を中心に、広範な人間の営みを「合せる」行為に辿る。四六判300頁 '00

95 野良着（のらぎ）　福井貞子

明治初期から昭和四〇年までの野良着を収集・分類・整理し、それらの用途と年代、形態、材質、重量、呼称などを精査して、働く庶民の創意にみちた生活史を描く。四六判292頁 '00

96 食具（しょくぐ）　山内昶

東西の食文化に関する資料を渉猟し、食法の違いを人間の自然に対するかかわり方の違いとして捉えつつ、食具を人間と自然をつなぐ基本的な媒介物として位置づける。四六判292頁 '00

97 鰹節（かつおぶし）　宮下章

黒潮からの贈り物・カツオの漁法から鰹節の製法や食法、商品としての流通までを歴史的に展望するとともに、沖縄やモルジブ諸島の調査をもとにそのルーツを探る。四六判382頁 '00

98 丸木舟（まるきぶね）　出口晶子

先史時代から現代の高度文明社会まで、もっとも長期にわたり使われてきた刳り舟に焦点を当て、その技術伝承を辿りつつ、森や水辺の文化の広がりと動態をえがく。四六判324頁 '01

99 梅干（うめぼし）　有岡利幸

日本人の食生活に不可欠の自然食品・梅干をつくりだした先人たちの知恵に学ぶとともに、健康増進に驚くべき薬効を発揮する、その知られざるパワーの秘密を探る。四六判300頁 '01

100 瓦（かわら）　森郁夫

仏教文化と共に中国・朝鮮から伝来し、一四〇〇年にわたり日本の建築を飾ってきた瓦をめぐって、発掘資料をもとにその製造技術、形態、文様などの変遷をたどる。四六判320頁 '01

101 植物民俗　長澤武

衣食住から子供の遊びまで、幾世代にも伝承された植物をめぐる暮らしの知恵を克明に記録し、高度経済成長期以前の農山村の豊かな生活文化を愛惜をこめて描き出す。四六判348頁 '01

102 **箸**（はし） 向井由紀子／橋本慶子

そのルーツを中国、朝鮮半島に探るとともに、日本人の食生活に不可欠の食具となり、日本文化のシンボルとされるまでに洗練された箸の文化の変遷を総合的に描く。 四六判３３４頁 '01

103 **採集** ブナ林の恵み 赤羽正春

縄文時代から今日に至る採集・狩猟民の暮らしを復元し、動物の生態系と採集生活の関連を明らかにしつつ、民俗学と考古学の両面から山に生かされた人々の姿を描く。 四六判２９８頁 '01

104 **下駄** 神のはきもの 秋田裕毅

古墳や井戸等から出土する下駄に着目し、下駄が地上と地下の他界を結ぶ聖なるはきものであったという大胆な仮説を提出、日本の神々の忘れられた側面を浮彫にする。 四六判３０４頁 '02

105 **絣**（かすり） 福井貞子

膨大な絣遺品を収集・分類し、絣産地を実地に調査して絣の技法と文様の変遷を地域別・時代別に跡づけ、明治・大正・昭和の手づくりの染織文化の盛衰を描き出す。 四六判３１０頁 '02

106 **網**（あみ） 田辺悟

漁網を中心に、網に関する基本資料を網羅して網の変遷と網をめぐる民俗を体系的に描き出し、網の文化を集成する。「網に関する小事典」「網のある博物館」を付す。 四六判３１６頁 '02

107 **蜘蛛**（くも） 斎藤慎一郎

「土蜘蛛」の呼称で畏怖される一方「クモ合戦」など子供の遊びとしても親しまれてきたクモと人間との長い交渉の歴史をその深層に遡って追究した異色のクモ文化論。 四六判３２０頁 '02

108 **襖**（ふすま） むしゃこうじ・みのる

襖の起源と変遷を建築史・絵画史の中に探りつつその用と美を浮彫にし、衝立・障子・屏風等と共に日本建築の空間構成に不可欠の建具となるまでの経緯を描き出す。 四六判２７０頁 '02

109 **漁撈伝承**（ぎょろうでんしょう） 川島秀一

漁師たちからの聞き書きをもとに、寄り物、船霊、大漁旗など、漁撈にまつわる〈もの〉の伝承を集成し、海の道によって運ばれた習俗や信仰の民俗地図を描き出す。 四六判３３４頁 '03

110 **チェス** 増川宏一

世界中に数億人の愛好者を持つチェスの起源と文化を、欧米における膨大な研究の蓄積を渉猟しつつ探り、日本への伝来の経緯から美術工芸品としてのチェスにおよぶ。 四六判２９８頁 '03

111 **海苔**（のり） 宮下章

海苔の歴史は厳しい自然とのたたかいの歴史だった——採取から養殖、加工、流通、消費に至る先人たちの苦難の歩みを史料と実地調査によって浮彫にする食物文化史。 四六判１７２頁 '03

112 **屋根** 檜皮葺と杮葺 原田多加司

屋根葺師一〇代の著者が、自らの体験と職人の本懐を語り、連綿として受け継がれてきた伝統の手わざを体系的にたどりつつ伝統技術の保存と継承の必要性を訴える。 四六判３４０頁 '03

113 **水族館** 鈴木克美

初期水族館の歩みを創始者たちの足跡を通して辿りなおし、水族館をめぐる社会の発展と風俗の変遷を描き出すとともにその未来像をさぐる初の〈日本水族館史〉の試み。 四六判２９０頁 '03

114 古着（ふるぎ） 朝岡康二

仕立てと着方、管理と保存、再生と再利用等にわたり衣生活の変容を近代の日常生活の変化として捉え直し、衣服をめぐるリサイクル文化が形成される経緯を描き出す。 四六判２９２頁 '03

115 柿渋（かきしぶ） 今井敬潤

染料・塗料をはじめ生活百般の必需品であった柿渋の伝承を記録し、文献資料をもとにその製造技術と利用の実態を明らかにして、忘れられた豊かな生活技術を見直す。 四六判２９４頁 '03

116—I 道I 武部健一

道の歴史を先史時代から説き起こし、古代律令制国家の要請によって駅路が設けられ、しだいに幹線道路として整えられてゆく経緯を技術史・社会史の両面からえがく。 四六判２４８頁 '03

116—II 道II 武部健一

中世の鎌倉街道、近世の五街道、近代の開拓道路から現代の高速道路網までを通観し、道路を拓いた人々の手によって今日の交通ネットワークが形成された歴史を語る。 四六判２８０頁 '03

117 かまど 狩野敏次

日常の煮炊きの道具であるとともに祭りと信仰に重要な位置を占めてきたカマドをめぐる忘れられた伝承を掘り起こし、民俗空間の壮大なコスモロジーを浮彫りにする。 四六判２９２頁 '04

118—I 里山I 有岡利幸

縄文時代から近世までの里山の変遷を人々の暮らしと植生の変化の両面から跡づけ、その源流を記紀万葉に描かれた里山の景観や大和・三輪山の古記録・伝承等に探る。 四六判２７６頁 '04

118—II 里山II 有岡利幸

明治の地租改正による山林の混乱、相次ぐ戦争による山野の荒廃、エネルギー革命、高度成長による大規模開発など、近代化の荒波に翻弄される里山の見直しを説く。 四六判２７４頁 '04

119 有用植物 菅 洋

人間生活に不可欠のものとして利用されてきた身近な植物たちの来歴と栽培・育種・品種改良・伝播の経緯を平易に語り、植物と共に歩んだ文明の足跡を浮彫にする。 四六判３２４頁 '04

120—I 捕鯨I 山下渉登

世界の海で展開された鯨と人間との格闘の歴史を振り返り、「大航海時代」の副産物として開始された捕鯨業の誕生以来四〇〇年にわたる盛衰の社会的背景をさぐる。 四六判３１４頁 '04

120—II 捕鯨II 山下渉登

近代捕鯨の登場により鯨資源の激減を招き、捕鯨の規制・管理のための国際条約締結に至る経緯をたどり、グローバルな課題としての自然環境問題を浮き彫りにする。 四六判３１２頁 '04

121 紅花（べにばな） 竹内淳子

栽培、加工、流通、利用の実際を現地に探訪して紅花とかかわってきた人々からの聞き書きを集成し、忘れられた〈紅花文化〉を復元しつつその豊かな味わいを見直す。 四六判３４６頁 '04

122—I もののけI 山内昶

日本の妖怪変化、未開社会の〈マナ〉、西欧の悪魔やデーモンを比較考察し、名づけ得ぬ未知の対象を指す万能のゼロ記号〈もの〉をめぐる人類文化史を跡づける博物誌。 四六判３２０頁 '04

122-Ⅱ もののけⅡ 山内昶

日本の鬼、古代ギリシアのダイモン、中世の異端狩り・魔女狩り等々をめぐり、自然＝カオスと文化＝コスモスの対立の中で〈野生の思考〉が果たしてきた役割をさぐる。四六判２８０頁 '04

123 染織（そめおり） 福井貞子

自らの体験と厖大な残存資料をもとに、糸づくりから織り、染めにわたる手づくりの豊かな生活文化を見直す。創意にみちた手わざのかずかずを復元する庶民生活誌。四六判２９４頁 '05

124-Ⅰ 動物民俗Ⅰ 長澤武

神として崇められたクマやシカをはじめ、人間にとって不可欠の鳥獣や魚、さらには人間を脅かす動物など、多種多様な動物たちと交流してきた人々の暮らしの民俗誌。四六判２６４頁 '05

124-Ⅱ 動物民俗Ⅱ 長澤武

動物の捕獲法をめぐる各地の伝承を紹介するとともに、全国で語り継がれてきた多彩な動物民話・昔話を渉猟し、暮らしの中で培われた動物フォークロアの世界を描く。四六判２６６頁 '05

125 粉（こな） 三輪茂雄

粉体の研究をライフワークとする著者が、粉食の発見からナノテクノロジーまで、人類文明の歩みを〈粉〉の視点から捉え直した壮大なスケールの〈文明の粉体史観〉 四六判３０２頁 '05

126 亀（かめ） 矢野憲一

浦島伝説や「兎と亀」の昔話によって親しまれてきた亀のイメージの起源を探り、古代の亀卜の方法から、亀にまつわる信仰と迷信、鼈甲細工やスッポン料理におよぶ。四六判３３０頁 '05

127 カツオ漁 川島秀一

一本釣り、カツオ漁場、船上の生活、船霊信仰、祭りと禁忌など、カツオ漁にまつわる漁師たちの伝承を集成し、黒潮に沿って伝えられた漁民たちの文化を掘り起こす。四六判３７０頁 '05

128 裂織（さきおり） 佐藤利夫

木綿の風合いと強靭さを生かした裂織の技と美をすぐれたリサイクル文化として見なおす。東西文化の中継地・佐渡の古老たちからの聞書をもとに歴史と民俗をえがく。四六判３０８頁 '05

129 イチョウ 今野敏雄

「生きた化石」として珍重されてきたイチョウの生い立ちと人々の生活文化とのかかわりの歴史をたどり、この最古の樹木に秘められたパワーを最新の中国文献にさぐる。四六判３１２頁〔品切〕 '05

130 広告 八巻俊雄

のれん、看板、引札からインターネット広告までを通観し、いつの時代にも広告が人々の暮らしと密接にかかわって独自の文化を形成してきた経緯を描く広告の文化史。四六判２７６頁 '06

131-Ⅰ 漆（うるし）Ⅰ 四柳嘉章

全国各地で発掘された考古資料を対象に科学的解析を行ない、縄文時代から現代に至る漆の技術と文化を跡づける試み。漆が日本人の生活と精神に与えた影響を探る。四六判２７４頁 '06

131-Ⅱ 漆（うるし）Ⅱ 四柳嘉章

遺跡や寺院等に遺る漆器を分析し体系づけるとともに、絵巻物や文学作品の考証を通じて、職人や産地の形成、漆工芸の地場産業としての発展の経緯などを考察する。四六判２１６頁 '06

132　**まな板**　石村眞一

日本、アジア、ヨーロッパ各地のフィールド調査と考古・文献・絵画・写真資料をもとにまな板の素材・構造・使用法を分類し、多様な食文化とのかかわりをさぐる。　四六判３７２頁　'06

133-Ⅰ　**鮭・鱒**（さけ・ます）Ⅰ　赤羽正春

鮭・鱒をめぐる民俗研究の前史から現在までを概観するとともに、原初的な漁法から商業的漁法にわたる多彩な漁法と用具、漁場と社会組織の関係などを明らかにする。　四六判２９２頁　'06

133-Ⅱ　**鮭・鱒**（さけ・ます）Ⅱ　赤羽正春

鮭漁をめぐる行事、鮭捕り衆の生活等を聞き取りによって再現し、人工孵化事業の発展とそれを担った先人たちの業績を明らかにするとともに、鮭・鱒の料理におよぶ。　四六判３５２頁　'06

134　**遊戯**　その歴史と研究の歩み　増川宏一

古代から現代まで、日本と世界の遊戯の歴史を概説し、内外の研究者との交流の中で得られた最新の知見をもとに、研究の出発点と目的を論じ、現状と未来を展望する。　四六判２９６頁　'06

135　**石干見**（いしひみ）　田和正孝編

沿岸部に石垣を築き、潮汐作用を利用して漁獲する原初的漁法を日・韓・台に残る遺構と伝承の調査・分析をもとに復元し、東アジアの伝統的漁撈文化を浮彫りにする。　四六判３３２頁　'07

136　**看板**　岩井宏實

江戸時代から明治・大正・昭和初期までの看板の歴史を生活文化史の視点から考察し、多種多様な生業の起源と変遷を多数の図版をもとに紹介する〈図説商売往来〉。　四六判２６６頁　'07

137-Ⅰ　**桜Ⅰ**　有岡利幸

そのルーツと生態から説きおこし、和歌や物語に描かれた古代社会の桜観から「花は桜木、人は武士」の江戸の花見の流行まで、日本人と桜のかかわりの歴史をさぐる。　四六判３８２頁　'07

137-Ⅱ　**桜Ⅱ**　有岡利幸

明治以後、軍国主義と愛国心のシンボルとして政治的に利用されてきた桜の近代史を辿るとともに、日本人の生活と共に歩んだ「咲く花、散る花」の栄枯盛衰を描く。　四六判４００頁　'07

138　**麴**（こうじ）　一島英治

日本の気候風土の中で稲作と共に育まれた麴菌のすぐれたはたらきの秘密を探り、醸造化学に携わった人々の足跡をたどりつつ醱酵食品と日本人の食生活文化を考える。　四六判２４４頁　'07

139　**河岸**（かし）　川名登

近世初頭、河川水運の隆盛と共に物流のターミナルとして賑わい、船旅や遊廓などをもたらした河岸（川の港）の盛衰を河岸に生きる人々の暮らしの変遷としてえがく。　四六判３００頁　'07

140　**神饌**（しんせん）　岩井宏實／日和祐樹

土地に古くから伝わる食物を神に捧げる神饌儀礼に祭りの本義を探り、近畿地方主要神社の伝統的儀礼をつぶさに調査して、豊富な写真と共にその実際を明らかにする。　四六判３７４頁　'07

141　**駕籠**（かご）　櫻井芳昭

その様式、利用の実態、地域ごとの特色、車の利用を抑制する交通政策との関連から駕籠かきたちの風俗までを明らかにし、日本交通史の知られざる側面に光を当てる。　四六判２９４頁　'07

142 **追込漁**（おいこみりょう）　川島秀一

沖縄の島々をはじめ、日本各地で今なお行なわれている沿岸漁撈を実地に精査し、魚の生態と自然条件を知り尽した漁師たちの知恵と技を見直しつつ漁業の原点を探る。四六判３６８頁 '08

143 **人魚**（にんぎょ）　田辺悟

ロマンとファンタジーに彩られて世界各地に伝承される人魚の実像をもとめて東西の人魚誌を渉猟し、フィールド調査と膨大な資料をもとに集成したマーメイド百科。　四六判３５２頁 '08

144 **熊**（くま）　赤羽正春

狩人たちからの聞き書きをもとに、かつては神として崇められた熊と人間との精神史的な関係をさぐり、熊を通して人間の生存可能性にもおよぶユニークな動物文化史。四六判３８４頁 '08

145 **秋の七草**　有岡利幸

『万葉集』で山上憶良がうたいあげて以来、千数百年にわたり秋を代表する植物として日本人にめでられてきた七種の草花の知られざる伝承を掘り起こす植物文化誌。　四六判３０６頁 '08

146 **春の七草**　有岡利幸

厳しい冬の季節に芽吹く若菜に大地の生命力を感じ、春の到来を祝い新年の息災を願う「七草粥」などとして食生活の中に巧みに取り入れてきた古人たちの知恵を探る。四六判２７２頁 '08

147 **木綿再生**　福井貞子

自らの人生遍歴と木綿を愛する人々との出会いを織り重ねて綴り、優れた文化遺産としての木綿衣料を紹介しつつ、リサイクル文化としての木綿再生のみちを模索する。　四六判２６６頁 '09

148 **紫**（むらさき）　竹内淳子

今や絶滅危惧種となった紫草（ムラサキ）を育てる人びと、伝統の紫根染を今に伝える人びとを全国にたずね、貝紫染の始原を求めて吉野ヶ里におよぶ「むらさき紀行」。　四六判３２４頁 '09

149-Ⅰ **杉Ⅰ**　有岡利幸

その生態、天然分布の状況から各地における栽培・育種、利用にいたる歩みを弥生時代から今日までの人間の営みの中で捉えなおし、わが国林業史を展望しつつ描き出す。四六判２８２頁 '10

149-Ⅱ **杉Ⅱ**　有岡利幸

古来神の降臨する木として崇められるとともに生活のさまざまな場面で活用され、絵画や詩歌に描かれてきた杉の文化をたどり、さらに「スギ花粉症」の原因を追究する。四六判２７８頁 '10

150 **井戸**　秋田裕毅（大橋信弥編）

弥生中期になぜ井戸は突然出現するのか。飲料水など生活用水ではなく、祭祀用の聖なる水を得るためだったのではないか。目的や構造の変遷、宗教との関わりをたどる。四六判２６０頁 '10

151 **楠**（くすのき）　矢野憲一／矢野高陽

語源と字源、分布と繁殖、文学や美術における楠から医薬品としての利用、キューピー人形や樟脳の船まで、楠と人間の関わりの歴史を辿りつつ自然保護の問題に及ぶ。　四六判３３４頁 '10

152 **温室**　平野恵

温室は明治時代に欧米から輸入された印象があるが、じつは江戸時代半ばから「むろ」という名の保温設備があった。絵巻や小説、遺跡などより浮かび上がる歴史。　四六判３１０頁 '10

153 檜（ひのき）　有岡利幸

建築・木彫・木材工芸に最良の材としてわが国の〈木の文化〉に重要な役割を果たしてきた檜。その生態から保護・育成・生産・流通・加工までの変遷をたどる。　四六判３２０頁　'11

154 落花生　前田和美

南米原産の落花生が大航海時代にアフリカ経由で世界各地に伝播していく歴史をたどるとともに、日本で栽培を始めた先覚者や食文化との関わりを紹介する。　四六判３１２頁　'11

155 イルカ（海豚）　田辺悟

神話・伝説の中のイルカ、イルカをめぐる信仰から、漁撈伝承、食文化の伝統と保護運動の対立までを幅広くとりあげ、ヒトと動物との関係はいかにあるべきかを問う。　四六判３３０頁　'11

156 輿（こし）　櫻井芳昭

古代から明治初期まで、千二百年以上にわたって用いられてきた輿の種類と変遷を探り、天皇の行幸や斎王群行、姫君たちの輿入れにおける使用の実態を明らかにする。　四六判２５２頁　'11

157 桃　有岡利幸

魔除けや若返りの呪力をもつ果実として神話や昔話に語り継がれ、近年古代遺跡から大量出土して祭祀との関連が注目される桃。日本人との多彩な関わりを考察する。　四六判３２８頁　'12

158 鮪（まぐろ）　田辺悟

古文献に描かれ記されたマグロを紹介し、漁法・漁具から運搬と流通・消費、漁民たちの暮らしと民俗・信仰までを探りつつ、マグロをめぐる食文化の未来にもおよぶ。　四六判３５０頁　'12

159 香料植物　吉武利文

クロモジ、ハッカ、ユズ、セキショウ、ショウノウなど、日本の風土で育った植物から香料をつくりだす人びとの営みを現地に訪ね、伝統技術の継承・発展を考える。　四六判２９０頁　'12

160 牛車（ぎっしゃ）　櫻井芳昭

牛車の盛衰を交通史や技術史との関連で探り、絵巻や日記・物語等に描かれた牛車の種類と構造、利用の実態を明らかにして、読者を平安の「雅」の世界へといざなう。　四六判２２４頁　'12

161 白鳥　赤羽正春

世界各地の白鳥処女説話を博捜し、古代以来の人々が抱いた〈鳥への想い〉を明らかにするとともに、その源流を、白鳥をトーテムとする中央シベリアの白鳥族に探る。　四六判３６０頁　'12

162 柳　有岡利幸

日本人との関わりを詩歌や文献をもとに探りつつ、容器や調度品に、治山治水対策に、火薬や薬品の原料に、さらには風景の演出用に活用されてきた歴史をたどる。　四六判３２８頁　'13

163 柱　森郁夫

竪穴住居の時代から建物を支えてきただけでなく、大黒柱や鼻っ柱などさまざまな言葉に使われている柱。遺跡の発掘でわかった事実や、日本文化との関わりを紹介。　四六判２５２頁　'13

164 磯　田辺悟

人間はもとより、動物たちにも多くの恵みをもたらしてきた磯——その豊かな文化をさぐり、東日本大震災以前の三陸沿岸を軸に磯漁の民俗を聞書きによって再現する。　四六判４５０頁　'14

165 **タブノキ** 山形健介

南方から「海上の道」をたどってきた列島文化を象徴する樹木について、中国・台湾・韓国も視野に収めて記録や伝承を掘り起こし、人々の暮らしとの関わりを探る。 四六判３１６頁 '14

166 **栗** 今井敬潤

縄文人が主食とし栽培していた栗。建築や木工の材、鉄道の枕木といった生活に密着した多様な利用法や、品種改良に取り組んだ技術者たちの苦闘の足跡を紹介する。 四六判２７２頁 '14

167 **花札** 江橋崇

法制史から文学作品まで、厖大な文献を渉猟して、その誕生から現在までを辿り、花札をその本来の輝き、自然を敬愛して共存する日本の文化という特性のうちに描く。 四六判３７２頁 '14

168 **椿** 有岡利幸

本草書の刊行や栽培・育種技術の発展によって近世初期に空前の大ブームを巻き起こした椿。多彩な花の紹介をはじめ、椿油や木材の利用、信仰や民俗まで網羅する。 四六判３３６頁 '14

169 **織物** 植村和代

人類が初めて機械で作った製品、織物。機織り技術の変遷を世界史的視野で見直し、古来より日本と東南アジアやインド、ペルシアの交流や伝播があったことを解説。 四六判３４６頁 '14

170 **ごぼう** 冨岡典子

和食に不可欠な野菜ごぼうは、焼畑農耕から生まれ、各地の風土のなか固有の品種や調理法が育まれた。そのルーツを稲作以前の神饌や祭り、儀礼に探る和食文化誌。 四六判２７６頁 '15